能力导向一体化教学体系研究与实践

梁　樑　陈翌庆　于宝证　编著

合肥工業大學出版社

图书在版编目(CIP)数据

能力导向一体化教学体系研究与实践/梁樑,陈翌庆,于宝证编著.
—合肥:合肥工业大学出版社,2018.3
ISBN 978-7-5650-3878-5

Ⅰ.①能… Ⅱ.①梁…②陈…③于… Ⅲ.①合肥工业大学—教学研究
Ⅳ.①G642.0

中国版本图书馆 CIP 数据核字(2018)第 055609 号

能力导向一体化教学体系研究与实践

梁 樑 陈翌庆 于宝证 编著

责任编辑	李克明 章 建
出版发行	合肥工业大学出版社
地 址	(230009)合肥市屯溪路 193 号
网 址	www.hfutpress.com.cn
电 话	总 编 室:0551-62903038 市场营销部:0551-62903198
开 本	710 毫米×1000 毫米 1/16
印 张	17.75
字 数	223 千字
版 次	2018 年 3 月第 1 版
印 次	2018 年 3 月第 1 次印刷
印 刷	安徽联众印刷有限公司
书 号	ISBN 978-7-5650-3878-5
定 价	52.00 元

前　　言

习近平总书记在党的十九大报告中指出，建设教育强国是中华民族伟大复兴的基础工程，必须把教育事业放在优先位置，加快教育现代化，办好人民满意的教育。人才培养是大学的根本任务，培养什么样的人和怎样培养人是高校改革首先要回答的问题。人才培养模式改革是将培养什么样的人这一方向性问题和怎样培养人这一技术性问题结合起来的纽带，相应地，破解这一难题就要从人才培养模式改革上找出路、下功夫，通过人才培养模式改革带动高校其他领域的改革。

人才培养模式是人才培养目标、标准，以及实现这些培养目标的方法的集合体，它包括培养目标和标准的确定、为实现培养目标和标准所制定的整个教育过程、为实现这一过程所制定的一整套管理和评估制度，以及与之相匹配的有效的教学方式、方法和手段。高校在选择人才培养模式时，不仅要考虑学校的类型和层次、教育思想、学校传统、学科优势等自身特点，还要考虑学生的成长特点和社会需求，学校要从社会对人才需求的稳定性和紧迫性、人才合理流动中跨专业转移的能力跨度、社会对专业人才的特别需求等方面考虑人才培养的特点，最终选择合适的具体培养模式。2014 年，合肥工业大学开展了本科教学大讨论，研讨学校本科教育未来一段时间的改革方向和改革重点。研讨聚焦在改革什么、怎么改革这两个方面，最终形成了能力导向一体化教学体系。

在“改革什么”这个问题上，我们认为学校的本科教育广泛存在着“一个弱化、两个淡化和四个错位”的问题。“一个弱化”是指学生的角色被弱化。在教育教学活动中本应该以学生为中心来组织，但实际情况是教师占据主导地位、学生处于从属地位，致使求创新、会做事和善合作的育人目标很难落实。“两个淡化”是指在质量体系建设方面，持续改进的意识淡化；在创新创业方面，能力标准的意识淡化。由于持续改进的意识淡化，碎片化的改进和低水平重复的改革，人才培养效果很难令人满意。由于能力标准的意识淡化，创新创业教育始终处在育人教育体系的外圈，致使有意愿、善创新的学生数量不多。“四个脱节”是指创新思维与教学过程脱节，创新创业与培养目标脱节，能力培养与实践活动脱节，教学质量与持续改进脱节。这四个脱节是“一个弱化”和“两个淡化”问题的延续与表现，正是由于这些脱节，致使社会诉求与学校改革之间未形成联动效应，教学组织与教学结果之间未形成因果对应，双创教育与能力养成之间未形成涌现反应，教学评价与教学改进之间未形成有效呼应，教育教学的体系化建设成为一种空谈。

在“怎么改革”这个问题上，我们的共识是：要抛弃局部调整和单点改革的思维，树立全面和系统化的改革理念，秉持对教育教学体系进行再造和创新的思路，以全球视野谋划教育教学改革，立足学校人才培养特色和学生学习实际，创新人才培养模式，突出能力导向和目标牵引。在此基础上，我们设计了能力导向的一体化教学体系，形成了“培养目标—教学过程—质量提升”三位一体的教育教学方案。在能力培养方面，强化了以学生为中心的建设，突出学生的主体地位，培养学生的能力；在质量体系方面，强化了持续改进意识，按照反馈理念设计评价体系，根据反馈结果实施有效改进；在创新创业方面，强化了能力标准建设，让标准成为习惯，让习惯符合标准。实践过程中，逐渐形成了一批让学生在课堂感悟知识、在实验中体验知识、在实践中运用和创新知识的途径与方法，实现了可检测、可控制和可预期的教学质量管理系统与教学质量持续改进体系。

能力导向一体化建设理念主要包括四个方面：一是以学生全面发展为中心的理念，主要强调学生在学习中的主体地位；二是以能力培养为导向的理念，强调能力养成在教育体系中的主导作用；三是以过程管理为抓手的理念，立足于破除以考试成绩为主要方法的学生评价模式，通过多样化手段促进学生能力提高；四是以持续改进为动力的理念，强调多层次不断地改进教学质量，形成教学质量提升的闭环，在逐级改进循环中实现预期目标。本书拟对能力导向一体化教学体系及其理论基础做一个系统的梳理和回顾，目的是总结实施经验、持续优化流程、推动本科教学改革不断深入实施。

本书共分 6 章：

第 1 章阐述了当前本科教育教学所面临的核心任务与改革趋势主要是：由知识导向向能力导向转变、由教师中心向学生中心转移、由开环的质量体系向持续改进的闭环转移。能力导向一体化教学体系对高校本科教学"改革什么、怎么改革"提供了一种有益的方法借鉴，也对我国高等教育怎么培养人以及如何确定培养的人达到预期目标做出了较好的回应。

第 2 章介绍了能力导向一体化教学体系中以学生全面发展为核心的设计思想。通过运用反向设计、正向实施的人才培养目标确定模式，将人才培养理念从传统的以学科知识传承为目的转变为以学生能力发展为目的。实施过程中通过评价主体和评价手段的转变，实现了教学过程从重视教师的教到注重学生的学的重心转移。

第 3 章介绍了能力导向一体化教学体系的能力导向实施特点。在能力导向的作用下，人才培养路径被设计成三个闭环结构，各自相互独立又有机关联。每个闭环以各自的能力培养目标独立运行，各个闭环都以能力培养的达成度作为各自循环改进的实施依据，从而实现了人才培养质量的可检、可控、可预期的闭环体系。

第4章介绍了能力导向一体化教学体系的教学过程管理。建立起以课程目标达成度为标准的多元化学生能力评价体系，通过对学生能力的多元化评价推动教学理念、教学内容与教学方法的改革，引导教师从关注学科知识的传承转移到关注学生能力的成长，探索让学生在课堂感悟知识、在实验中体验知识、在实践中运用和创新知识的途径与方法。

第5章介绍了能力导向一体化教学体系的持续改进过程。学校通过推行四位一体的全方位评测方法，形成了基于教师、课程组、专业三个循环的全过程教学改进体系，从而实现了教学质量管理的可检测、可控制和可预期的闭环运行，有效克服了长期以来存在的教学质量管理碎片化问题。

第6章介绍了能力导向一体化教学体系建设过程中的实例，范围涵盖了能力导向一体化教学体系所倡导的学生全面发展、能力导向、过程管理和持续改进理念的贯彻与实施，既包括专业人才培养体系的构建，也包括专业人才培养目标的制定、课程目标的确定、循环改进的实施、评价方式的探索、教学方法的改革等各个方面。

本书在写作过程中得到许多老师和部门的关心与支持，案例部分的撰写已经标注了相应教师的名字，学校教师发展中心的何勇和李军红两位老师对本书的编辑、制图以及资料收集与整理做了大量工作。我们在这里对他们一并表示衷心的感谢。

限于作者水平，书中疏忽、不足、欠妥或纰漏之处在所难免，敬请读者和同行批评指正。

2017年11月于合肥工业大学

目　录

第 1 章　高等教育创新发展的方向与理念

【导读】当今时代，我国高等教育供求关系、国家需求、教育对象和教育技术都发生了巨大的变化，高校唯有不断更新教育理念，深化高等教育综合改革，才能适应新形势对高等教育的需求。高校要及时回应社会对人才培养质量的新要求，通过准确定位人才培养特色，不断提高人才培养质量。学校按照习近平总书记系列重要讲话精神及教育部关于深化教育领域综合改革的要求和部署，坚持把立德树人作为学校教育教学的中心环节，深入推进教育教学综合改革，积极探索创新人才培养模式。学校针对教育教学中存在的“一个角色弱化”“两个意识淡化”和“四个方面脱节”问题，进行了系统思考和集成创新，对教育教学体系进行了全面改革，建立了能力导向的一体化建设方案。

1.1　高等教育改革发展的任务与形势

教育兴则人才兴，教育强则国家强。党的十九大报告提出，建设教育强国是中华民族伟大复兴的基础工程。优先发展教育，才能面向新时代、赢得新时代、领跑新时代。当前，中国教育的主要矛盾已经发生转变，高等教育发展方式从过去的以规模扩张和空间拓展为特征的外延式发展，转变为以提高质量和优化结构为核心的内涵式发展；人们对教育的期待由基于学校的、标准化的、班级的、供给驱动的形式，转化为接受灵活的、优质的、个性化的、终身的教育。因此高校必须落实立德树人的根本任务，发展素质教育，推进教育公平，加快一流大学和一流学科建设，实现高等教育内涵式发展。我们对高等教育的需求比以往任何时候都更迫切，对科学知识和卓越人才的渴求比任何时候都更强烈。可见，教育尤其是高等教育，在新时代的地位、作用和格局都发生了重大转变，目标更高，任务更重，需求更迫切。

高等学校的根本任务是培养人才，而人才培养质量是高等学校的生命线。当今社会，科学、技术、经济等都在发生急剧而深刻的变化，随着信息技术革命和经济全球化趋势的不断深入，社会对学生的素质和能力提出新要求，这对世界各国大学的本科教学都提出了新的挑战。如何保证和提高本科教学质量，是国家、社会及各高校普遍关注的问题。

为适应国家经济发展的需求，更好地承担起教育在中国特色社会主义新时代的历史使命，必须认清当前高等教育的形势，全面贯彻教育方针，落实好立德树人的根本任务，发展素质教育，推进教育公平，建设教育强国，加快教育现代化，这样才能办好人民满意的教育，才能使高等教育发展更好地为人民服务、为中国共产党治国理政服务、为巩固和发展中国特色社会主义制度服务、为改革开放和社会主义现代化建设服务。

1.1.1 高等教育改革发展的形势特点

当今高等教育改革发展的形势具有以下四个突出特点：

(1) 供求关系在变

改革开放以来，经过 30 多年的持续高速发展，我国经济建设进入了一个新阶段，不仅总体规模变得庞大，而且经济社会结构和质量有了显著改善，因此，我国城乡居民接受高等教育的意愿不断升温，对高等教育的需求不断增强，加速了高等教育大众化的发展。同时，大众化高等教育的发展为国家经济建设培养了大量的人才，积聚了巨大的人力资本，后备人才的培养将更好地支持我国经济社会发展全面进入小康时代。我国高等教育发展已经进入大众化的中后期，普及化的时代即将到来，这是国家经济发展和高等教育发展相互作用的必然结果。

（2）国家需求在变

我国进入全面建成小康社会决胜阶段，中央提出创新驱动发展、“一带一路”倡议以及一系列区域、产业发展战略，经济发展步入新常态，动力转换、结构调整、方式转变、产业升级任务紧迫。所有这些都对高等教育提出了更高的要求，高校必须在人才和智力支撑等方面发挥更大的作用。国家在高等教育领域提出实施“双一流”发展战略，就是要引导高校在满足社会对人才的需求上办出特色、办出水平。

“双一流”建设是国家引导高水平高校特色发展的战略，也是促进高校内涵式发展的催化剂。高校要在办学的特色和提升人才培养的质量上加大投入，以满足新时代对高校人才培养的新需求。

（3）教育对象在变

21 世纪出生的青年即将进入高校，他们是伴随互联网成长起来的新一代。国家发展和民族复兴给了他们更高的平台、更宽的视野和更多的选择，高校只有在教育理念、管理方式、人才培养机制、培养模式、教学内容和方法等方面进行全面改革，做出相应的改进和调整，才能满足未来学生的需要。

经过改革开放 40 年的洗礼，我国新时代的青年在理想信念、道德情操和价值判断等方面都达到了新的高度，高校教师唯有按照习近平总书记提出的“有理想信念、有道德情操、有扎实知识、有仁爱之心”的好老师标准要求和提升自己，才能为发展具有中国特色、世界水平的现代教育，培养社会主义事业建设者和接班人做出更大贡献。

(4) 教育技术在变

信息技术不断创新对教育方式、教育内容、学习方式等产生了深远影响。在学习时间上，正在实现由固定时间学习向“固定时间+自由时间”学习的转变，全天候学习模式正在形成。在学习空间上，正在实现由实体课堂学习向“实体课堂+虚拟课堂”学习的转变，全时空学习模式正在兴起。在学习方式上，正在实现由“面对面”教学方式向“面对面+网络在线学习”教学方式的转变，全方位学习模式正在悄然流行。在学习控制上，正在实现由教师主导学习向“教师引导+个人订制”的学习模式转变，个性化学习模式初步形成。因此在本科教学中，学校和教师都必须对教学进行改革，将教育技术与教学进行深度融合，这样才能培养学生的学习兴趣和能力，引导学生树立正确的学习观，激发学生的求知欲，才能为国家的经济建设提供德才兼备的高级人才。

1.1.2 高等教育质量的内涵

《教育大词典》对教育质量的释义是：“教育质量是对教育水平高低和效果优劣的评价”，“最终体现在培养对象的质量上”，“衡量标准是教育目的和各级各类学校的培养目标。前者规定受培养者的一般质量要求，亦是教育的根本质量要求，后者规定受培养者的具体质量要求，衡量人才是否合格的质量规格”。

教育质量分宏观与微观两个层面。从宏观层面上看，教育质量指的是有关教育体系的运行情况，考察的对象是体系的运行过程，考察的重点是体系的规模、结构、质量和效益之间的有效协调程度；它以系统内部各要素之间协调一致的程度作为评价标准，当体系的内部各要素协调一致程度高时，体系的教育质量也就会高。从微观层面上看，教育质量则是指受教育者的培养质量，考察的对象是受教育者这个群体，考察的重点是受教育者满足学校和社会认可的质量规格的程度。随着高等教育大众化阶段的到来，以及以人为本、以学生为中心教育理念的推广，教育质量的内涵被大大拓宽，不再局限于学科知识的传承和发展领域，而是被拓展到受教育者满足行业、社会发展需求和受教育者自身的终身发展需求领域。对高等教育质量而言，就需要从行业、企业、社会发展的视角来进行评价和改进。

《21 世纪的高等教育：展望和行动世界宣言》指出：高等教育的质量是一个多层次的概念，这种多层次的形成，除了高等教育越来越多样化以外，还有满足社会和个人教育需要的目的。从这个角度来看当前高等教育的质量，发现高等教育面临的形势是很严峻的。

教育质量的改进最终要落实到学校各教育要素的优化上，就是要看学校的教育目的、培养目标、课程体系、教学内容、教学方式、教学评价、反馈改进等教学要素是否得到了科学优化，特别是各要素之间的逻辑关系是否合理、各要素之间的整合是否到位，也就是教学体系的构建与运行是否合理的问题。

1.1.3 高等教育本科毕业生的基本要求

我们可以从国内外教育主管部门、行业认证协会、跨国企业对高等教育本科毕业生的基本要求来分析当下高等教育面对的形势和任务。

（1）工程教育认证标准

2015 年 3 月 10 日，中国工程教育专业认证协会发布了修订版的工程教育专业认证标准《工程教育认证标准（2015 版）》，在毕业要求中，明确提出专业制定的毕业要求应完全覆盖以下内容：

① 工程知识：能够将数学、自然科学、工程基础和专业知识用于解决复杂工程问题。

② 问题分析：能够应用数学、自然科学和工程科学的基本原理，识别、表达并通过文献研究分析复杂工程问题，以获得有效结论。

③ 设计/开发解决方案：能够设计针对复杂工程问题的解决方案，设计满足特定需求的系统、单元（部件）或工艺流程，并能够在设计环节中体现创新意识，考虑社会、健康、安全、法律、文化以及环境等因素。

④ 研究：能够基于科学原理并采用科学方法对复杂工程问题进行研究，包括设计实验、分析与解释数据，并通过信息综合得到合理有效的结论。

⑤ 使用现代工具：能够针对复杂工程问题，开发、选择与使用恰当的技术、资源、现代工程工具和信息技术工具，包括对复杂工程问题的预测与模拟，并能够理解其局限性。

⑥ 工程与社会：能够基于工程相关背景知识进行合理分析，评价专业工程实践和复杂工程问题解决方案对社会、健康、安全、法律以及文化的影响，并理解应承担的责任。

⑦ 环境和可持续发展：能够理解和评价针对复杂工程问题的专业工程实践对环境、社会可持续发展的影响。

⑧ 职业规范：具有人文社会科学素养、社会责任感，能够在工程实践中理解并遵守工程职业道德和规范，履行责任。

⑨ 个人和团队：能够在多学科背景下的团队中承担个体、团队成员以及负责人的角色。

⑩ 沟通：能够就复杂工程问题与业界同行及社会公众进行有效沟通和交流，包括撰写报告和设计文稿、陈述发言、清晰表达或回应指令，并具备一定的国际视野，能够在跨文化背景下进行沟通和交流。

⑪ 项目管理：理解并掌握工程管理原理与经济决策方法，并能在多学科环境中应用。

⑫ 终身学习：具有自主学习和终身学习的意识，有不断学习和适应发展的能力。

（2）卓越工程师教育培养计划通用标准

2013 年 11 月 28 日，教育部和中国工程院联合发布《卓越工程师教育培养计划通用标准》，本科工程型人才培养通用标准如下：

① 具有良好的工程职业道德、追求卓越的态度、爱国敬业和艰苦奋斗精神、较强的社会责任感和较好的人文素养。

② 具有从事工程工作所需的相关数学、自然科学知识以及一定的经济管理等人文社会科学知识。

③ 具有良好的质量、安全、效益、环境、职业健康和服务意识。

④ 掌握扎实的工程基础知识和本专业的基本理论知识，了解生产工艺、设备与制造系统，了解本专业的发展现状和趋势。

⑤ 具有分析、提出方案并解决工程实际问题的能力，能够参与生产及运作系统的设计，并具有运行和维护能力。

⑥ 具有较强的创新意识和进行产品开发与设计、技术改造与创新的初步能力。

⑦ 具有信息获取和职业发展学习能力。

⑧ 了解本专业领域技术标准，相关行业的政策、法律和法规。

⑨ 具有较好的组织管理能力、较强的交流沟通、环境适应和团队合作的能力。

⑩ 应对危机与突发事件的初步能力。

⑪ 具有一定的国际视野和跨文化环境下的交流、竞争与合作的初步能力。

（3）美国工程教育专业认证（ABET）EC 2000 认证标准

美国工程教育专业认证（ABET）2001 年推行的 EC 2000 认证标准所规定的学生毕业时应具备以下 11 个方面的基本要求：

① 具备应用数学和理工科知识的能力。

② 具备设计和指导实验，并对实验数据进行分析和解释的能力。

③ 具备设计一个系统或系统组成的要素、或过程，以满足现实需要的能力。

④ 具备在多学科团队中发挥作用的能力。

⑤ 具备能够鉴别、阐述和解决工程问题的能力。

⑥ 能够理解职业和道德责任。

⑦ 具备有效进行沟通的能力。

⑧ 在全球化社会背景下，扩大教育需要理解工程问题解决办法的影响。

⑨ 具备认识到社会需求，参与实践和终身学习的能力。

⑩ 具有关于当代问题的相关知识。

⑪ 具备在工程实践中使用技术、技能和现代工程工具的能力。

（4）波音公司对年轻工程师理想品质定义

① 良好理解工程科学基础：数学（包括统计学）、物理和生命科学、信息技术。

② 良好理解设计和制造的过程。

③ 具有多学科、系统视角。

④ 对工程实践的背景环境的基本了解：经济（包括企业实践）、历史、环境、顾客和社会的需求。

⑤ 良好的交流能力：书写、口头、图表、倾听。

⑥ 高职业道德标准。

⑦ 批判性和创造性的思维，无论是独立还是合作环境下。

⑧ 适应性，即适应快速或重大变化的能力和自信。

⑨ 好奇心和终身学习能力。

⑩ 深刻理解团队合作的重要性。

从上述不同行业组织、专业协会、工业企业对毕业生的能力要求来看，尽管对学生能力要求的侧重点有所不同，但除了要求毕业生要掌握一定的数学、科学、工程专业知识外，都不约而同地强调学生的分析、设计和解决复杂工程问题的能力，同时还更加强调学生的社会责任感、良好的职业道德、团队合作、自主学习和终身学习能力等。这也反映了当下社会对人才应该具备的知识、能力和素质的普遍要求。这些普遍要求，反映在高校的人才培养上，就要在培养的理念和教学体系的设计与实施中着力体现。

1.1.4　美国工程教育发展趋势

当下工程教育也正在经历着深刻的变革。美国普渡大学（Purdue University）工程系主任兼电气和电子工程师协会（IEEE）总裁 Leah Jamieson 认为，2020 年及以后，工程师的创造力、灵活性、领导能力以及商业才智等品质将逐渐受到重视，从而会推动教师采用“经验”方法来满足教育需要。这一变化的驱动力量包括：新型多学科技术、技术上前所未有的改变速度、全球化和离岸外包。工程师知识的“半衰期”不会超过 5 年，即 5 年后工程师所掌握的一半知识将陈旧过时。

（1）美国工程教育发展阶段

美国高等工程教育的快速发展始自 1862 年。随着《莫里尔法案》（*Morrill Act*）的颁布，一大批农业学院和机械技术学院在美国出现，这些学院通过其工程教育的培养优势一经出现就获得了快速发展。从发展理念上看，美国高等工程教育基本上可以分为三个发展阶段：最初的发展阶段主要强调技艺技能的传授，可以称之为“工程技术模式”阶段；之后美国的工程教育开始转向对科学原理的探究，相应地该阶段被称为“工程科学模式”阶段；现在正在实施的阶段则被称为“工程实践模式”阶段，主要特征是注重教育过程的实践性、综合性与创造性，强调教育内容要包含科学、技术、非技术等相关领域的知识和技能。

工程技术模式。20 世纪 40 年代前，在美国工程教育中，占主导地位的是工程技术教育模式。该模式强调对工程技术知识的学习和运用，注重教育过程与工程实践的紧密联系，重视对工程项目中决策、设计、运作、生产等环节的学习和应用。由于当时的工程方法论处于工程经验时期，工程观属于工具理性认知阶段，工程系统背景、环境生态、社会政治等要素并未引起足够的重视，也未纳入工程研究和课程规划的范畴，培养的人才大多是技术型工程师。这种人才熟悉整个产品设计和制作工艺，实践操作能力强，能运用所学的技术知识较好地解决真实世界中的普通技术问题，毕业后能快速有效地开展工作，深受传统产业界的欢迎。但是，由于对科学理论和基础研究重视不够，毕业生知识结构狭窄，解决复杂工程和系统工程问题的能力比较弱，创新性思维和创造性能力不强。

工程科学模式。20 世纪 40—80 年代，是美国工程教育的“工程科学模式”时期。第二次世界大战后，世界进入新的科技革命时期，数学和科学的作用越来越受到重视，工程研究和开发开始遵循“科学—技术—生产”的逻辑思维模式。50 年代，科学教育被摆在美国工程教育的首位，以“工程科学运动”为导向的工程科学教育理念开始主宰美国工程教育。工程科学教育注重基础研究，对精确或近似精确的问题的处理具有明显的方法优势，在许多技术领域得到了推广并取得了巨大成功，比如在电子学和计算机等前沿技术方面所取得的巨大进步。但是，随着科学教育地位的提升，工程教育的实践特性不断被弱化，人才培养与工业界脱节现象越来越明显；特别是现代工程朝巨型化、集成化方向发展，同时大型工程受环境生态、人文、政治经济等大背景因素制约，工程科学教育的局限性也随之显现。

工程实践模式。20 世纪 90 年代，工程教育进入“工程实践模式”。美国麻省理工学院（MIT）率先开始对工程科学模式进行改革：强调工程教育不仅要关注工程科学，还要重视像生产、设计、环境、政策以及工程管理等方面的内容，突出学生“大”系统的设计和解决能力的培养；通过提升工程教育在教学中的地位，加强与工程实践之间的紧密联系，打破传统学科、课程之间的壁垒；建立交叉学科，课程设计强调综合化、多元化、灵活性、整合与集成，克服按学术研究来划分不同教育领域的弊端；实行通识教育，关注学生终身学习能力的培养。总之，工程实践教育的目标主要是培养技术型专家，使学生具备多学科知识与工程实践能力，能够有效应对和解决大型复杂系统工程问题。

（2）工程师应具备的品质

美国国家工程院（National Academy of Engineering，NAE）有关 2020 年工程教育的报告称，在 2020 年工程师要求具备的品质包括：分析能力、创造力、实践经验、沟通能力、商务与管理能力、伦理道德（工程伦理）、终身学习能力。

分析能力。工程师为了达到实践目的要进行产出（产品和服务）、功能、结构、流程、计划、评估、补救和更新等一系列的设计。一方面，由于材料、信息技术方面的发展，工程设计获得了更大的空间；另一方面，其也越来越受到经济、法律、环境等方面的苛刻限制。因此，工程师必须具备很强的分析能力，才能在实践目的、理想功能与客观现实之间实现平衡。

实践经验。工程师不能单凭理论知识，还需依靠实践经验来识别问题、找出求解方法。随着技术的复杂性以及世界与技术紧密关联性的日益增长，社会所面临的挑战性问题在数量、范围与激烈程度上将不断发生变化。许多问题都来不及形成明确的边界，或者根本就没有一套现成理论来加以指导，而工程师的丰富实践经验则可以为解决复杂问题发挥重要的作用。

创造力。工程师为了更好地创造“还没有的世界”，必不可少的特征就是创造力。创造力涵盖了发明、创新，以及开阔的思路、敏锐的直觉等方面。创造力还体现在能够运用跨学科的知识、关注系统结构与产出来解决工程问题。

沟通能力。工程师经常忙碌于政府、企业、公众等多方利益相关者之间，跨入21世纪，他们还需要关注多学科团队、全球多样化成员、世界性顾客群等新的利益代表。因此，工程师必须具备良好的沟通能力，善于对相关者进行口头或书面的宣讲、解释和说服工作。

商务与管理能力。技术与经济、社会的密切联系，为工程师走上企业、非营利部门以及政府机构的领导岗位提供了众多机会。这批工程师依靠其商务与管理能力来对技术进行运营，并进行系统功能的设定与优先权的选择，使得工程界在不断满足“顾客”需要的基础上求得自身的发展。同时，又凭借其领导力对公共政策制定施加积极影响，在公共政策与技术之间搭建起沟通的桥梁。

伦理道德。工程师以强国富民为使命，职责之一就是要有效地管理和使用科技资源。在可持续发展之路上，如何在经济、社会、环境以及军事各个方面取得平衡，仅仅考虑技术上是否可行、资源上是否充足显然是不够的，还必须考虑伦理、道德以及法律问题。

终身学习能力。不仅由于技术变化的压力，工程师职业生涯的发展也同样需要其作为一名终身学习者。在职业生涯轨道上，工程师将面临不同的挑战，要求解决多变的问题。为了取得团队的成功与个人的发展，工程师必须及时更新知识库，在工程、政治、经济、商业、文化等广泛领域获取信息，进行终身学习。

1.1.5 人才培养理念

我国的高校人才培养目标十分清晰，就是培养社会主义的建设者和接班人。培养建设者的含义主要指“能力建设”，培养接班人的内涵主要指“价值塑造”。建设和发展中国特色社会主义事业，为人民谋幸福，为民族谋复兴，需要以习近平新时代中国特色社会主义思想为指导，以习近平总书记对高校提出的“四个服务”为根本遵循和行动自觉。

世界不同国家在人才培养理念上的差异主要体现在价值塑造的内涵和方向上，具体落实到“为谁服务”的问题上，但在培养学生的健全人格、创新精神和能力提升方面不尽相同。总体而言，坚持以人为本、全人教育和终身教育基本上是世界各国人才培养的核心理念。

以人为本的理念。核心是解决好培养什么样的人和怎样培养人这一重大问题。教育的目标是面向全体学生，促进学生全面发展，着力提高学生服务国家服务人民的社会责任感、勇于探索的创新精神和善于解决问题的实践能力。

全人教育理念。核心是推动学生的知识、能力、兴趣、素养的共同增长。教育的目的不仅是教学生知识或谋生的技能，更重要的是促进学生在认知、情感、意志等方面均衡发展，培养健全人格。

终身教育理念。核心是除重视职业能力的培养外，还重视人格塑造、个性发展，以潜能激发教育，重点是使学生学会认知、学会做事、学会共同生活和学会生存。

这些教育理念强调培养学生的社会责任感，强调培养学生的知识与能力的共同增长，强调培养学生的综合素质和终身学习意识的共同提高。

1.1.6 教学体系构建的理念

教学体系（Teaching System）是教学过程的知识基本结构、框架、教学内容设计、教学方法设计、教学过程设计和教学结果评价组成的统一的整体，它包含教学顺序、过程、方式、方法、形式、内容、反馈、评估、总结、比较等一系列教学子系统。推动高等教育内涵式发展，就必须从教学内容方式、考试招生制度、质量评价制度等方面进行教育综合改革，构建符合人才成长规律的教学体系。

当下，构建有效的教学体系，要着力实现四个转变。

（1）加快实现由知识导向向能力导向的转变

“以知识为导向”的教育模式一直在国内高校的教育教学中占主导地位，知识凌驾于教师和学生之上，因此考试就成为教师和学生的唯一激励手段。教师和学生的一切教学和学习活动都围绕知识学习来开展，教师主要向学生传授前人长期积累的传统文化和科学知识，学生则作为知识的被动接受者。即使在当前科技迅速发展、知识量激增、信息技术普及的环境下，这种知识导向的教育教学模式在高校教学中仍占有重要的地位。知识导向的教学目标将学生获取知识作为最终的培养目标，教师将学生的大脑当作储存知识的仓库，其主要职责是向学生传授知识，教学活动就是用知识填满仓库。教师的职责是“教会”，学生的职责是“学会”，以知识点为主要内容的考试成为激励学生的手段，以考试成绩作为衡量学生质量的唯一标准。知识导向教学模式忽略了学习内容和现实问题以及学生个人经验之间的联系，欠缺对知识内部统一性和沟通性的思考，逐渐远离教育的本质目标。

“知识导向型”的人才培养模式具有以下弊端：

第一，“知识导向”的教学违背了大脑的认知规律。心理学研究表明，大脑有感受、贮存、判断和想象四个功能区，最具潜力的不在贮存区，而在于想象区。贮存记忆是想象创造的基础，贮存记忆是为了想象创造，想象创造必须贮存记忆，没有想象创造的贮存记忆是没有价值的。因此，传统的知识导向的教育是一种“不完全”的和“低价值”的教育。

第二，“知识导向”的教学使得教学主体错位。传统的“知识导向”的教学遵循重知识积累、轻能力培养的价值导向，将学生能力的培养、发展作为知识传授、传承的副产品，使得学生处于学习的被动状态，教学的总体效应难以彰显，学生智能开发、创新精神和能力提升的培养成本较高、效率较低。

第三，“知识导向”的教学让学生失去了“探究”的机会。重知识的教学让学生长期只关注于听知识、记知识、背知识、考知识，将能够通过考试作为学生学习课程的最终目标。在这样的教学模式下，学生主要在被动地“学与考”，难以主动地“悟与究”。在教学过程中，大量的时间在“拷贝”知识，学生在学校的探索机会被压缩。

传统的“知识导向型”人才培养模式已不再适应当前的高等教育发展形势，难以培养出适应当今创新社会需求的人才。因此，高等学校的教学必须由“知识导向型”向“能力导向型”转变，由注重“知识输入”向注重“知识应用”转变，教师在传授前人重要知识的基础上，要更加注重学生自学能力、研究能力、思维能力及创新能力等方面的培养。

（2）加快实现由教师中心向学生中心的转变

19 世纪，德国的赫尔巴特在心理学基础上构建了教育学学科制度，确立了“课堂、教师、教材”的传统教育学“三中心”的教育理念，提出了“五段教学理论”——预备、提示、联系、统合、应用。在这种教育理念下，教师处于“传道授业解惑”的核心位置，学生学什么、怎么学都由教师决定，学生的自主能动意识和创造意识受到很大限制。

在“以教师为中心”的教学模式中，教师的主要精力很大一部分用于维持教室良好的秩序，以便让学生们能够在课堂上一起听课、思考，即能够把教学活动控制在一个方向上；教师的教学着眼点则放在让学生记住多少知识性结论，或者掌握了多少方法技巧上。在这种“以教师为中心”的教育模式下，教师是主动的施教者，是知识的传授者，主宰着整个教学活动的进程；学生则处于被动学习的地位，他们是知识传授的对象，是外部刺激的被动接受者；教材是知识的主要来源；教学媒体是辅助教师教学的演示工具；教学中教师很少顾及学生的现实情况，按照齐步走的进度安排教学以完成教学计划；教学过程中严重缺乏师生间的互动。这种教学模式下学生将逐渐丧失学习的主动性，不利于具有创新思维和创新能力的创造型和应用型人才的成长。这种模式下培养出来的“知识型人才”已完全不能满足社会和市场的现实需求。

“以学生为中心”不是对学生的学习放任自流，更不是对知识传授的弱化，而是在整体的培养体系中能够彰显学生的“能动性”和“创造力”。“能动性”体现在对知识的感悟方面，主要指学生是怎么学到和理解知识的，是靠教师的灌输和考试得来的，还是在教师的引导下感悟和体验得到的；“创造力”体现在创新能力方面，主要是指学生怎么运用知识解决实践问题，甚至进一步创造知识。

“以学生为中心”并不意味着教师的责任降低，反而是教师的职责和任务更加重要，对教师的水平要求更高。教师的知识结构不全面和对知识的理解深度不够，难以提高学生的学习“能动性”；教师的知识运用和知识创造能力不够，难以指导学生提高“创造力”。这就是为什么高校教师要做科研和做好科研的逻辑。在传统的教学模式中，教师经常代替学生成为“运动员”，学生成为“旁观者”。在“以学生为中心”的教学模式中，教师是学生学习的引导者、指导者、监督者和评估者，是“教练员”的角色，学生才是真正的“运动员”。教师在教学中最大限度地调动学生的积极性和主动性，增强师生间的互动，增加学生对知识的体验，创造合适的教学情景促使学生进行主动探索、主动发现，从而促进学生应用能力的培养。

（3）加快实现由结果性评价向形成性评价的转变

当前对教育教学的评价主要分为结果性评价与形成性评价两种类型。结果性评价主要包括两个方面：一是教师对学生的评价，另一是学生对教师的评价。这两个方面的评价构成目前我国高校教育教学普遍采用的评价方式。

在教师评学方面，教师在一个教育活动（如学习单元、学习模块、学期、学年等）结束后对学生学习结果的评价，通常采用测试的方法，是以学生的考试成绩来评定学生学习能力和教学质量，评价的是学习内容中易于判断的内容，主要是以学生的“对与错”来判断，评价结果多以精确的百分制来体现。由于教师的习惯、水平和责任等方面的原因，教师不愿意设计能力方面的测试内容，因为能力测试一般具有开放性，学生给出的结果呈现多样性。因此设计测试内容和评估学生结果，对教师的能力和精力都是一个挑战。

在学生评教方面，学生在一个教育活动结束后（往往是考试后），学校要求学生给教师打分。有些学校设计的打分指标高达几十项。由于教师在教学过程中主要任务是知识传授，学生难以有深层次的判断，往往是根据自己的学习效果、教师上课的“精彩”程度，甚至依据教师和学生的“关系”来评估教师的教学质量。尽管学校十分重视学生的评估结果，但是在具体的操作中还是“底线思维”，只要学生评估不是太差，那就是合格了。另外由于系统性的问题，这些评价指标和评估结果很难提供给教师作为改进教学的本质信息，所以也很难形成教学质量的闭环体系。

结果性评估存在的问题，主要是由于教学模式和体系的问题引起的，这是系统性的问题。不改变教学模式、不以学生为中心、不强调能力培养，结果性评价的不足很难改变。在教育教学过程中，学校不能将考试成绩作为评价学生学习效果和教师课堂教学的唯一标准，教师不仅要关注学生的学习结果，更要关注学生学习的过程，关注学生在学习过程中的感悟表现，发现每个学生的潜质，帮助学生认识自我，增强自信，强化改进学生的学习，并为教师提供反馈，使学生和教师有效地利用这些反馈信息，按照需要采取适当的修正措施，使教学成为一个“自我纠正系统”。

（4）加快实现由质量监控向持续改进的转变

经济社会和科学技术的不断发展，导致高校的人才培养质量成为一个动态的提升过程。尽管各个高校对教学质量十分重视，但是对于如何提高质量的途径大致相同，主要是学校领导高度重视，经常将教学质量在学校的各个会议上提及，每个学期都有制度性的安排学校领导听课；学校的教务部门和教学督导组经常深入课堂检查，对违反教学纪律有明确的处理规定；学院领导（特别是分管教学工作的副院长）也经常听课并了解学生的学习情况；教师对教学质量的理解主要是让学生学懂上课内容、完成教学大纲的要求，考试成绩呈现正态分布和不出现教学事故；等等。高校的这些质量行为只是一种底线式的保障。对于“以学生为中心”的能力培养目标，这些仅仅是最基本的，因此教学质量很难真正得到保障，教学质量也难以得到持续性的提高。当前高校在进行教学质量体系建设中还存在以下问题：

第一，质量目标缺失。学校、学院和教师之间没有形成完整的质量体系，主要原因是专业培养目标与课程教学目标不衔接。

教师在课程教学中似乎忘记了专业培养总目标，而且课程的目标往往体现在对知识的掌握方面，能力培养即使有，但是在“以教师为中心”的教学模式中，能力目标也往往成为空谈。

第二，质量管理碎片化。学校教学质量涉及教师教学和学生学习的方方面面，必须对每一环节都采用有效的方法进行监控，才能保障教学的顺利实施并使教学质量得到保障。但在高校中各个管理部门、各个教学单位和老师经常各自为政，只管守好门前一段渠，因此造成了教学质量管理呈现不系统、不完整的状态，经常出现“头痛医头、脚痛医脚”的现象，难以实现教学质量的全面管理。

第三，质量监测信息匮乏。高校对于教学秩序的监控都比较严格，学院对教学任务的安排和完成比较重视，教师对完成教学大纲的要求比较认真，学生对考试分数高度关注，但是这些都难以得到有效的质量信息。学校对学院的教学主要看是否出现教学事故，学院对教师教学的认可往往看教研项目、教研成果和教学奖等。这些也都难以得到有效的质量信息，教学质量似乎主要靠教师的自觉。

第四，教学质量监控是开环。高校都有一套教学质量监督和管理体系，但是由于没有形成闭环，不能将检查结果及时、有效地反馈到教学过程的各个环节，从而使学院和教师不能够及时对教学过程进行改进，学校往往也没有定期对教学改进的结果进行跟踪检查，所以并不能有效地解决教学质量中存在的问题。教学质量的持续改进无法实现。

因此，在教学质量监控过程中必须牢固树立“持续改进”的意识，不仅要做好教学质量的保障工作，还要将教学质量监控的结果进行及时反馈，保证教学过程中的偏差得到及时纠正，使学校教学质量能够持续改进。实现这个目标需要对教学模式和体系进行改造。

1.2 能力导向一体化教学体系的构建

教学体系是高等院校“实现培养目标和促进教学相长”的重要基础和保障。在高等教育大众化时代，高校要不断转变和更新教育理念，主动回应社会对人才培养质量的要求，准确定位人才培养特色，不断提高人才培养质量。

党的十八大以来，合肥工业大学按照习近平总书记系列重要讲话精神以及教育部关于深化教育领域综合改革的要求和部署，坚持把立德树人作为学校教育教学的中心环节，深入推进教育教学综合改革，积极探索创新人才培养模式。针对教育教学中存在的问题，学校进行了系统思考和集成创新，对教育教学体系进行了全面改革，建立了能力导向的一体化建设方案。

1.2.1 能力导向一体化教学体系的改革任务

面对建设世界一流大学和一流学科的新形势、新任务和新需求，合肥工业大学党委和行政坚决贯彻党中央和教育部的部署，全面审视学校的教育教学，针对学校教育教学中存在的“一个角色弱化”“两个意识淡化”和“四个方面脱节”的现象，科学设计改革方案，缜密推进改革进程，带领全校广大师生，全面深化学校教育教学改革。经过教学改革讨论，学校认识到存在以下问题：

一个角色弱化。长期以来，学校的教育教学活动一直存在教师角色和学生角色定位不准、角色弱化的现象。主要表现是：在能力培养方面，学生角色弱化。高校在教育教学活动中常常是以教师为中心来组织，学生一直处于从属地位，教师控制了教学的全过程，学生的一切活动都是在教师的指挥下进行。学生始终处在比较被动的状态，不能充分地发挥出自己的潜能，既不利于学生学习能力的获得，也不利于其独立思考能力的培养。在培养过程中，学生的角色弱化，难以培养出学生求创新、会做事和善合作等方面的意识和能力。

两个意识淡化。第一，在课程体系方面，持续改进的意识淡化。课程体系是实现育人目标的有效载体，在其建设过程中，课程体系与育人目标的符合度、课程建设与能力培养的关联度、教学过程与培养目标的有效度、教学投入与教学绩效的显示度、评价结果与后续利用的匹配度就成为人才培养目标达成的关键因素，需要树立持续改进的意识和一体化建设的思维方式。但在实际的教学实践中，由于直线式管理和点线式改革的惯性思维，碎片化的改进和低水平重复的改革居多，效果大都不佳。第二，在创新创业方面，能力标准的意识淡化。目前创新创业教育已经上升为国家战略，不再是少数学有余力学生的自我实现要求，高校应该有规范化和制度化的培养渠道。学校应该按照创新创业人才的能力培养要求，从知识水平、素质养成和能力培养三个维度构建起有效的实施路径和评价标准。但在实践中，创新创业教育还停留在课程开设随意、教育理念滞后、实践条件缺乏、未能有效融入学校育人体系的状态。

四个方面脱节。由于教师和学生角色的弱化，持续改进和能力标准意识的淡化，直接导致在教育教学中存在以下问题：一是创新思维与教学过程脱节。在教学过程中，由于教师是主导，因此，教师在课堂内难以让学生感悟知识，在课堂外难以引导学生独立思考，检验学习质量主要以（期末）考试为主，学生的感悟、体验和运用知识的能力不足，学生的创新思维养成与教学过程的对应关系没有实现有效衔接。二是创新创业与培养目标脱节。高校开展创新创业教育的核心目的依然是学生的能力培养，但是这个目标常常被忽略，认为创新创业教育是“正规教育”之外的“业余教育”。教师和学生的短期行为较为明显，导致创新教育体系化建设缺失，培养目标模糊。三是能力培养与实践活动脱节。学生的能力培养不可缺少学生的感悟、体验和践行过程，这是一个系统工程。碎片化实践活动和非标准化的能力培养，直接导致了实践活动不系统、能力培养无目标，同时也导致学校实践教学资源的投入和产出不成比例。四是教学质量与持续改进脱节。教学质量提高是一个动态过程，也是一个持续改进的过程。但在现实中教学质量持续改进的体制和机制没有建立起来，导致教学质量管理呈现表面化、静态化和碎片化。教学质量监督检测没有形成闭环，教学质量不可预期。

1.2.2 能力导向一体化教学体系改革方案

要解决前述存在的“一个角色弱化、两个意识淡化和四个方面脱节”问题，任何局部的调整和单点改革都难以取得预期效果，必须进行全面和系统化的设计，必须对教育教学体系进行再造和创新。合肥工业大学以全球视野谋划教育教学改革，立足学校人才培养特色和学生学习实际，创新人才培养模式，突出能力导向和目标牵引，积极构建以能力培养为导向的“培养目标—教学过程—质量提升”三位一体的教育教学体系（见图 1 - 1），形成了可检测、可控制和可预期的人才培养新模式，破解了制约学校教育教学发展的难题。

能力导向一体化教学体系以学生为中心、以能力培养为导向，突出目标牵引、注重反馈改进，强化学生创新创业能力培养，强调教学过程中学生的主动参与，将能力培养贯穿于大学教育各个阶段。“一体化”主要是指将教学中的“培养目标”“教学过程”和“持续改进”三个重要部分进行集成，其主要内容包括三个方面：第一，明确培养目的与目标，我们要培养出具有什么能力和水平的人才？第二，明确培养过程，怎么才能培养出

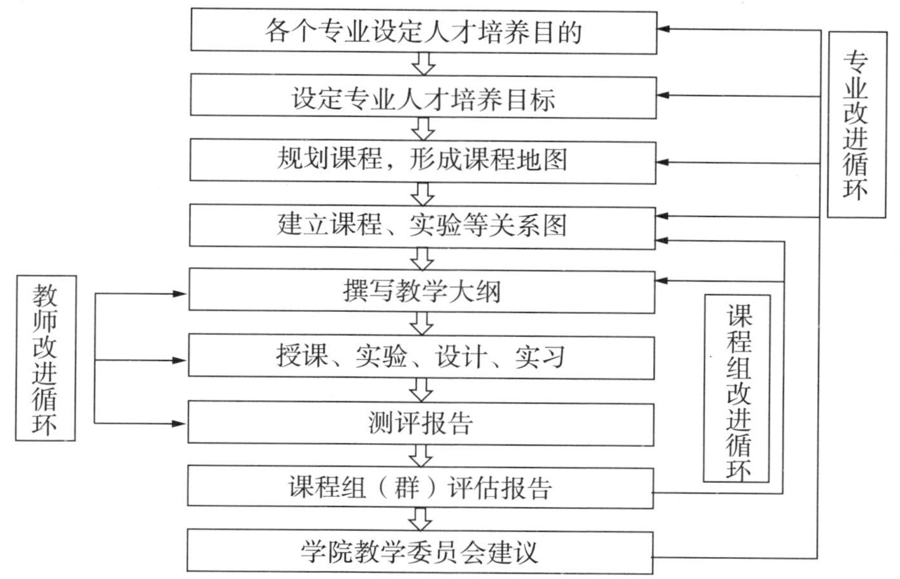

图 1－1　能力导向的一体化教学体系

与培养目标一致的人才？第三，形成不断提高培养质量（目标）的机制，即如何能够不断改进教学内容、方法和手段，从而不断提高学生的培养质量。一体化教学体系主要包括凝练专业培养目的和目标、规划课程地图、形成课程关系图、制定教学大纲、实施有效教学、教学测评与评估、建立三个层面的教学持续改进反馈等几个环节，重点建立了与培养目标相一致的教学质量保证体系，通过测评来检验教学效果，通过持续改进来不断提高教学水平和教学质量，形成了可预期、可检测和可控制的闭环教学体系。学校通过一体化教学体系的实施，使得人才培养过程具有目标明确、过程可控、持续改进、学生质量可预期等特点。该体系主要有以下特征：

以能力培养为导向，确定培养目标。培养目的和目标是将学生培养成为什么样人的总体要求，是教学使命。在制定专业培养目的和目标时，各专业以“工程基础厚、工作作风实、创业能力强”的人才培养特色为指导，结合卓越工程师培养计划、工程教育专业认证和CDIO工程教育模式，以学生能力培养为导向，以增强学生创新创业能力为着力点制定培养目标，将“知识—能力—素质”的要求完整融入其中；当提出一个目标时，要考虑到相应的课程内容、实验、设计项目、实习项目等与之配套，同时考虑到评测手段和方法。按照培养目标，制定课程教学大纲，建立学生实践能力标准，设置所需课程和实践环节，确定实习、实验指导书等。

以学生为中心，强化教学过程管理。整个教学体系的各个环节都要以学生为中心，围绕学生能力培养来展开，大到教学计划的制订，中到实验实践环节的安排，小到作业和考试题目的设计，都要以学生的能力培养为导向，强化学生在教学过程中参与学习的主动性，让学生在课堂教学中感悟知识、在实验和实训教学中体验知识、在各种实践活动中运用和创新知识。该教学体系要求建立通识课程、学科专业课程、实践环节和能力拓展课程体系，整体优化课程体系和教学内容，每门课程对应若干培养目标，每一堂课、每一个实验、每一个知识点、每一道考题都对应具体的课程目标；明确要求课程教学大纲中必须规定采用案例式、角色扮演、体验式、研讨式等多种教学方式，教学评价采用课堂测试、讲演、报告等多种考核方式，课程成绩要以作业、实验、期中、期末考试成绩等综合计算，专业课程期末考试比重不超过40%，通识教育必修课程期末考试成绩不超过50%。

强调持续改进，提高人才培养质量。为保证教学效果与培养目标达成一致，不断提高教学质量，学校一体化教学体系高度关注能力导向教学的各个环节和过程，按照PDCA［即Plan（计划）、Do（执行）、Check（检查）、Action（处理）］循环理论重点建立了一套闭环教学质量分析与管理体系，如构建了“学生培养目标的达成度评价—教师测评报告—课程组评估报告—学院教学委员会建议”四位一体的全方位评测体系，通过教师对学生的评估结果和学生对自己的评估结果，找出可能存在的不足，进而提出具体的改进措施；同时构建了教师、课程组、专业“三个循环”的全过程教学改进体系（POL）（见图 1－2），明确任课教师、课程组和开课学院（专业）在教学改进体系中的责任（教师循环改进课程教学，课程组循环改进课程教学和课程关系，专业循环改进培养目标、课程设置及课程关系）。通过建立可检测、可控制和可预期的闭环教学质量管理体系，克服了学校长期以来教学质量管理碎片化的问题，对不断提升学校人才培养质量提供了有力支撑。

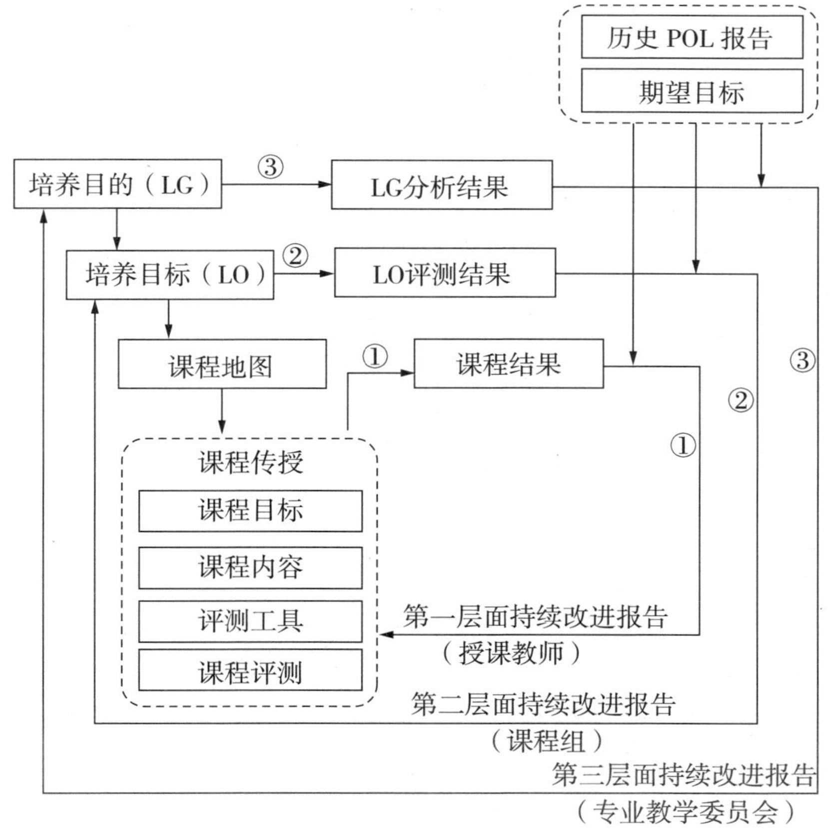

图 1－2　教学改进体系（POL）流程图

搭建综合实践平台，提升创新创业能力。学校将过去相对独立和松散的创新创业教育纳入一体化教学体系，使创新创业教育贯穿于学校人才培养全过程。体系结构如图 1－3，其特点如下：

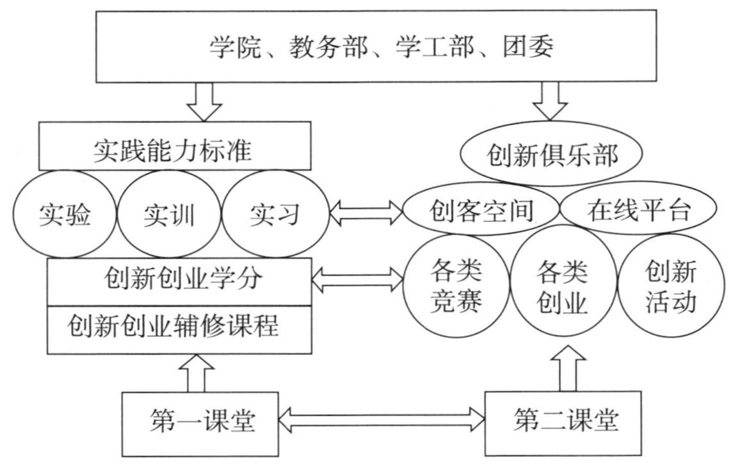

图 1－3　创新创业教育教学体系

（1）建立创新创业实践能力标准。各学院在专业培养目标的基础上，制定学生实践能力标准，明确培养创新型人才的基本要求，以标准为牵引，构建“三层次”（基础实践层、实践提高层、综合创新层）、“三环节”（实验、实习、实训）全程贯穿、分层实现、循序渐进的实践教学体系，形成理论教学与实践教学相互融合的体制与机制，培养学生的实践能力、创新能力和创业能力。学校将学生的各类教学实践活动与党团和学工部门的实践活动有机结合，克服过去大学教育中教学科研活动与党团学工部门的活动不同程度存在的相互不衔接问题，将各类实践活动围绕创新创业教育展开。

（2）组建创新创业指导教师队伍。学校选拔了理论素养深厚、实践经验丰富的教师担任创新创业指导教师。在学校的年度考核中，创新创业工作已经贯穿在教师工作的各个方面。年度考核中，将指导学生创新创业活动作为教师的教学工作，纳入教学工作量的计算范围；将指导创新创业的理论和实践探索计入科研工作范围。对于取得突出业绩的教师，学校给予奖励。通过实施“校企互通、专兼结合”的优秀团队建设工程，积极从社会各界聘请有意愿、有经验的工程技术人员、企业家、青年创业英才、创业成功校友、风险投资家等联合组建导师库。

（3）开发创新创业教育题库课程。针对创新创业教育的特点，学校运用网络新媒体新技术，在国内率先建成了 32 门创新创业题库课程，所有题库全部向学生开放，学生在任何时间都可以通过网络进行以题目为牵引的课程学习，有问题可以通过网络向教师咨询。学生充分利用信息化技术在线学习相关创新创业课程，通过题库可以进行在线自我检测，不断加强自身创新创业知识积累。学校定期组织考试，题目全部来自题库，通过考核者可以取得创新学分。

（4）建立创新创业教育保障体系。在人才培养方案中设立必修的创新创业学分，鼓励学生参加各类创新创业实践活动。在学生的评奖、研究生推免等方面，创新创业作为考核指标之一。学校还出台了《合肥工业大学教学工作量考核管理暂行办法》《合肥工业大学教师年度考核基本要求（试行）》等一系列文件和管理制度，鼓励教师通过创新创业教育，培养学生的创新能力；设立创新创业教育基金，每年投入数千万元资助学生创新创业类项目及竞赛活动。

（5）创新培养机制，实现第一课堂和第二课堂有机融合。实现第一课堂和第二课堂的互促联动，前者重在普及创新创业知识，培养创新精神和创业意识；后者重在强化创新创业体验和训练，培养创新创业基本技能。建立创客活动服务平台（如创新创业俱乐部），完善政产学研用长效合作机制，共建创新创业基地和平台。

1.2.3 能力导向一体化教学体系的改革成效

经过近几年的教育教学改革实践，在全校师生的共同努力下，学校教育教学体系建设取得了良好的成效。

在人才培养质量方面，学校继续彰显了“工程基础厚、工作作风实、创业能力强”的人才培养特色，毕业生深受用人单位青睐和社会好评。据统计，学校近三年本科生毕业率均超过96%，硕士生超过96.5%，博士生高达100%（见图1-4）。每年学校有近75%的毕业生服务于国家装备制造业及建筑、能源、信息等重点工程和项目领域。近两年来，学校本科毕业生到世界500强和中国500强企业工作和毕业研究生到国有企业研发中心、科研院所、高等学校工作的均占签约就业总数的75%。用人单位对毕业生和毕业生对就业状况的满意度均超过95%。

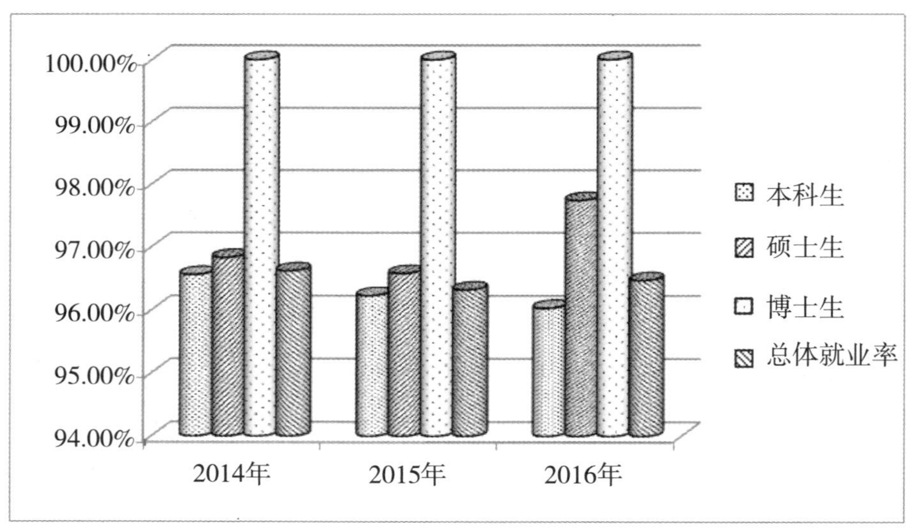

图1-4　学校近三年学生就业情况

在创新能力提升方面，近年来我校学生参加各类学科和科技竞赛捷报频传。学校近五年学生创新创业竞赛获奖数逐年递增

（见表 1－1）。2013 年以来，学生在省部级以上竞赛中获奖 3500 余项（其中国际和国家级奖项超过 30%），且在 2016 年出现“井喷”现象，一年荣获省部级以上奖励数量接近之前两年总和；学校入选全国首批“深化创新创业教育改革示范高校”、教育部首批 50 家“全国高校实践育人创新创业基地”；学生设计的电动汽车在 2013 年全国方程式汽车比赛中荣获第一名，2014 年代表中国参加英国大学生方程式汽车大赛，位列亚洲 5 国高校之首，该学生团队获得 2014 年国家“小平科技创新团队”荣誉称号；学生获国际工业设计 3 项最高奖之一“红点设计概念大奖”，以及获中国青少年科技创新奖、获“创青春”全国大学生创业大赛金奖等国内外奖励；学校获中国首届“互联网+”创新创业大赛全国总决赛集体奖（全国共 20 个）；每年有 2000 余名本科生主持各类创新项目，参与学生 8500 余人。近 50% 的在校生参与各类科技创新创业活动，全体在校学生接受了创新创业教育。

表 1－1　学校近五年学生创新创业竞赛获奖情况

年　份	省部级以上奖励	国际奖励
2013	381	20
2014	414	22
2015	650	12
2016	933	41
2017	1023	38

在学生创业方面，学校形成了特色训练、项目培育、赛事支撑、综合服务、跟踪促进五大创业闭环运行体系。目前学校有 CEFE 培训师 4 人、KAB 培训师 26 人、创业模拟实训培训师 2 人，每学期开设“大学生 KAB 创业基础”公共选修课，累计向 4700 余名同学讲授创业理论基础。创新培训形式，开展解兵创业大讲堂、创业者风云论坛、创业沙龙等创业特色培训，累计举办

斛兵创业大讲堂50余场，直接受益学生30000余人。学校建立安徽省首家面向在校大学生的创业孵化基地，已有100余个大学生创业项目在中心孵化，直接参与创业实践的同学有1000余人，其中有20余个项目通过技术转让、技术入股、商业运营等方式成功进入市场，如无忧工程网、波波文化传媒、绿农肥业等一批成功创业典型，同时带动毕业生参与创业，呈现出以创业带动就业的良好局面；与合肥国家大学科技园、洪泰创客空间等孵化平台战略合作，共同进行深度孵化。学校注重创业理论研究，形成理论与实践的相互促进，2016年“合肥工业大学创业指导特色教材建设研究”获全国高校就业创业指导课程特色教材课题立项。由创业时代网推出的综合性创业排名系列之“中国大学创业竞争力排行榜·2015”，我校从创业教育、创业活动、创业潜力、创业人才4个维度位居榜单第30位，充分彰显了学校的创业工作改革成果。

参考文献

[1] 吴岩．“一流本科、一流专业、一流人才”报告［R］．第十届“中国大学教学论坛”，2017.

[2] 林蕙青．抓紧做好高校“十三五”规划 适应新形势、实现新发展［J］．中国高等教育，2016（7）：4-8.

[3] 工程教育认证标准（2015版）［EB/OL］.http：//www.ceeaa.org.cn.

[4] 联合国教科文组织.21世纪的高等教育：展望和行动世界宣言［M］//卢晓中．当代世界高等教育理念及对中国的影响.上海：上海教育出版社，2001.

[5] 卓越工程师教育培养计划通用标准［EB/OL］.http：//old.moe.gov.cn.

[6] 朱永东，叶玉嘉．美国工程教育专业认证标准研究

[J]．现代大学教育，2009（3）：46-50.

[7] 波音公司对年轻工程师理想品质定义 [EB/OL]．http：//www. docin. com/p-254981699. html.

[8] 李继怀，王力军．工程教育的理性回归与卓越工程师培养 [J]．黑龙江高教研究，2011（3）：140-142.

[9] 林凤，李正．美国高等工程教育的历时沿革与发展趋势 [J]．理工高教研究，2007，26（5）：37-39.

[10] 谢笑珍．美国高等工程教育模式的嬗变与创新 [J]．中国成人教育，2009（4）：103-104.

[11] 倪明江．创造未来——工程教育改革研究 [M]．杭州：浙江大学出版社，1999.

[12] 别敦荣，易梦春．中国高等教育发展的现实与政策应对 [J]．清华大学教育研究，2014，35（1）：11-16.

[13] 赵炬明．论新三中心：概念与历史——美国 SC 本科教学改革研究之一 [J]．高等工程教育研究，2016（3）：35-56.

[14] NAE. *The Engineer of* 2020：*Visions of Engineering in the New Century* [M]．Washington DC：The National Academies Press，2004.

[15] 李晓强，孔寒冰，王沛民．建立新世纪的工程教育愿景——兼评美国“2020 工程师”《愿景报告》[J]．高等工程教育研究，2006（2）：7-11.

第2章　强化学生全面发展的核心地位

【导读】教育理念对教育发展方向具有很强的指引功能，对教学设计和教学实践具有重大理论指导意义。能力导向的一体化教学体系坚持以学生全面发展为目标的教育理念，在教学体系的设计和教学活动的开展中始终把以学生发展为目标作为行动指南。在教学体系设计中，强化学生全面发展的核心地位，围绕学生发展目标来构建一体化教学体系，彰显了学生发展在教学体系中的核心地位和作用。在教学活动开展中，通过转变教师在教学中的作用和地位，通过对评价主体的重新定义和组织，让学生实现了全面发展和终身持续发展；通过运用恰当的评价方法和手段，实现了让绝大部分学生都能得到发展的目标。

2.1　以学生发展为目标的教育理念

能力导向一体化教学体系坚持以学生发展为目标的教育理念，强调学生全面发展的核心地位，激发学生的学习积极性，构建学生的能力培养平台。

2.1.1　以学生为中心的教育的特点

能力导向一体化教学体系坚持以学生发展为目标的教育理念，主要体现在以下四个方面。

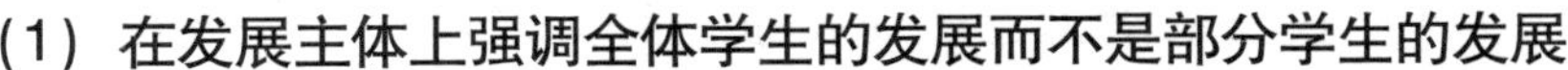

（1）在发展主体上强调全体学生的发展而不是部分学生的发展

在教学实践中，教师要坚持每名学生都能成功发展的理念，通过教学能够促进全体学生的共同发展，而不是仅仅局限于部分学生的成功和发展。学校和教师必须尊重学习者，相信学习者都具有自我教育、自我发展的潜能，在学习中都会是积极向上并最终达到自我实现的。学校和教师要尊重学生的个人学习经验，创造条件促进学生的学习，提供机会促进学生的学习变化；要激发学生的学习潜能，让学生的学习不断深入、效率不断提高。

（2）在发展领域上强调学生人格的全面发展而不是片面发展

课堂不仅是传授知识的场所，更是培养学生情感、品德、能力和创造性思维的地方，学校要创造条件为学生的全面发展提供保障，教师要从学生全面发展的视角开展教学。要注重教学体系的构建，从制度设计和方法流程上确保学生的全面发展目标。要强调课程的立德树人功能，每门课程都应该具有立德树人的功效。要注重教师师德作用的发挥，利用好教师的言传身教以达成教书育人的目标。

（3）在发展模式上强调学生个体的特色发展而不是群体趋同发展

学校和教师要创造条件使学生产生学习的安全感和自信心，要排除学生在学习认知上的种种精神上的挫折和威胁，从而让学生潜意识里的希望学习、盼望成长、寻求发现、渴望创造等潜在的学习动机表现出来，变成一种有效的学习驱动力。教师和学校要探究真正有效的教育，帮助学生发展积极的自我意识，促进个人学习潜力的充分发挥，激发学生成为功能充分发挥的人。教师要注重开展有意义的学习，促进学习者学会如何学习。

（4）在发展能力上强调持续的终身发展而不是局限在学校学习阶段

学校和教师要把学生培养成能充分发挥作用的人，而培养的关键是促进学习者学会如何学习，进而具有终身学习和发展的能力。学校教育的目标应该是促进变化、改革和学习，而学习的关键是让学生学会如何学习。教育的着眼点应该放在促进学习过程上，放在促进有意义学习的创设上，放在促进学生自我实现的学习动机上，放在促进学生人格的充分发展上。教师和学生之间应该是一种平等关系，教师是学生进行有意义学习和学习如何学习的促进者，教师也是学生形成学习动机、实现学习目标、学会如何交往和生活的促进者。

2.1.2 以学生为中心的学生的学习

在以学生为中心的教育理念中，学习是一种在潜能发挥下的主动学习，是一种在兴趣驱动下的自觉学习。教师从学生的学习兴趣出发，鼓励学生充分利用已有的学习经验积极参与学习过程。教师的角色不再是知识的呈现者，而是学生学习的促进者和引领者。学生可以通过各种有效的形式独立或集体完成课业。教师掌控的不是教学内容，而是学生的学习过程，教师会根据学生的不同表现提供有效的引领，培养学生解决问题的能力。教师不会要求学生循规蹈矩地完成规定的教学计划，而是灵活运用各种评价技巧对学生进行形成性评价和鼓励学生自我评价，并根据评价结果提供改进措施，促进全体学生的共同成长。在以学生为中心的学习氛围下，学习不再是一种教师教与学生学的角色扮演活动，而是一个充满生命活力的体验过程，是一种面向心灵和智慧的沟通过程。以学生为中心的学习非常注重学生个体的发展、学生之间的协作以及教师对学生的扶持关系，特别强调自主式学习、协作式学习和支持式学习的有效融合。

（1）针对学生个体，提倡自主式学习

以学生为中心的学习遵循所有学生都具有学习的能力、所有学生都能够成功的教育理念来组织教学，倡导自主学习。自主学习是与传统的接受学习相对应的一种学习方式，它以学生作为学习的主体，通过学生独立地分析、探索、实践、质疑、创造等方法来实现学习目标。而在传统的课堂中，学生只是作为教师实施教学计划、完成教学任务的对象，学生的学习是被动的，无论教师给予学生多大的自由，学生并不能改变这种教学方式。传统学习过分强调知识的接受和掌握，冷落和忽视了学生对知识的发现和探索，把学习变成了对知识的被动接受和记忆过程，窒息了学生的思维和智慧发展，泯灭了学生的学习热情。自主学习的特征体现在自立性、自为性和自律性三个方面，其中自立性是基础，自为性是本质，自律性是保障。

实施自主学习，首先，学生要制订好计划并严格按照计划开展学习；其次，学生要树立学习目标意识，在目标的引导下学习；第三，学生要明确学习范围，确定学习材料，按照材料进行系统学习；第四，学生要注重学习环境的营造，在合适的环境中有利于开展学习；第五，学生要注意自我检查和反省，找出与目标的差距并及时改进。教师要做好引导工作，使学生从传统学习的“要我学”变成“我要学”，诱发学生的学习主动性，让学生产生积极的心理情感，营造学生自觉地为实现教学目标而努力的态势。

在引导方法上，首先，教师要做好学生良好行为习惯的培养工作，通过培养学生养成良好的预习习惯、听讲习惯、思考习惯、独立完成作业习惯、训练习惯、复习习惯等，促成学生形成个性化的学习倾向和学习习惯；其次，教师要做好对学生学习方法的指导，要根据学生心理和学习特点，让学生拥有恰当的知识学习方法，让学生在学习中保持学习的欲望和热情；第三，教师

要扩大教学信息的传递，通过增加学习密度，调整信息传递方式，让学生拥有最大、最快、最有效的知识信息域，提高学习效率。

（2）针对学生群体，注重协作式学习

协作式学习就是按照学习成绩、知识结构、认知能力、认知风格、认知方式等互补的原则将学生组成学习小组，共同完成学习目标的一种学习方式。协作学习鼓励学生通过观察、模仿及一连串的实际活动，经过不断地验证、操作、探索、反思及修正的过程，最终达到掌握知识或技能的目的。协作学习对于培养学生的自尊自强及创新能力、合作交流能力有重大意义，是以学生为中心的一种非常重要的教学模式。协作学习比较容易激活学生的思维，提高学生分析问题和解决问题的能力，会让学生学得轻松有趣，而传统的单独学习则容易让学生在困难面前有挫折感，学习时间投入多却效果差。

协作式学习具有四种学习方式：一是竞争。基于竞争的协作学习就是让两个或多个学生针对同一学习情景或学习内容进行竞争性学习，看谁先实现学习目标。竞争能激发学生的求胜本能，发挥学生的学习积极性和创造性，学生往往能全身心投入学习任务，学习效果通常比较显著。二是合作。就是多人通过构建团队共同完成学习任务。为完成学习任务，学生会根据自身的特点和优势进行分工，在相互帮助、相互鼓励、相互探讨、相互协调中完成学习目标并加深对学习内容的理解和感悟。三是伙伴。学生喜欢与熟悉的人或朋友一起讨论问题和解决问题，在学习中会克服孤独感、增强被保护感，在朋友或熟人的鼓励和帮助下学习往往会事半功倍。四是角色扮演。就是让学生分别扮演学习者或者指导者的角色，学习者解答问题，指导者评判和答疑，在这种角色扮演中往往会加深对知识的理解，明确解题的思路，启发自己的思维。

(3) 针对师生之间，注重支助式学习

支助式学习是随着全球开放大学的发展而出现的一种学习模式，目的是在以学生为中心的教学组织中，为了指导、帮助和促进学生的自主学习和协作学习，教师对学生在必要时所提供的有关信息的、资源的、人员的和设施的相关支持服务。这些支持服务具有即时发生、动态变化、非结构化的特征，是教师在学生学习过程中为提高学习质量和效果所采取的一些帮助和扶持的服务措施。

根据罗宾逊的研究，在以学生为中心的学习过程中，学生遇到的困难尽管因人而异，千差万别，但基本可归属为三种类型：一是学习问题。学生在学习中会遇到学习方法、学习技能以及学习进程中的学术、技术和资源等方面的困难。二是交流问题。学生作为自主学习的主体，会遇到人际交流和组织交流的困难，以及信息传播领域的障碍。三是个人问题。学生在学习中会遇到学习资料、学习环境、学习时间、支持条件等一系列需要克服的困难。这些困难会导致学生的学习动力不足、学习技巧缺乏、资源支持不到位、学习情绪不安以及因孤独而厌学等情况的发生。

有效教学是教与学的融洽配合，是教师和学生双方的有效互动，是在以学生为中心的教学中也需要坚持和贯彻的一项非常重要的原则。在整个教学过程之中，教师对学生的学习引导、行为引导及情感影响是不可或缺的，引领学生学会阅读、学会合作、学会展示、学会答疑解惑，让学生真正学会学习是支助式学习的重要教学目的。支助式学习中，教师要做好相应的支助服务工作：一是要有比较详细的指导计划，协助学生确定学习目标，找准学习重点、难点，指导学生控制学习进程，协助学生有效配置学习资源；二是要注重对学生学习能力的培养，教会学生对不同的学习内容选择合适的学习方法，指导学生有效开展自我学习和

协作学习；三是要帮助学生学会自我调节，让学生学会自我评价，根据评价反馈能及时调整目标、内容、方法和进度，以使学习更符合个体的特征，让学生真正学会学习。

2.1.3 以学生为中心的教学的评价

（1）以学生为中心的教学的评价特点

在以学生为中心的学习中，教学评价与传统的评价相比，在评价目的、评价实施、标准制定和对评价的认识上都发生了本质性的变化，它的特点主要表现在以下四个方面。

第一，在评价的目的上，由注重学习结果的评价转变为注重学习能力的评价。传统的评价注重学习结果，通常利用考试、测验等方式给学生打分，通过对比学生成绩在群体中所处的相对位置确定学习等级，评价的作用是为了分级、分等和选拔。以学生为中心的评价是基于学习过程和学习表现之上的，关注的重点是学生对知识的应用和技能的掌握，评价的目的是通过判断学习的掌握程度进而做出相应的改进，最终达到预设的学习目标。

第二，在评价的实施上，由教师主导转向学生对自己实施评价。传统评价是通过教师进行的，评价的依据是对知识的掌握程度，教师通过评价给学生分等分级，判断自己的教学是否达到预期。以学生为中心的学习中，评价是由学生对自己的学习进行评价，是依据对能力的掌握程度进行的，目的是找出薄弱环节，通过额外的手段弥补差距和不足。培养学生掌握评价的能力本身就是其中的学习目标之一。

第三，在评价标准的制定上，由成绩转为培养目标。传统的评价内容是由教师根据学习内容制定的，主要由考试成绩确定。评价标准对所有学生都一样，评价结果是看学生在群体中的相对位置，在群体中靠前，就认为学习效果好。以学生为中心的学习中，评价标准是课程目标，在教师的引导下，由学生本人根据自己所学所悟、所思所做，针对教学大纲中的课程目标评估自己学习的达成度。教师则依据课程目标在完整的教学过程中考察学生的学习达成度。

第四，在评价结果的应用上，使之成为持续改进的基础。以学生为中心的学习中，评价是学习过程不可分割的有机组成部分，通过评价分析学习过程的有效性，通过评价结果对课程进行持续改进，进而升华为专业的培养目标的改进和提高。评价是嵌入在教学过程中的，是整个学习过程的有机组成部分。

（2）以学生为中心的教学的评价原则

以学生为中心的学习评价是为了学习过程的改进和学习目标的达成而设计的，是教学组织的有机组成部分。根据闫寒冰等的研究，在制定评价方案时坚持以下四条评价原则，将有利于学习过程的改进和学习目标的达成。

第一，评价标准要在教学实施前制定。在教学进行前，预先通过提供范例、制定量规、签订契约等方式让学生就学习目标达成一致，在学习过程中尽量按照目标进行，可有效避免学生中途放弃学习等行为。

第二，评价要基于现实任务解决中的表现进行。以学生为中心的学习的目标是培养学生利用知识解决问题的能力。若问题是基于真实的情景，则更加有利于判定学生是否掌握了知识的应用技能，在真实任务的解决中，考察学生的问题归纳能力和解决能力、解决方案的创新能力、团队合作与交流能力等。

第三，评价要随着学习进程频繁进行。评价的目的在于改进，所以评价要随着学习进程频繁进行，要倡导学生把大的学习任务拆分成小的学习任务，每个小任务完成后都要进行评价，看是否达到了要求，不要把薄弱环节积累到最后，要让小成功集聚成大成功。

第四，学生对评价进程和结果负责。在教师的引导下，学生对学习内容有一个统筹的考量，学习需要解决哪些问题、如何解决这些问题、如何评价这些问题，以及没有达到预期效果会如何改进等问题都需要学生全程了解。教师要鼓励学生自评和互评，让他们在评价和改进中努力达到目标要求。

2.1.4 能力导向一体化教学体系对教师的素养要求

（1）教师要转变教育角色，成为学生学习的有力促进者

传统课堂中教师是课堂的主角，一切活动都由教师主宰，课堂主要是基于知识传播的。在能力导向一体化教学体系中，教师的职责是激励学生思考，激发学生的学习潜能，是课堂教学的引导者，是学生学习的促进者。教师要转变在教学中的身份，要变成学生的学习顾问，成为学生学习意见的参考者，成为帮助学生发现矛盾论点并引导学生学会如何获取自己需要的知识、掌握获取知识的工具，以及利用工具恰当地解决矛盾的人。

（2）教师要科学设计教学目标，促进每个学生的全面发展

传统的课堂教学为学生设置统一的教学目标，按照统一的教学计划进行，由于没有考虑学生的自身特点，随着教学过程的深入，不断出现所谓优等生和劣等生，部分学生厌学情绪严重。能力导向的一体化教学则鼓励教师设置多元的教学目标，考虑不同学生的自身知识背景和学习特点，即使教授同一门课程，每个教师在教学共性基础上也要有一定的差异性目标，既要发挥教师的个人特点，也要考虑到教学对象的充分发展。

（3）教师要改变评价观念和方法，关注学生能力的可持续发展

传统的课堂教学对学生的评价方式主要以考试为主，对教学质量的评价主要体现在学生对教师教学效果的评价上，而忽视了对学生能力发展的评价。能力导向的一体化教学则强调注重对学生学习过程的评价，教学质量评价是教师对学生的评价和学生对自己学习效果的评价，评价是为了促进学生终身发展所需要的情感、态度和价值观。

2.2 以学生发展为目标的教学体系的构建

2.2.1 反向设计，构建以学生发展为目标的教学体系

反向设计（Backward Design）是 Wiggins & McTighe 在 2001 年出版的 *Understanding By Design* 一书中首先提出的一种教学体系设计理念。该理念强调从预期的目标或标准出发构建和规划课程教学体系，主要包含三个核心步骤：首先是明确教学目标，其次是设计相应的教学评价策略，最后才是设计教学内容。通过这种反向设计，在目标的指引下，课程教学设计就会清晰、具体和具有可操作性等特征。

与传统的教育教学体系设计相比，能力导向一体化教学体系的教育教学体系设计遵从反向设计、正向实施的理念，强调从满足需求开始，根据社会、学科、学生发展和学校培养特色等确定人才培养需求，根据需求确定专业培养目的，根据专业培养目的确定专业培养目标，根据专业培养目标构建课程培养体系。在体系设计完成后，具体的实施则是正向的。实施过程中，根据课程体系确定课程培养目标，根据培养目标构建课程地图和课程关系图，形成教学大纲；在教学过程实施后，根据教学评价结果判断人才培养目的的达成度并不断持续改进。反向设计、正向实施要素关系如图 2－1 所示。

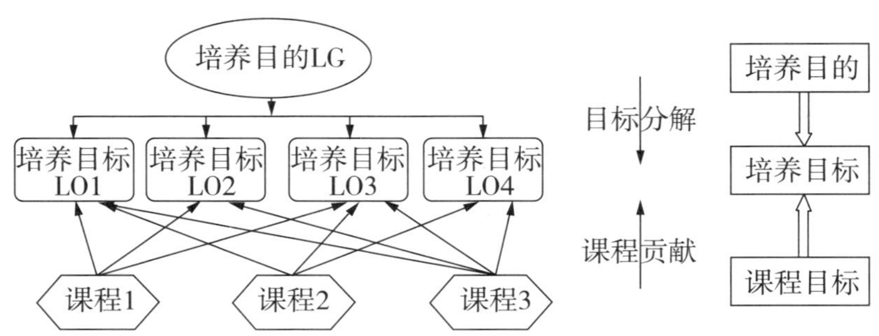

图2－1　反向设计、正向实施要素关系示意图

由图2－1可知，培养目标在能力导向一体化教学体系各关系要素中处于焦点地位。培养目的的进一步细化分解就形成培养目标，课程目标则强调对实现培养目标的贡献度。正是这种反向设计、正向实施的理念，让以学生发展为中心的思想得到全程贯彻，让以学生全面发展为目标的过程设计得以顺利实施，并通过持续改进不断提高人才培养质量。

对于反向设计、正向实施，此处可举一例对设计步骤细加说明。例如：下面是计算机科学与技术专业的教学体系的反向制定过程。

第一步：调研人才培养需求。

首先要考虑受教育者自身的发展需要；其次是要考虑社会需求；第三是要考虑学科专家的建议；第四是要从教育哲学的视角做筛选；第五要符合教育心理学的预期。

第二步：确定人才培养目的。

根据需求，将人才培养目的确定为：将学生培养成具有领导力的卓越工程师。

第三步：设计专业培养目标。

根据上面的培养目的，专业培养目标（Learning Objectives，LO）设计成：

LO1：热爱社会主义祖国，拥护共产党的领导，掌握马列主义、毛泽东思想和邓小平理论的基本原理；愿为社会主义现代化建设服务，为人民服务；有为国家富强、民族昌盛而奋斗的志向和责任感；具有敬业爱岗、艰苦求实、热爱劳动、遵纪守法、团结合作的品质；具有良好的思想品德、社会公德和职业道德。

LO2：积极参加社会实践，走正确成长的道路。受到必要的军事训练，能够同群众结合，理论联系实际，实事求是，热爱劳动。懂得社会主义民主和法制，遵纪守法，举止文明，有“勤奋、严谨、求实、尚新”的良好作风。

LO3：具有从事工程工作所需的相关数学、自然科学知识以及一定的经济管理知识；掌握扎实的工程基础知识和本专业的基本理论知识，了解本专业的前沿发展现状和趋势，具有一定的专业知识、相关的工程技术知识和技术经济、工业管理知识。

LO4：具有综合运用所学科学理论和技术手段分析并解决工程问题的基本能力；具有从事信息产业所必需的运算、实验、测试、信息安全应用等技能；具有独立获取知识、提出问题、分析问题和解决问题的基本能力以及具有较强开拓创新的精神，具备一定的社会活动能力；具有从事本专业业务工作的能力，具备适应相关领域专业业务工作的基本能力与素质；具有工程经济观点，受到工程设计方法和科学研究方法的初步训练。

LO5：具有工业装备与机器人控制核心技术理解、开发和应用的能力；具有网络工程和数据工程的理解、开发和应用能力。

LO6：掌握文献检索、资料查询及运用现代信息技术获取相关信息的基本方法；掌握一门外国语，能够比较熟练地阅读本专业的外文书刊。

LO7：了解体育运动的基本知识，掌握科学锻炼身体的基本技能，养成锻炼身体的良好习惯，达到国家规定的大学生体育合格标准；讲究卫生，身体健康，能胜任未来的工作，能够承担建设祖国和保卫祖国的光荣任务。

LO8：具有较好的文化素养和心理素质以及一定的美学修养；具有一定的组织管理能力、较强的表达能力和人际交往能力以及在团队中发挥作用的能力；具有国际视野和跨文化的交流、竞争与合作能力。

第四步：构建课程体系。

根据培养目标形成课程体系。课程体系中的所有课程都要为实现相应的培养目标服务，每一个具体的培养目标都要有足够的课程对应，按照这一原则构成课程体系（图2-2）。

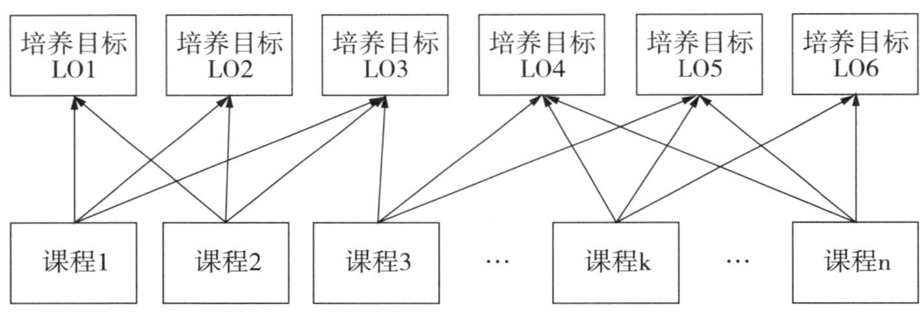

图2-2　课程体系构建示意图

第五步：构建课程地图。

课程地图（Curriculum Mapping）是与培养目的和培养目标相匹配的课程规划。其中每一门课程至少与两个以上培养目标相关联，如果没有关系，或者关系过少，就需要考虑该课程是否应该开设。专业课程应该设计和安排与尽可能多的培养目标相联系。事实上许多专业课程只要有意识地设计是可以满足多个培养目标的，各个学院应该鼓励开设能满足所有培养目标的课程（如以团队形式开展综合实验、课程设计等）。只要创新设计课程内容与教学方法，每门专业课程都会与许多培养目标相联系。

课程地图使专业教师明确为什么要开设这些课程（事实上也

在启发教师如何开设)，并能够以课程规划指引学生未来升学与就业的发展方向，以便学生自我明确生涯规划，理清职业生涯选择，进而改善学生的学习成就与提升学习兴趣。

表 2 - 1 是计算机科学与技术专业部分课程地图示意表。

表 2 - 1　计算机科学与技术专业部分课程地图示意表

课程	LO1	LO2	LO3	LO4	LO5	LO6	LO7	LO8
形势与政策	√							√
英语	√					√		√
大学体育	√						√	
思想道德修养与法律基础	√	√						√
中国近现代史纲要	√							√
军事理论	√	√						
大学生心理健康	√							√
高等数学 A	√		√	√				
大学物理 B	√		√	√				
概率论与数理统计	√		√	√				
现代企业管理	√		√					√
计算机科学与技术专业导论	√		√	√		√		
计算机组成原理	√		√	√	√	√		
数据库原理	√		√	√	√			

第六步：构建课程关系图。

在课程地图的基础上可以建立课程关系图（Program Logic）。主要是建立课程之间的逻辑关系、先后次序，其中包括课程、课程实验、课程设计、实习等内容，以给教师和学生清晰的教学内容安排。在课程结构关系图中，可以按照课程群分组，也可以按照课程体系的整体建立起关系和次序。各个学期要注意课程安排的均衡和次序。

下面给出的课程关系图表示方法（图2－3）表示了课程群中各个课程的关系。

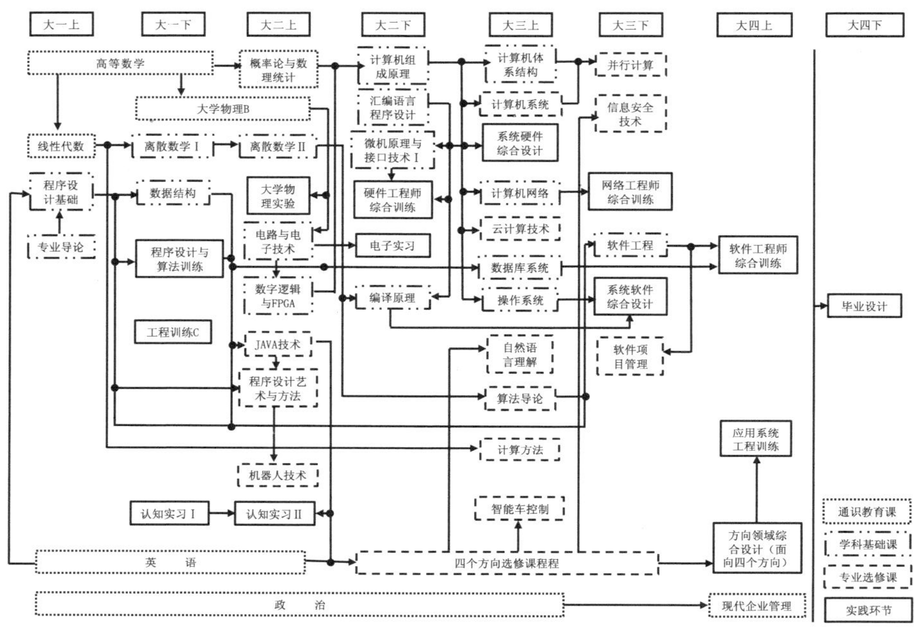

图2－3 课程关系图

第七步：构建课程大纲。

课程大纲（Outline of the Course）是对开设的课程内容和实施过程的总体描述，主要内容见表2－2。

表2－2 课程大纲包含内容

同一专业同一门课程所有任课老师必须保持一致的内容	可以适当差异化，希望尽量保持一致（80%）
课程名称与学分	课程目标
先修课程	课程简介
专业培养目的和目标	参考书目

（续表）

同一专业同一门课程所有任课老师必须保持一致的内容	可以适当差异化，希望尽量保持一致（80%）
课程教材	教学方法
评测方法与标尺	课程内容

至此，反向设计的核心步骤基本结束。

从教学体系的反向制定过程不难看出，教学体系是紧紧围绕学生发展为目标的。人才培养的目的不再局限于学科发展的需要，而是关注学生的人格健全和能力素养的提升。

2.2.2 正向实施，落实以学生发展为目标的教学过程

在传统的以教师为中心的教学组织中，教师是教学组织的主体，教学活动的开展是以教师的教为中心，学习的内容被局限于课堂和课本，学生被定义为知识的接受者。教学形式是上课时间、课程进度和考试内容的高度统一，考试成绩是教学追求的唯一目标。在对待知识的认识上，课本是学习的边界，教师是评判的权威，学生的所有思维训练基本上围绕课本和标准答案开展。学生在学习中基本上处于被动地位，对灌输的内容很难留下深刻印象，学生很少去问为什么要学习这些知识，也很少关心这些知识又能创造出什么新知识，对待知识的态度往往是知其然而不知其所以然。

以学生为中心的教学组织中，学生是教学组织的主体，教师的作用是主导和扶持。教学活动的中心不是教师的教，而是学生的学。教学内容要围绕培养学生的学习兴趣、激发学生的学习潜能来组织，在学习兴趣的引导和学习潜能释放的基础上，学生自主确定学习内容、自主选择学习时间、主动完成学习内

容、自我评价学习效果，从以往的教师教什么学生就学什么，转变为学生对什么有兴趣就学什么。教师在教学中主要起到主导和扶持作用，教师尊重学生的个人选择，尊重学生的个性发展，尊重学生的个人生存状态，充分体现了教师对学生的人文关怀。教学的目的是充分触发学生的学习自觉性，保护学生的学习主动性，鼓励学生的学习创造性。教师要遵循所有学生都能学习的教学理念，尊重学生的个体差异，提供学生的学习成功机会。学生在学习中始终处于主动和中心地位，对学习的内容有足够的了解，对内容为自身发展带来的作用有明确的预期。学习是在主动的状态下完成的，学生对待知识的态度往往是知其然更要知其所以然。

华东师范大学闫寒冰等对以学生为中心的教学模式进行研究后认为，两种教学模式在学习结果、目标制定、教学策略、教师角色和学生角色五个核心教学要素上特色差异巨大，并对这五项要素进行了特征比较，结果见表2－3所列。

表2－3 不同教学模式关键教学要素比较表

教学要素	教学模式	
	以教师为中心	以学生为中心
学习结果	1. 学习某一学科的信息和知识； 2. 培养回忆、区分、定义之类的低级思考技巧； 3. 培养对抽象及分离的事实、数据及公式的记忆	1. 学习跨学科的信息和知识； 2. 培养问题解决之类的较高级思考技巧； 3. 培养信息处理技巧，如获得、组织、解释和交流信息等
目标制定	教师根据已有的实践经验和教学大纲的要求制定学习目标	教师和学生根据实际问题和学生先前的知识、兴趣和经验共同选择学习目标

（续表）

教学要素	教学模式	
	以教师为中心	以学生为中心
教学策略	1. 由教师制定教学策略； 2. 教学策略为整个学习团体而设计，强调步调统一； 3. 主要由教师组织和展示信息（如授课、学术报告等）	1. 教师与学生共同制定学习策略； 2. 学生自定步骤，为个别化学习而设计； 3. 学生从多种渠道直接获得信息（如书本、网络、社会活动等）
教师角色	1. 组织并向所有学生展示信息； 2. 扮演专家的角色，控制学生对信息的访问； 3. 主导学习	1. 提供访问信息的多种方式； 2. 扮演促进者的角色，帮助学生访问和处理信息； 3. 促进学习
学生角色	1. 期望教师教会他们那些可以帮助他们通过考试的知识； 2. 被动的信息接收者； 3. 重构知识和信息	1. 对自己的学习负有责任； 2. 主动的知识寻求者； 3. 建构知识和意义

通过表 2－3 我们可以清晰地看出，在以学生为中心的教学中，教师是通过帮助学生获得、解释、组织和转换信息来促进学习的，身份由传统的课堂主导者变成教学的支助者；学生的角色由被动的知识接受者转变为主动的知识建构者，处理信息的能力、应用知识的能力、学会学习的能力成为教学的核心目标。在现代社会中，在高等教育大众化向普及化推进的过程中，让学生学会学习，培养学生积极的学习态度，使学生养成终身学习的自觉性，是学生适应社会发展、实现自我价值的基础，以学生为中心的教学就是基于这一理念而组织的。以学生为中心的教学始终围绕三个维度开展：一是人才培养目标要求是什

么；二是如何有效调动资源确保培养目标的达成；三是如何证明培养目标的达成。需要强调的是，以学生为中心的教学不是一种教学法，不能想当然地将其实施的视角仅仅停留在课程和课堂的教学范围之内，把它只是看成教师和学生的双边教学活动过程。以学生为中心的教学要将学习视角向课程外延伸、向教室外延续，课程体系、教学实施、教学条件、教学管理、学校文化、实践保障等内容，只要能够激发学生主动学习的兴趣，能够促进学生自主学习的开展，真正有利于学生的长远发展，都属于以学生为中心的教学考虑范畴。

参考文献

［1］李嘉曾．“以学生为中心”教育理念的理论意义与实践启示［J］．中国大学教学，2008（4）：54–56.

［2］许敖敖，李嘉曾．以学生为中心：一种挑战性的先进教育理念［J］．澳门教育，2006（4）：26–29.

［3］曾德琪．罗杰斯的人本主义教育思想探索［J］．四川师范大学学报（社会科学版），2003，30（1）：43–48.

［4］刘萍．对罗杰斯“学生为中心”教学思想的再思考［J］．江苏教育学院学报（社会科学版），2003（3）：23–25.

［5］肖锋．试论“以学生为中心”的教育理念［J］．杭州师范学院学报（社会科学版），2001（6）：98–102.

［6］方展画．罗杰斯“学生为中心”教学理论述评［M］．北京：教育科学出版社，1990.

［7］朱欣．“以学生为中心”教育理念的历史审视与价值定向［J］．现代教育管理，2012（4）：6–9.

［8］李志义．解析工程教育专业认证的学生中心理念［J］．中国高等教育，2014（21）：19–22.

［9］江光荣．人性的迷失与复归——罗杰斯的人本主义心理

学［M］．武汉：湖北教育出版社，2000.

［10］佐斌．论人本主义学习理论［J］．教育研究与实验，1998（2）：33-38.

［11］夸美纽斯．大教学论［M］．北京：人民教育出版社，1984.

［12］程红，张天宝．论教学的有效性及其提高策略［J］．教育学术月刊，1998（5）：85-88.

［13］李志义．成果导向的教学设计［J］．中国大学教学，2015（3）：32-39.

［14］闫寒冰．以学生为中心教学的评价方法［J］．全球教育展望，2001，30（11）：8-12.

［15］闫寒冰，祝智庭．以学生为中心的教学中的评价［EB/OL］．http：//www. docin. com/p-1365319720. html.

［16］李志义，朱泓，刘志军，等．用成果导向教育理念引导高等工程教育教学改革［J］．高等工程教育研究，2014（2）：29-34.

［17］蔡克勇．以学生全面发展为本——一个重要的教育理念及教育改革［J］．高等教育研究，2000（5）：11-15.

［18］王迎，宋灵青．国际视野下的远程学生支持服务——访谈远程教育专家贝纳雷特·罗宾逊教授［J］．中国电化教育，2013（4）：1-5.

［19］合肥工业大学能力导向的一体化教学体系建设指南．

［20］合肥工业大学计算机科学与技术专业培养方案（2015版）．

第3章　突出能力培养的导向作用

【导读】能力导向的一体化教学体系突出能力培养的导向作用并特别强调人才培养的闭环流程设计。能力导向教育理念强调，只有把人才培养路径设计成闭环模式，才能将能力的导向作用落到实处，才能使人才培养过程形成一个持续改进、互相关联的有机整体。学校按照人才培养流程构成要素，将能力导向一体化教学体系的闭环循环划分成专业改进循环、课程组改进循环和教师改进循环三个闭环结构。通过三个改进循环的不断运行，促使学校人才培养质量实现可检、可控、可预期。

能力导向（Competency-Based Education，CBE）也称为成果导向（Outcome-Based Education，OBE），是与传统的知识导向教育相对应而提出的教育教学理念。传统的知识导向的教学理念强调知识的学习，关注的是知识教育的系统性，它以教师为中心来构建教学模式和实施路线。而能力导向则强调学生的学习能力，关注的是学生能力发展目标的达成度，是以学生为中心来构建教学模式和实施路线。

3.1　能力导向教育的设计理念

3.1.1　能力导向教育概念

能力导向教育的概念由美国的 Spady 在 1981 年首先提出。

1994 年，Spady 又对能力导向教育的基本框架和基础原则进行了系统性解读和模块化构建，自此以后，能力导向教育的概念得到了极大的发展，在美国、加拿大、英国、德国等西方教育发达国家产生了广泛影响。美国工程教育认证协会全面接受了能力导向教育的理念，并将其作为工程教育专业认证的三个重要理念之一。

1994 年，Spady 提出能力导向金字塔（见图 3－1），对能力导向的设计实施和推广起到了很大的推动作用。其理论基础是：不论学生的基础如何，每个学生都能够学会。其关注的是学生群体的绝大多数，而不是少数考试成绩突出的学生；其注重的是学生学习能力的提升，而不是知识的灌输；其强调的是以学生为中心构建教学模式，重视的是学生在获得能力过程中的历程和在此历程中自动自觉所掌握的技能体现，而不仅仅是在此过程中所学到的知识增长量。该金字塔由一个最终目标、两个关键目的、三个特定前提、四个执行原则和五个要点组成。

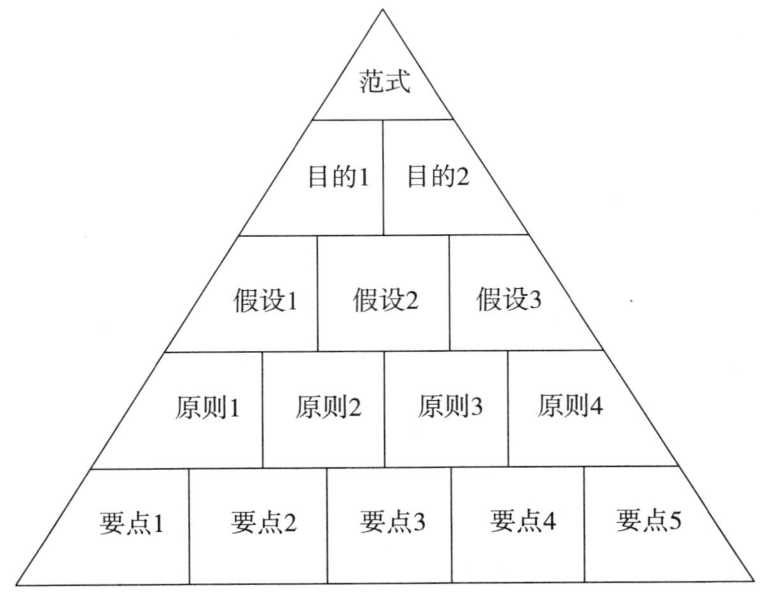

图 3－1　Spady 能力导向金字塔

一个最终目标。最终目标也叫执行范式，其核心理念是关注学生最终是否获得能力以及能力内容是什么，而不关注能力是什么时候以及怎样获得的。

两个关键目的。一个是构建能力蓝图，另一个是营造成功情景与机会。在最终目标的指引下，要对两个关键目的进行规划，首先是对最终获得的能力进行规划和论证，形成教育目标；其次要考虑目标实现的路径与保障，创造必要的条件确保目标实现。

三个特定前提。也就是对贯彻能力导向教育理念的理论假设。前提一是所有的学生都能取得成功，但在成功的取得时间和取得方式上各不相同，这需要对学生个体差异有足够的应对措施和耐心。前提二是成功的学习能够促进更加成功的学习。教学设计要尽量模块化，把一个大目标分解成若干小目标，前后模块之间具有继承和发展的关系，上一模块的成功会促进下一模块的成功，在不断的小成功中激发学生的学习能动性。前提三是学校的各项作为将直接影响学生成功的学习。学校的所有举措都要围绕学生个体的成功来开展，而不是围绕着知识的传授来开展，要关注学生的个体体验和感知，要创造条件使学生在实践中感悟知识和运用知识。

四个执行原则。在进行能力导向教育的教学设计中，需要把握四个执行原则：一是要清楚聚焦于重要的高峰能力。要始终关注学生学习后所取得的内化于心的、长期持久的能力，而不是在教学过程中所取得的短期成效或对短期成效的累加，成果一定是对学生的分析问题、处理问题或价值观产生持久和积极影响的能力体现。二是扩展机会与支持成功学习。在整个教学体系的设计中，一定要为了学生能力的获得创造积极的条件，同时坚持成功促进成功的设计理念，模块化、小目标化、目标之间的逻辑化是设计中要坚持的理念。三是高度期许并让所有学生都能成功。我们不仅要关注绝大多数学生的学习，更要坚信多数学生都能成功，都能通过学习达到能力的提升，在这种期待中关注学生的差异，并为这种差异提供时间和方法上的支持。第四是从高峰能力向下设计。即通常所说的反向设计，要根据学生需要达到的成果来规划和设计教学环节，各环节都要为成果的达成做出贡献，没有贡献的教学过程要尽量避免。

五个实施要点。一是定义能力。对能力的定义要结合学校特色、学科优势、社会需求、学生情况等因素科学确定，能力定得太高，超出学校的实施条件，则不容易达到，能力就成为一种空中楼阁；能力定得太低，学校的资源会造成浪费，而学生能力不强，在社会上的竞争力会被削弱。二是设计课程。课程要以能力为导向来构建，要考虑影响学生能力获得的主要因素，课程在知识广度和深度上要有足够的覆盖面。三是传递知识。要做好教学设计，帮助学生了解和掌握本学科的知识，创造条件让学生在真实环境中体验和感悟知识，在真实环境中应用和发展知识。四是检测能力。对能力进行检测是能力导向教育理念的重要环节。能力的确定要明确具体，只有明确具体的能力才能在反向设计中具有指导意义，也才能检测能力是否已经达成。五是确定进步。根据检测的结果即可确定能力的达成情况，只有对能力的达成结果进行科学的检测并根据检测结果进行不断改进，能力达成才能有保障。

3.1.2 能力导向教育理念在一体化教学体系中的体现

OBE 理念和方法被公认为是追求卓越教育的有效方法，受到世界各国著名大学的重视。作为国际化程度最高、体系最完整的本科工程教育国际互认协议——《华盛顿协议》（*Washington Accord*），全面接受了 OBE 理念并将其融入工程教育专业认证中。2013 年 6 月，中国加入《华盛顿协议》；2016 年 6

月，中国成为《华盛顿协议》的正式成员，这意味着中国工程教育认证结果将在《华盛顿协议》正式签约国和地区实现互认。

学校推行的能力导向的一体化教学体系也深受能力导向教育理念的影响，把能力导向教育的许多模块设计思想移植到具体的教学设计和具体实施中。

能力导向教育理念认为，教学设计和教学实施的根本目标是学生通过教育后所取得的学习能力，是教育后的最终能力体现，而不是教育的阶段性能力。能力导向教育要求对教育教学的任何阶段的设计和实施都要着重强调以下四个问题。

一是我们想让学生取得的学习能力是什么。这些能力应该是具体的、明确的，而不应该是似是而非有歧义的。

二是为什么要让学生取得这样的学习能力。确定这些能力的依据是什么，这些能力能够帮助学生达到什么目的、适应什么样的环境。

三是如何有效地帮助学生取得这样的学习能力。教学设计和教学实施的合理性应该是建立在有效帮助学生达到能力的要求，所有的要素都要以此为判断标准和执行标准。

四是如何清楚地知道学生已经取得了这些学习能力。能力的达成是可以显性评价的，评价标准是预先就制定好的，评价是客观的也是可信的。

能力导向教育理念所强调的能力是一种顶峰能力，即学生在完成相关学习后所应该知道的、理解的和具备的能力水平，而不是一种过程表现的简单累加与集成，这种能力应该是具体的，也应该是可检测的。它强调知识和技能的内化与迁移，是一种道德内化、知识内化和智力内化的组合，即教会学生把所学的社会道德转化为个人品德，把所学的知识结构转化为认知结构，把实际操作转化为智力操作的能力。按照李志义等人的研究，能力导向教育中所说的能力具有六个方面的特点：第一，能力不是学习过程中结果的累加或平均，而是学习后所收获的最终结果；第二，能力不是学习、记忆、了解、知道了多少知识，而是迁移和内化为自己的行为规范和素养提升的表现；第三，能力不仅包括所学的知识和技能，更强调运用知识的能力和价值观与情感的塑造；第四，能力的保持与学生的真实学习经验呈现正相关性，长期学习和广泛实践的能力，其存续性更强；第五，能力要注重其实用性，要与环境任务和生活技能联系起来，否则会变成知识片段，容易被遗忘；第六，能力尽管是学生学习后的能力表现，但其实现离不开整个教育过程，要以能力为目标进行反向设计，构建起实现能力的有效路径。

能力导向一体化教学体系注重以能力培养为导向确定培养目标，强调培养目的和目标是将学生培养成为什么样的人的总体要求，是教学使命。在制定专业培养目的和目标时，各专业都以学校的“工程基础厚、工作作风实、创业能力强”的人才培养特色为指导，结合卓越工程师培养计划、工程教育专业认证和 CDIO 工程教育模式，以学生能力培养为导向，以增强学生创新创业能力为着力点制定培养目标，将“知识—能力—素质”的要求完整融入其中；当提出一个目标时，要考虑到相应的课程内容、实验、设计项目、实习项目等与之配套，同时考虑到评测手段和方法。按照培养目标，制定课程教学大纲，建立学生实践能力标准，设置所需课程和实践环节，确定实习、实验指导书等。

3.2 能力导向教育的教学评价

评价和反馈是能力导向教育理念的重要组成部分。没有评价就没有各部分之间所具有的依据和支撑关系，没有反馈就没有基于目标达成度所构建的持续改进关系，也就无法建立能力导向的几个改进循环，也就体现不出能力导向教育理念的优势和特色。

在教育教学中推行能力导向的教育理念，构建适合能力导向的教学评价体系，需要在教学设计中重点考虑以下几个方面：

第一，在学习导向上，要围绕着能力目标的达成来设计。传统教育强调进程导向，教学是按照教学计划严格推进的，至于学生是否已经掌握所学的知识，只有考试后才能知道，此时很难再有时间和机会采取手段进行弥补。能力导向强调教学要围绕能力目标的达成而开展，评价标准不再限定于考试和测验这种唯一手段；同时，评价和反馈也是紧随教学进程而开展的，未达到成果目标要求的，可随时采取措施弥补。

第二，在机会获取上，要关注绝大多数学生的成功机会。传统教育往往是通过考试这种单一手段，以评价学生知识掌握的多少为重心来定义学生学习成功与否，自然会限制很大一部分人的成功机会。在不断地选拔测试和排名对比中，教师关注的重心是成绩优良的少部分人，而另部分人因考试成绩不佳，往往被归类为学习能力不足的人群。能力导向教育则主张绝大多数人都能成功，成功的标准是能力的培养结果，重在能力的构建，考察的方式是多种多样的，更加关注个体的发展并为个体提供恰当的学习机会。

第三，在培养目标上，要强调学生学习后所具备的能力和素养。传统教育强调学生的学习时间和学习成绩，是以掌握了多少学科知识为培养目标的，只要学生在规定的时间内修习了足够的学分即可认为达到培养目标。能力导向教育则强调学生的能力和素养，注重对知识的运用与创新，注重对素质的提升，更看重的是学生学习后得到了什么和能做什么。

第四，在成绩评定上，要采取多元全方位评价。传统教育强调考试对成绩评定的决定作用，强调成绩的积累，某一阶段考试

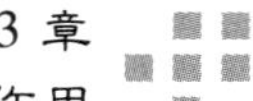

成绩不佳会影响到最终的成绩评定。能力导向教育则强调对学生能力考核的多元性、考核领域的全面性，考试成绩仅仅作为考核的一种手段，同时强调阶段性的表现仅仅作为自我完善的参考，要以最终的能力表现作为学生的成绩，当某一阶段成绩不佳时，教师要采用有效手段尽快弥补。

第五，在教学策略上，要强调知识的整合与运用。传统教育强调分科教育，强调学科学习不越边界，互相之间很少沟通合作。成果导向强调整合，注重合作学习，鼓励团队合作，形成学习共同体。成果导向强调知识的运用，要在知识的运用中让学生感悟知识、理解内涵，进而生成新知识。

第六，在教学模式上，要强调学生的感悟。传统教育以知识导向为本位，强调教师的教，重视知识的输入与继承，很多时候课堂都是从教师到学生的单向交流。成果导向以能力导向为本位，强调学生的感悟，教师要创造条件让学生学会学习，教师在其中起到辅助和引导作用。教学中要重视学生对知识的获得与应用。

第七，在学习内涵表现上，要注重学生对知识的整合。传统教育将知识分解成诸多片段，形成一系列的知识点，教学中主要关注对片段知识的学习，强调学生对知识点的掌握。成果导向则强调知识的整合学习，教师在教学中要侧重构建真实的知识应用环境，让学生在真实环境中激发学习兴趣，注重对跨学科知识的整合和运用。

第八，在评价理念上，强调能力学习的持续改进。传统教育突出评价的选拔和分级功能，认为学习结果成正态分布理所当然，评价差的学生因缺乏相应的学习机会而越来越差。成果导向则突出评价的反馈改进功能，评价的作用是给学生提供额外的弥补机会，学生在不断地学习改进中找到适合自己的学习方法，逐步树立学习信心，不断培养学习兴趣，教学强调的是一种对学生的包容性成功。

第九，在评价标准上，要注重评价结果的反馈应用。传统教育强调结果性评价，用以证明学生已经达到的水平，并预言在后续教育过程中成功的可能性。成果导向强调诊断性评价和形成性评价，通过诊断性评价查明学生的学习准备水平和不利因素，以便考虑区别对待学生，采取必要的补救措施；通过形成性评价确定学习效果，以便改进学习过程，调整教学方案。

评价的方法有很多，可以根据不同的目标和目的选择合适的评价方法进行操作，对于评价的实施过程，可以根据罗杰斯提出的能力导向理念，按照图 3 - 2 所示的评价流程图进行。

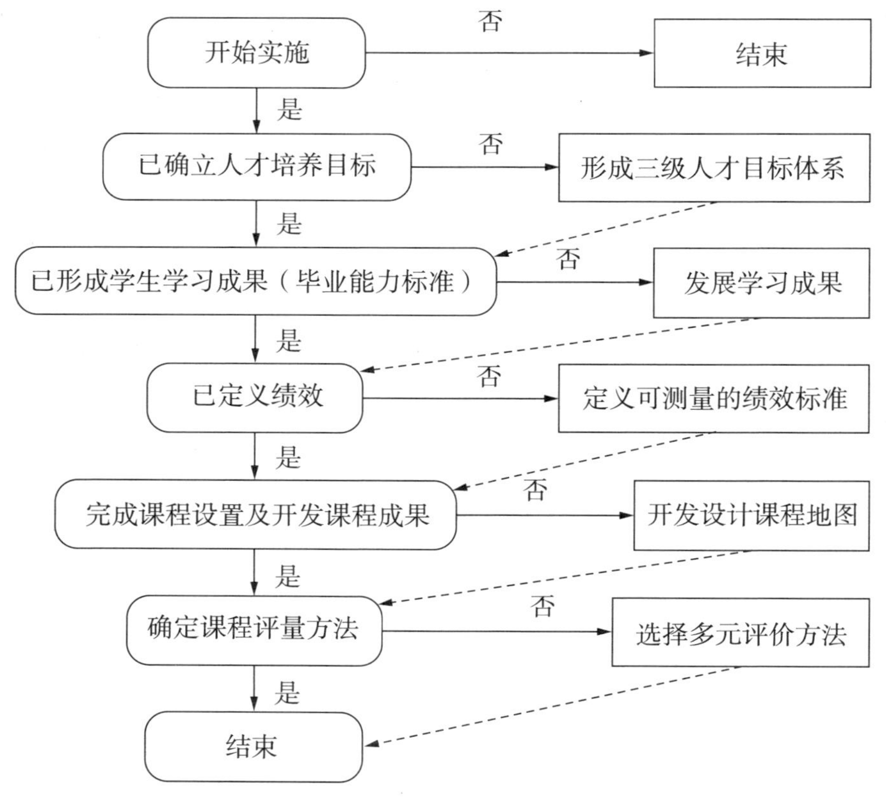

图 3 - 2　能力导向评价流程图

3.3 能力导向教育模式的优势分析

能力导向是与传统的知识导向相对应而提出的一种新型教育模式，是为了克服知识导向教育理念所存在的诸多弊端而出现的。该模式之所以具有人才培养优势，是因为在其构建过程中始终强调要做好六个关键点。

一是强调人才培养类型与国家所需人才类型的契合度。作为能力导向构建的逻辑起点，对人才培养的内外要求进行科学的研究和准确的判断是能力导向教育理念成功实施的前提。

二是强调人才培养目的与人才培养类型的匹配度。在制定学校、学院、专业的人才培养目标时，用人单位、市场前景、校友反馈、就业评估、培养优势等与人才培养和使用有关的要素对毕业生的评价和建议就显得尤为重要，只有充分参考这些因素，才能制定出合适的人才培养目标。

三是强调培养目标与人才培养目的的符合度。根据人才培养目的制定出具体可行的培养目标能力指标体系是能力导向设计的关键所在，所制定的能力指标体系不仅要具有宏观的要点界定，更需要微观的指标细化说明。

四是强调课程体系对培养目标能力指标体系的贡献度。课程体系要对培养目标能力指标体系起到支撑作用，每一门课程都是围绕实现培养目标能力指标体系的特定目标而设计的，培养目标能力指标体系的所有指标都要有足够的课程来实现。

五是强调教学设计对课程体系的支撑度。教学设计要对课程体系所要实现的毕业生能力指标体系起到坚实的支撑作用，在教学设计中要坚持以学生为中心，强调学生在教学中的中心地位，还要强调学生对知识的应用和感悟能力，要创造条件让学生在体验中创新知识。

六是强调持续改进对教学设计的保障度。能力导向坚持改进循环的设计理念，使整个教育过程都是在“目标—实施—评价—改进”的闭环系统中不断地循环改进，教学设计的执行情况通过质量评价后的反馈不断得到改进，确保人才培养目标的最后达成。

成果导向的理念自20世纪80年代提出以来，已经在全球引起了广泛的关注，并在许多教育发达国家取得了引人注目的成就，它颠覆了传统的教育理念，是教育史发展进程中里程碑式的成果。

3.4 能力导向一体化教学体系的闭环流程设计

能力导向的一体化教学体系特别强调人才培养的闭环流程设计。能力导向教育理念强调，只有把人才培养路径设计成闭环模式，才能将能力的导向作用落到实处，才能使人才培养过程形成一个持续改进、互相关联的有机整体。

按照人才培养流程构成要素来分，可将能力导向一体化教学体系的闭环循环划分成专业改进循环、课程组改进循环和教师改进循环三个闭环结构，这三个闭环结构是一种包含的关系，专业改进循环包含课程组改进循环和教师改进循环，课程组改进循环包含教师改进循环。大的闭环结构中的要素内容发生改变时，小的循环结构内容会及时作出响应，当小的循环结构的要素内容改变达到一定程度时，也会影响到大的循环结构的要素内容变化。

3.4.1　专业改进循环

专业改进循环（见图 3－3）是从专业人才培养的视角构建人才培养循环体系。该循环以专业培养方案的制订作为循环的起点，教学实施方案负责具体的人才培养过程，学院教学委员会根据教学实施方案的培养效果提出改进建议，改进建议则作为专业培养方案的修订基础。

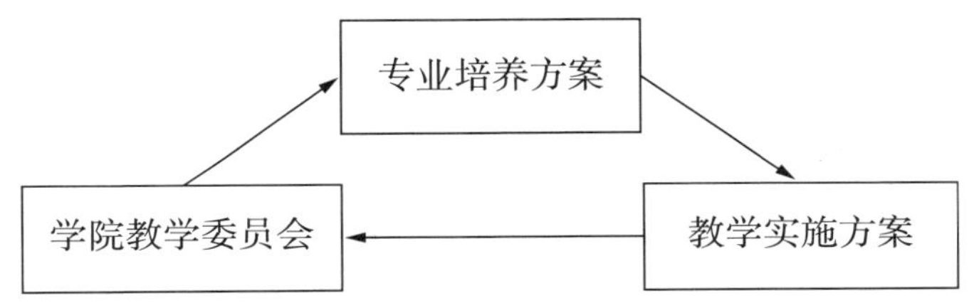

图 3－3　专业改进循环

专业培养方案主要包含四个相对独立的模块：各个专业设定人才培养目的、设定专业人才培养目标、规划课程和形成课程地图、建立课程关系图（包括设计和实习等）。在这四个模块中，后一个模块是前一个模块的具体和细化，当前一个模块的内容发生变化时，后一个模块就会快速响应并做出对应的改变。

教学实施方案则包括建立课程关系图（包括设计和实习等）、撰写教学大纲、教学实施（含授课、实验、设计等环节）、测评报告、课程组（群）评估报告等五个模块。通过教学实施方案后，会形成课程组（群）评估报告，该报告将成为学院教学委员会研判教学效果、提出改进建议的重要依据。

学院教学委员会在专业改进循环中处于非常重要的节点位置，其提出的改进建议会根据建议的性质和作用反馈到专业培养方案的四个模块之一中。

例如，有关专业设定人才培养目的的建议会反馈到各个专业设定人才培养目的模块，该模块根据建议做出修订后，后续的其他模块会相应做出回应，从而开始了新一轮的人才培养改进循环过程。该循环周期一般为 6 年左右，通常以毕业生首次就业和就业后 5 年左右的职场发展为循环改进的时间点。

例如，有关专业人才培养目标的建议会反馈到设定专业人才培养目标模块，该模块会在维持有关专业设定的人才培养目的要求的导向作用前提下，采纳学院教学委员会的建议对专业人才培养目标做出改变，从该起点发起新一轮的人才培养循环改进过程。该循环周期一般为 4 年左右，通常以完整的一届人才培养过程作为循环改进的时间点。

同理，当学院教学委员会的建议内容适合反馈到规划课程和形成课程地图、建立课程关系图这两个模块时，接受反馈的模块则在不违反上一模块的导向作用前提下，做出恰当的改变，进而从该节点发起新一轮的循环改进过程。由这两个模块发起的循环改进的循环周期一般为 1 ~ 3 年，通常是在根据社会发展、学校条件变化和学生发展需要而为高年级学生确定培养方向时作为循环改进的时间点。

通过专业改进循环，学校的优势办学资源会有效纳入人才培养过程，人才培养质量会更加贴近学校制定的人才培养目标，人才培养特色也会随着循环过程的改进而更加鲜明。

3.4.2 课程组改进循环

课程组改进循环（见图 3 - 4）是围绕着课程体系的构建来形成改进循环。该循环以课程关系图作为循环构建的起点，依据课程关系图形成每门课程的教学大纲，依据教学大纲开展具体的教学实施活动，例如授课、实验、设计等；教学活动实施结果则会形成测评报告，将所有课程的测评报告进行归类分析，形成课程组（群）评估报告；课程关系图则根据评估报告对课程实施结果的达成度进行相应的改进，之后按照改进的课程关系图启动新一轮循环过程。

课程组改进循环的循环周期一般为 1 年，通常以学年作为循环改进的时间点。

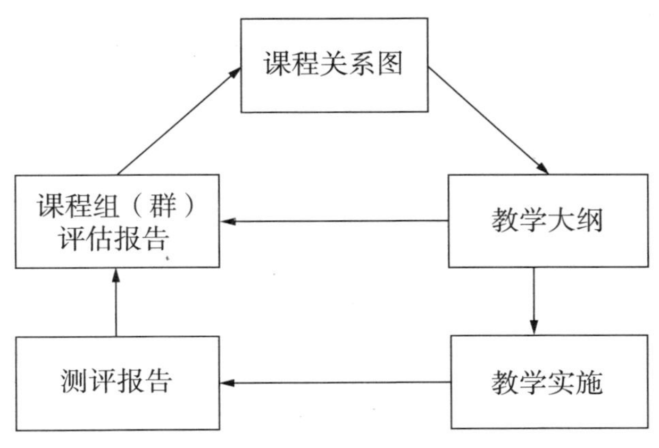

图 3－4　课程组改进循环

3.4.3　教师改进循环

教师改进循环（见图 3－5）通常包含教学大纲、教学实施和测评报告三部分内容。它以教学大纲作为循环改进的起点，根据教学大纲制定教学实施过程；根据教学实施过程形成测评报告，测评结果与教学大纲要求进行达成度比对，根据达成度情况进行新一轮的改进循环。

教师改进循环周期随课程开设时间长短而确定为 1 年或 1 学期，通常以学期开始作为循环改进的时间点。

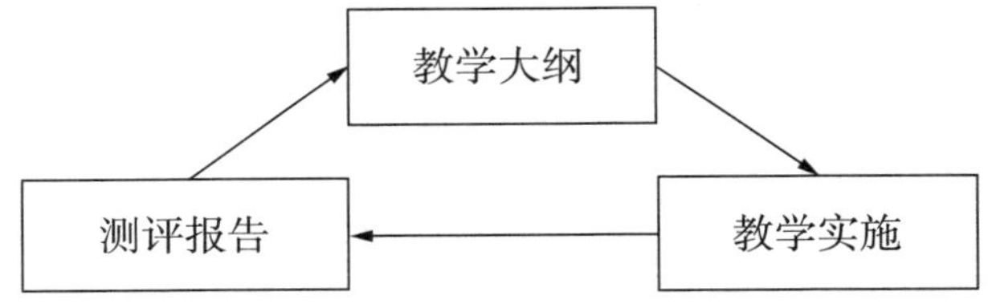

图 3－5　教师改进循环

3.4.4 能力导向的闭环体系设计要重点处理好的关系

首先是要处理好内外需求与培养目的的对应关系。内外需求是制定各专业人才培养目的的依据。内部需求包括学校的办学思想、办学定位、人才培养特色等内容。人才培养是学校发展的根本目标，只有培养的人才有特色、有能力，学校才能有一个良性的生存和发展环境。外部需求包括国家和社会对人才的宏观需求，行业与用人单位对人才的微观需求，只有最大限度地适应这些外部需求，学校声誉才能不断提高，学校也才能得到良性发展。学校的人才培养目的就是要根据这些内外需求来确定，学校需要有效协调当前需求与长远需求之间的关系、功利追求与价值引领之间的关系以及专业追求与专业适应性之间的关系。

其次是要处理好培养目的与培养目标的对应关系。培养目的是制定培养目标的依据。培养目的包括学校、学院和专业三个级别的培养目的：学校的培养目的主要反映学校人才培养的特色，比较概括，具有统领作用；学院的培养目的主要体现学科育人特色，是对学科胜任力的一种概括，具有满足特定领域人才需求的作用；专业培养目的是对学生毕业后 5 年左右所能够达到的职业和专业成就的总体描述，具有满足特定市场需求的作用。专业培养目的对培养目标的指导作用最强。培养目标是对学生毕业时应该具有的知识和技能的具体描述，一般包括知识要求、能力要求和境界要求三个维度，是对学生学习后应该取得的学习能力的外显描述。培养目的关注的是教会学生能做什么，培养目标关注的是学习后学生能有什么，培养目标是培养目的的结果。培养目标是对培养目的的能力细化要求，能力导向的培养目标需要制定成能力指标体系的形式，这些指标体系分别对应不同的培养目的要求，同时这些指标体系也对课程体系的构建具有指导意义。

第三是要处理好培养目标与课程体系的对应关系。培养目标是课程体系构建的主要依据，课程体系是实现培养目标的关键支撑。在能力导向的教育理念中，二者之间的对应关系通常以课程矩阵的形式出现，培养目标能力指标体系的每项指标会对应着一系列的课程，每门课程也会对应着培养目标能力指标体系的多项指标。通过课程矩阵可以反映出各门课程之间的互补和深化关系，在平衡这些对应关系中，结合教育学的基本原理、教育心理学的学习理论、学校的办学条件和学生基本素质等影响因素，对每门课程的设计目标做出相关要求，对课程之间的横向和纵向联系做出规划图，根据最优化原理制定课程体系。

第四是要处理好课程体系与教学设计的对应关系。课程体系是每门课程教学设计的依据，教学设计是实现课程体系有机整合的关键支撑。课程体系是按照实现培养目标能力指标体系的要求来规划的，每门课程在课程体系中都有着具体的培养目标任务，由于每门具体课程的内容主要是通过教材来实现的，但教材的编写是以知识体系的完整性来设计的，它很少考虑学生的认知发展规律，这就需要在教学设计中对教材内容进行重构，要按照课程体系要求的目标任务构建教学模块，按照学生易于接受的学习方式和路径做好教学呈现。

参考文献

[1] 吴杰．外国现代主要教育流派［M］．长春：吉林教育出版社，1989.

[2] 史耀芳．二十世纪国内外学习策略研究概述［J］．心理科学，2001，24（5）：586-590.

[3] 能力本位教育．百度百科［EB/OL］．https：//baike. baidu. com.

[4] 刘久成．对掌握学习理论的实践与思考［J］．天津市教科院学报，1995（1）：23-26.

［5］周峰．素质教育：理论·操作·经验［M］．广州：广东人民出版社，1998.

［6］黄福涛．能力本位教育的历史与比较研究——理念、制度与课程［J］．中国高教研究，2012（1）：27–32.

［7］李志义．成果导向的教学设计［J］．中国大学教学，2015（3）：32–39.

［8］张晓欢．成果导向教学模式下课程大纲的设计与编写［J］．计算机教育，2016（1）：112–116.

［9］陈楠．基于成果导向的程序设计课程教学改革研究［J］．电脑知识与技术，2015（10）：108–110.

［10］成就导向．百度百科［EB/OL］．https：//baike. baidu. com.

［11］Spady，W. Choosing Outcomes of Significance［J］．*Education Leadership*，1994（6）：18–22.

［12］李义中，朱泓，刘志军，等．用成果导向教育理念引导高等工程教育教学改革［J］．高等工程教育，2014（2）：29–34.

［13］李志义．解析工程教育专业认证的成果导向理念［J］．中国高等教育，2014（17）：7–10.

［14］申天恩，斯蒂文·洛克．论成果导向的教育理念［J］．高校教育管理，2016，10（5）：47–51.

［15］Spady W，Marshall K. Beyond traditional outcome–based education［J］．*Educational Leadship*，1991（2）：65–74.

［16］潘懋元．新编高等教育学［M］．北京：北京师范大学出版社，1996.

［17］申天恩．论成果导向教育理念的大教学战略构想［J］．吉林师范大学学报（人文社会科学版），2016，44（3）：83–88.

［18］Spady，*W. Outcome–based instructional management*：*Asociological perspective*［M］．Washington，DC：National Institute of

Education, 1981.

[19] 郑春生．中国大学生能力自我评价研究——基于家庭背景的分析［M］．北京：人民出版社，2015.

[20] 马金晶．成果导向教育博士课程发展研究——以教育领导与管理专业为例［D］．重庆：西南大学教育学院，2012.

[21] 周秀慧．论能力导向的课堂有效教学研究［J］．教学与管理，2016（5）：81-83.

[22] 梁利东，刘有余，王建彬．浅析工程教育专业认证成果导向理念的正向实施方法［J］．中国教育技术装备，2016（16）：87-88.

[23] 燕国材．论21世纪教育的基本走向［J］．上海师范大学学报（哲学社会科学版），1997（3）：9-15.

[24] 朱永新，徐亚东．中国教育家展望21世纪［M］．太原：山西教育出版社，1999.

[25] 李坤崇．成果导向教育的大学课程革新［J］．教育研究月刊，2009（181）：100-116.

[26] 吴爱华，刘晓宇．深入推进理工科人才培养机制创新［J］．高等工程教育，2014（2）：1-6.

[27] Boyer Ernest L. *Scholarship Reconsidered: Priorities of the Professoriate* [M]. Princeton: Princeton University Press, 1990.

[28] 李志义．适应认证要求推进工程教育教学改革［J］．中国大学教学，2014（6）：9-16.

[29] 李志义．我国工程教育改革的若干思考［J］．中国高等教育，2012（20）：30-34.

[30] 合肥工业大学能力导向的一体化教学体系建设指南．

第4章　注重教学过程管理

【导读】教学过程涉及教师、学生、教学内容、教学方法等教学要素，每一个教学要素都对学校人才培养质量起着至关重要的作用。能力导向一体化教学体系注重学生能力的培养，为了实现从知识传授到能力培养的转变，引导教师从关注学科知识的传承到关注学生成长的重心转移，以课程目标为评价标准评价课程教学的效果，把对学生的评价手段改变作为转变人才培养方式的切入点，通过改革教学方法和手段、构建多元化的课程评价手段，完善以学生为中心、以能力培养为导向的教学管理过程。

教学过程是指教师按照一定的教育规律开展教学活动的过程，它是根据社会发展的需求、课程教学目标和学生身心发展的特点，由教师的教和学生的学所组成的有机互动过程。这个过程涉及教师、学生、教学内容、教学方法等教学要素。教学过程管理则是对教学过程所涉及的有关要素及活动过程的管理，通过对教学顺序、教学方法、内容组织、考核办法等的有效组织和实施，实现预定的教学目标。

传统的教学过程重视学科知识的传承，教学过程是以教师为中心的，教师决定着教学内容和课程进度，考试是最常用的考核模式。由于对学生关注和关心不够，学生常常会出现厌学情绪，教师为了调动学生平时的学习积极性，点名、测验和作业就成为教师控制学生的常用手段，而实际结果却往往事与愿违，造成学生更大的逆反心理。

我国在《国家中长期教育改革和发展规划纲要（2010—2020年）》中提出，高等教育承担着培养高级专门人才、发展科学技术文化、促进现代化建设的重大任务。高等教育要着力培养信念执着、品德优良、知识丰富、本领过硬的高素质专门人才和拔尖创新人才。这就要求高等教育的人才培养目标应该是培养具有高素质、能担当，学会独立思考和独立判断，具备终身学习能力和不断自我完善的人。学习是一个自我建构的过程，教师要精心设计教学过程，为学生提供自我建构的教学活动，并根据学生的学习效果不断开发相应的教学策略。

能力导向一体化教学体系注重学生能力的培养，为了实现从知识传授到能力培养的转变，引导教师从关注学科知识的传承到关注学生成长的重心转移，把对学生的评价手段改变作为转变人才培养方式的切入点，通过构建多元化的课程评价手段，完善以学生为中心、以能力培养为导向的教学管理过程。

4.1 标准参照评价

教学评价在教学过程管理中是联系课程目标和设计教学方法的纽带。不同的课程目标需要不同的评价方法，这些评价方法评价的主体都是学生而非教师，评价的是学生能力的获得结果而不是教师的知识传授结果，是以学生为中心的教育理念的一个重要表征。这些评价方法以课程目标为评价标准来评价课程教学的效果，这种评价模式背后的理论支撑是标准参照评量的理念。了解和学习有关标准参照评量的概念和实施方法，对能力导向一体化建设方案的教学过程管理具有重要意义。

1962 年，著名心理学家、教育测量学家、匹斯堡大学教授格拉泽（R. Glaser）等在《学习结果的指导技术及测量：一些问题》一文中首先提出标准参照评量的概念。1963 年，格拉泽教授又在《美国心理学家》杂志上撰文进一步论述了标准参照评量的定义，并与常模参照评量进行了比较，试图用基于学生自身所掌握的知识和技能水平与某个事先制定的标准的比较来衡量学生的学习情况，取代传统的常模参照评量所倡导的与群体中其他个体相比较的评价模式，以克服传统评价过于强调群体分等却不能反映学生真正的学习水平、不能反映个体在学业上是否达标的缺陷，但是由于文章晦涩难懂，一直没有引起人们的注意。1969 年，波帕姆和赫塞克在《教育测量杂志》上发表了《标准参照测验的应用》一文，此文不仅评述了相关理论的发展状况，而且进一步阐述了格拉泽的思想，并且列举了在教学决策中常模参照评量和标准参照评量两种方法的利弊。这篇文章引起了教育和心理测量专家们的广泛关注，自此标准参照评量的概念开始成为人们研究的热点，并在以学生为中心的教学改革中成为主要的学习评价形式。

4.1.1 标准参照评价的发展

基于标准参照评量理念实施的评价被称为标准参照评价，日本学者也称标准参照评价为绝对性评价，实际上标准参照评价仅仅是绝对性评价中的一种形式。标准参照评价的发展总体上经历了测量和评价两个阶段。

（1）标准参照评价发展的测量阶段

20 世纪 80 年代前是标准参照评价发展的测量阶段，研究主要围绕标准参照测验的试题开发及标准参照测量技术的应用开展，研究领域主要集中在三个方面：一是标准参照评价的内涵是什么，有什么具体特征；二是标准参照评价与常模参照评价的区别是什么，其差异点主要表现在哪些方面；三是标准参照评价的测量如何开展，如何开发和应用相应的测量技术。在该阶段，评价实质上被等同于测量，研究者热衷于通过标准参照测验去测量学生对知识和技能的把握程度，而忽视了对学生情感、态度和价值观的考察，也缺少对测量结果的过程分析与判断，冷冰冰的分数后面所蕴含的价值被忽略了。

（2）标准参照评价发展的评价阶段

20世纪80年代后，教育研究者在反思标准参照测量局限性的基础上，将视角由测量转向评价，认识到测量仅仅是对底层状态的一种估计，而评价则是发展质量的一种表征，在测量的基础上进行评价，发现其背后所蕴含的价值才是实施标准参照评价的意义所在。不能将标准参照评价仅仅看成一种量化的测量工具，而是在测量的基础上进行评价反馈、告知未来的教学需求、引领未来的教学方向、促进学生的能力发展。在这种理念的引导下，标准参照评价爆发了新的活力，成为当下以学生为中心的教育教学改革的一种重要评价方式。

基于标准参照评价思想所实施的测验被称为标准参照测验或目标参照测验。标准参照测验通常以体现教育教学目标的标准作为依据，衡量学生是否达到预期的教学目标以及达到目标的程度。测验将个人成绩与特定的标准进行比较，具体了解学生对知识、技能的掌握情况，而不考虑学生在团体中的相对位置，通常用绝对评分方式计分。它不是用于比较个体之间的差异，而是反映是否达到教学设计目标要求的一种测试方式；一个群体，例如一个班级，可能所有的学生都达到了标准所设定的最低要求，也可能一个都达不到。在教学中，标准参照测验的目的是反映个体与所要求的目标之间的差异程度，进而采取有效措施弥补差距，教师在课堂上进行的随堂测验就应该按照标准参照评量的理念来设计，教师要重视测验设计的科学性，更应该重视对所反映问题的改进，只有把测量作为手段，把改进当作目的，才能体现标准参照测验的意义。

4.1.2 标准参照评价的含义

到目前为止，标准参照评价还没有一个权威的定义。由于视角的不同，标准参照评价的概念有几十种说法和界定，但这些说法和界定都不约而同地认同一个理念，就是将学生的学习效果与一个事先就制定好的客观标准相比较，进而判断学生的能力发展水平，在此基础上采取相应的措施，最终达到预定的教学目标。我们可以从评价过程、评价性质、评价方式三个维度加深对标准参照评价的认知。

（1）评价过程维度

评价开始前制定好相应的评价标准，开发相应的评价测验试题，教学完成后通过测验结果来判断既定目标的达成度，根据目标达成度确定后续的教学策略，通常有一个对个体改进的过程，在绝大多数个体都达到预定目标后才开始下一阶段的教学。标准参照评价产生于教学活动之前，评价不受学习群体水平分布的影响，评价结果可能是整个群体都达到要求，也可能都达不到要求。

（2）评价性质维度

标准参照评价是一种不以他人成绩为参照的质量评价模式，评价标准是事先制定好的客观标准，群体中他人的成绩并不影响对本人成绩的认定，只要达到客观标准规定的合格要求，就认为达到了教学目标的要求，就认为学生具备了事先设定的能力目标。标准参照评价是一种能力水平评价，评价背后反映的是学生学习后具有的能力和水平，教师注重的是分数背后所表示的价值含义，是为了学生能达到设定的目标要求而采取的一种评价策略。

（3）评价方式维度

实施标准参照评价需要明确定义教学内容，清晰界定学习任务，以易于解释设计的测验或评价。教师可以根据成绩对个体的学习情况进行解释，了解学生的知识和能力掌握情况，不能解释的测验或评价不能称为标准参照评价。按照标准参照评价的要求，测验仅仅是对学习状态的一种数量性描述，还缺少价值判断的过程，要依据数量性描述对背后的价值进行准确的判断，根据判断能有效地采取措施进行改进，才是实施标准参照评价的真正目的。

标准参照评价的标准是在评价活动实施前就预先制定好的，制定的依据是学生在学习完成后应该具备的知识和技能，标准能清晰地说明被评价者在学习后应该达到的能力水平。尽管标准参照评价也是通过测验分数来判断学生的水平，但分数的背后能反映出被评价者实际水平与预期达到的能力水平之间的符合度。

表4－1是常模参照评价和标准参照评价的简单比较，对比两者之间的不同可以加深对标准参照评价的理解和操作。

表4－1　常模参照评价和标准参照评价比较

评价项目	常模参照评价	标准参照评价
含　义	以个体的成绩与同一团体的平均成绩或常模相互比较而确定其成绩的适当等级的评价方法	以具体体现教学目标的标准作业为依据确定学生是否达到标准以及达标的程度如何的一种评价方法
评价内容	衡量个体在团体中的相对位置和名次，也称“相对评价”或“相对评分”	衡量学生的实际水平，即学生掌握了什么以及能做什么，有称“绝对评价”或“绝对评分”
评价标准	参照点：常模——团体测验的平均成绩。学生在团体中的位置就是以学生个体成绩与常模比较来确定的	参照点：教学目标。测试题的关键是必须正确反映教学目标的要求，而不是试题的难易和鉴别力

主要用途	可以作为分类、排队、编班和选材的依据	主要用于了解基础知识、技能的掌握情况，利用反馈信息及时调整、改进教学
不　足	忽视个人的努力状况及进步程度，尤其对后进者的努力缺少适当评价	测题的编制很难充分、正确地体现教学目标

4.1.3　标准参照评价的特征

标准参照评价具有主观性、预设性和综合性的特征，充分利用好这三个特征，是落实以学生为中心的教学改革的有效途径。

（1）标准参照评价的主观性

实施标准参照评价前要预先设计标准，评价对象要与预先设计的标准进行比较，因此标准制定的科学性直接影响着评价结果的真实性和有效性，而制定或选择评价标准就成为标准参照评价实施的重要环节。由于评价标准是由评价者选择或制定的，不可避免地带有评价者的个人主观意识。在教学过程中，评价标准往往是建立在教师的经验基础上的，这些经验是教师在以往教学过程中学习或积累下来的，不同的教师基于不同的经验积累，对评价标准就会有不同的认识，从而会带来不同的评价结果。标准参照评价的主观性可能会让评价结果因教师不同而不同，这需要教师间加强沟通与交流，教师要加强教学研究和相关培训，在全面把握情况的基础上不断完善标准的设计，使得评价标准科学、合理。

（2）标准参照评价的预设性

标准参照评价的预设性是指评价标准的制定要在评价活动实施之前，只有预先按照教学目标的要求制定好评价标准，在评价实施过程中才能确保结果客观有效，才能不受传统评价中成绩要符合正态分布理念的影响。标准参照评价不是为了给学生排序，不是为了学生选拔，只是为了学生的学习成效要满足预先设定的教学目标，根据学生实际教学结果与教学目标的差异度采取适合个体的反馈和改进策略，让群体中的绝大多数能够达到预先设定的合格要求。评价标准确立后，每一个评价者的学习效果只是与这个确立的标准进行对比，只依据这个标准对被评价者做出价值判断，与被评价者群体大小无关，整个群体在实施评价后可能全部都合格，也可能全部都不合格。在这里，标准实际上被看成一个确保教学效果达成度的最低要求：若学生达到标准，则认为学生的知识和能力达到预设目标；若达不到标准，则认为教学过程出问题了，需要根据反映出的问题采取必要的措施来弥补，防止学生把问题积累到最后。

（3）标准参照评价的综合性

随着以学生为中心教学改革理念的不断推行，标准参照评价的评价范围不再局限于对评价者知识和技能的测量，被评价者在学习过程中所表现出来的主动参与程度、团队合作意识、情感发展体验、思维能力培养、克服问题的态度等内容越来越被关注并被纳入标准参照评价的实施过程。评价标准的确立也越来越受到人们的重视，各种基于学生全面发展的评价标准的设立成为研究的热门领域。人们希望标准参照评价不仅能在结果性知识的评价中发挥作用，更希望在学习的情感、态度和能力等方面获得科学的评价，进而在教育过程中让学生能得到全面、系统、快乐、健康的发展。

标准参照评价与传统的常模参照评价相比，具有以下三方面的优势：

一是有利于提高被评价者的自我效能感。由于标准参照评价的评价标准清楚、明晰，被评价者在评价之前就可以按照标准的要求对自己学习的结果有预期，学习过程中对照标准就会发现自己与合格要求的差距，同时伴随着自己的不断努力，在要求的内容慢慢地被一一实现时，其学习积极性和主动性就会被激发起来，这有利于学生形成积极的学习动机。

二是有利于增强对个体指导的针对性。标准参照评价不是为了群体比较，而是为了掌握个体学习的具体情况，在与标准比较的过程中，个体的薄弱点和面对的困难就会暴露出来，教师就可以采取有效的手段进行有针对性的指导和帮扶。标准制定得越详细明了，操作性和实用性就越强，对个体的指导意义就越大。

三是有利于促进个体之间的合作学习。被评价者的学习成效只是根据标准来判断，之后在实施改进过程中弥补差距，而不是在群体中排名、选拔。按照传统的评价策略，一群学习者无论多么努力，其中的一部分总会在群体中排在后面，这会挫伤学生的学习积极性，导致很多学生因看不到学习成功的希望而放弃学习。标准参照评价因不会在学生之间形成竞争，则会促进学生的合作，学生在合作学习中达到共同成长的目标。

当然，标准参照评价也存在着标准制定的主观性强、评价信息可能存在片面性等难题，需要学校提供相应的条件和政策来保障教师科学、合理地实施评价。

4.1.4 标准参照测验的实施

标准参照评价在实施中的意义大小，取决于教师在编制标准参照测验时题目的代表性与教学目标及教学内容的符合度。如果符合度高，则标准参照评价就能很好地诊断学生的知识、技能以及身心发展情况。标准参照测验的实施要注意把握以下几个方面的要求：

一是标准参照测验题目的编制原则。标准参照测验的目的在于确定被测者对知识和技能的掌握情况，在编制时所遵守的原则主要有两个：首先是测量目标要明确和具体，每道测验题目对应的测量目标不能太多。测量目标不明确，则很难制定科学、精确的测试题目；一道测试题目对应多个测量目标，则会增加结果分析的难度和模糊性。其次是测试题目与测量目标之间要具有一致性。测试题目对应的测量目标要清晰可靠，针对同一测量目标的测题在数量上要足够多，题目之间要保持同质性。

二是标准参照测验题目的编制难度和区分度。标准参照测验也有难度和区分度等试题评价参数，但与传统常模参照测验的难度和区分度在内容上不同。标准参照测验的难度是指对测验内容的要求而不是传统的对测验分数分布的要求，在题目分析中常采用在掌握组和未掌握组中的通过率来表示，之所以测题有难易之分，是因为考查的重点有侧重于对知识的掌握和对逻辑分析或知识应用的掌握。区分度则是指测验题在区别掌握和未掌握两类试题上的区分能力，通常是通过引入教学敏感性系数作为测试区分度的一种反映指数。

三是标准参照测验的及格水平确定。标准参照测验的成绩分数不依赖于群体中其他人成绩的好坏，而是根据测试前预定的标准来判定。及格的标准水平是这种测验的一个重要把握点，需要试题编制者深思熟虑，只有科学合理地制定及格标准，测验题对教学目标的反映才能准确。

四是标准参照测验要有效度验证。效度是指测验对于所要测量的属性能够测到的程度，是衡量测验有效性的重要指标。对标准参照测验有效性的评价要从内容效度、效标关联效度和结构效度三个方面加以考虑，但评价重点应该是内容效度。内容效度是指测验内容对所欲测量内容的代表性程度，要从测验题目的正确性和代表性两个方面加以考虑。效标是用来衡量测评有效性的参照标准。效标关联效度是指测评结果与某种标准结果的一致性程度。标准参照测验中的结构效度验证是指从理论上证明测验分数解释的合理性。

五是标准参照测验要有信度估计。标准参照测验信度估计方法可分为三类：一是决策一致性信度，用以表征根据指定的标准将测试者区分为不同类型的测验题目的信度估计；二是邻域分数估计的信度，用于表征学生对测验内容掌握多少的测验题目的信度估计；三是误差平方损失一致性系数，用于表征运用及格的标准水平对被试者进行分类时的测验题目的信度估计。

六是要实现标准参照测验的标准化。标准参照测验的标准化有助于提高测验分数解释的正确性。所谓标准化主要包括：一是测验题目编制过程的标准化，即测题编制要按照统一的、精确化的测量目标进行，测题是测量内容的典型代表，测题具有较高的技术质量等；二是测验实施过程的标准化，对被测试者提供相同的指导，测验的外在支撑条件相一致等；三是测验评价的标准化，评分要有统一的评价标准，要排除评价者的主观偏见等；四是测验评价解释的标准化，评判被试者成绩的及格水平必须要保持始终如一，不受评价者或被评价者的其他因素影响。

4.2　课程评价方式改革

强化教学过程管理的“抓手”，即找到教学改革的突破口，进而转变教师的教学思想，落实“以学生为中心”的教育理念，是人才培养模式改革成功的核心。能力导向一体化教学体系明确要求课程教学大纲中必须采用多种考核方式，课程成绩要以作业、实验、期中、期末考试成绩等综合计算，专业课程期末考试比重不超过40%，通识教育必修课程期末考试成绩不超过50%。学校要通过信息管理系统引导和规范教师的教学过程和学生的能动学习考核过程，通过刚性控制考试成绩的比例，强化教学过程管理，探索让学生在课堂感悟知识、在实验中体验知识、在实践中运用和创新知识的途径与方法。

4.2.1 改革现行大学考试方法，重视过程性考核

传统的大学考试主要是对学生所学知识的测试，往往用分数衡量学生能力的强弱，这样的评价方式不仅无法真正体现学生的实践创新能力，而且还会导致学生重分数而轻实践。因此，能力导向一体化教学体系改变期末考试“一考定乾坤”的现状，在课程大纲的编制要求中对课程学习的评估方式做出专门要求，规定专业课程的期末考试（笔试）比重不超过40%，基础课程的期末考试（笔试）比重不超过50%；建议任何一门专业课程都要有多种方式对学生进行评估，并列出了10种参考评估方式（见表4－2）；同时，鼓励教师创新性地补充其他评估方式，并仔细设计考核内容，从而能够真正测评学生的能力；凡是选中的评估方式需要标出占成绩的百分比，各评估方式百分比之和为100%；建议所有教授该门课程教师的课程评估方式尽量保持一致。

表4－2 课程评估方式

评估方式（Evaluation）	比例	评估方式（Evaluation）	比例
□课堂前测试 （Pre-test）	%	□期末报告/论文撰述 （Team Paper/Theses Writing）	%
□课堂中测试 （Classroom Test）	%	□作业撰写 （Assignment）	%
□期中考（笔试） （Midterm Test）	%	□课堂演讲 （Presentation）	%
□课堂后测试/期末考（笔试） （Final Test）	%	□课程设计 （Design）	%

（续表）

评估方式（Evaluation）	比例	评估方式（Evaluation）	比例
□实验分析报告撰写 （Experiment Report）	%	□口试 （Oral Exam）	%

之所以硬性规定期末考试的成绩比重不超过40%（或50%），是希望通过对学生学习评价过分依靠期末考试的单一评估方式的改革，让教师做好学情分析，关注学生的学习基础、学习意愿、学习方式等差异，通过设计合适的教学策略，激发学生的学习兴趣，提高学生的学习效果，达到课程设计的预期能力目标。教师通过加强对学生学习过程的管理，构建起以学生能力培养为主线的教学实施过程。这样做的目的是重视过程性考核，学生在课堂上学习的知识还必须通过实验去体验和感悟。特别是工科学校，实验室的投入很大，不让学生充分利用就是一种浪费。过去教师不重视实验环节，这不利于学生理解和掌握学科原理。另外，工科专业特别是学生到了高年级，根本没必要做封闭性的、知识点类的题目，因为这些东西的考核完全可以通过随堂测试、课堂讨论完成，考试或者作业应该是开放性的。这种考核方式的改变，也促进教师进行教育教学的改革。此外，现在互联网对教学的冲击很大，特别是电子商务，知识更新很快，如果教师上课时在某些知识点上反复讲，无疑是浪费时间。现在学生的网上学习能力很强，不如在考核方式上做些改变，鼓励学生去自主学习、自由探索。

例如，有的课程根据课程特点和教学内容，就采用了书面答卷、电路设计与调试、程序设计与调试、技术报告等灵活多样的方式，综合测试学生的学习效果并给出相应的成绩，实现了对学生知识、能力和素质的综合考评，促使学生主动投身课程实践学习，达到了通过考试促进实践教学的效果。

教师在进行教学设计和教学实施前，首先要根据课程培养目标确定课程测评方法，测评结果要反映培养目标的达成情况。每个课程目标都要有相应的测评方法，每个测评方法应尽量避免对应多个课程目标。根据测评方法进行教学设计和教学内容组织，以充分发挥课程教学对学生能力培养的主要作用。

表 4－3 是以某专业培养为例的可能测评方法。在教学实践中需要教师、课程组创新思考设计。（说明：测评方法与测评内容是一体的）

表 4－3　培养目标与评测方法对应表

培养目标	测评方法
LO1 具有团队合作精神和较强的沟通能力	课程设计、实验小组、课堂表达、课堂演讲
LO2 具有坚实的工程基础知识和较为广泛的人文知识	考试、作业、课堂测试、实验报告
LO3 具有扎实的工程设计能力	设计报告、课堂创意比赛
LO4 了解本专业的前沿和发展趋势	撰写专题报告、实习报告
LO5 具有较强的自主学习能力	课后阅读课堂提问、考试
LO6 了解本专业的相关法律和社会环境的影响	专题报告等

4.2.2　改革考试内容，提高学生综合能力

能力导向的评测主要是考查学生的能力。在以往教学考核过程中，多采用以考试卷面成绩为主的方法，考试内容多为记忆性的内容，往往造成学生“考前突击背，考后全忘记”的局面。因此在考卷设计中应尽量减少死记硬背的内容，而增加一些利用所学的知识进行综合分析的内容，该评价方式的目的是重点考核学生综合分析问题、解决问题的能力和综合能力，避免出现通过死记硬背而得到较好课程成绩的现象，以便客观和准确地评价课程的教学效果并提高学生学习的积极性和主动性。

4.2.3 改革教学评价方式，由“学生评教”向“学生评学”转变

传统的教学评价方式是“学生评教”，即课程结束后，学生给教师的教学情况进行打分，评价教师的教学情况。学生给教师打分并不科学，因为学生只能从教学态度评分，无法去做一个学术的判断；并且，这实际上也是一个博弈过程，搞得很多教师不敢严格管理了。

能力导向一体化教学体系则改变了学生给教师打分的方式，改由学生自己给自己打分。课程开课前，教师就把教学目标在网上公布，课程结束后，学生可以依据教学目标判断自己是否达到了培养目标的要求，进而可以自己给自己打分。教师则可以依据学生评学的情况对课程教学进行改进。比如说学生都在第一个指标上出现问题，教师就应该进行反思和改进。

4.2.4 注重考试后的教学反馈，改进教学效果

传统的教学考核，教师将考试成绩提交后即可完成工作，未对考试结果进行细致分析，也未将考试中出现的问题向学生进行反馈，因而不能及时发现教学中存在的不足，不能有效促进教学的持续改进，也不利于学生发现学习中出现的问题。

能力导向一体化教学体系实行的三循环改进体系有效地避免了这种问题的出现。现在各类试卷的批改采用统一流水作业，每个教学班均需填写课程目标实现情况测评表，针对教学效果进行详细分析并提出改进意见，同时课程组撰写整体分析报告。如果大家都发现哪个上面有问题，课程组就要联动改进。

不仅如此，整个课程学习结束后，课程组需要对学生学习后的结果以及整个课程的教学进行评价和检验，以找到教学过程中的不足之处，提高教学质量。而每个学生的最终评估结果将作为教学成果检验的重要方面，从评估结果中可以看出学生哪些方面的能力仍

有待于提高，此后可以针对这方面制定相应的教学改进措施。

4.3　课程教学方法和教学手段改革

能力导向一体化教学体系的教学过程管理改革，其基本思路是加强对学生创新意识和创新能力的培养，体现的是一种以学定教的教学思想。

4.3.1　多种教学方法并用，提高学生能力

由于测评方法对应着具体的培养目标，根据测评方法组织教学内容、设计教学方式就与学生的能力培养建立起紧密的对应关系，教学过程则体现出学生能力的培养过程。表 4－4 列出了可以采用的一些教学方式，同时鼓励教师和课程组创新教学方式，提升教学管理过程的科学性。

表 4－4　课程教学方式

课程教学方式（Pedagogical Methods）	
□讲授法教学（Lecture）	____小时
□案例教学（Case Study）	____小时
□网络教学（e-Learning）	____小时
□实践教学（Experiential Learning）	____小时
□角色扮演教学（Role Playing）	____小时
□情景学习（Theater Learning）	____小时
□研讨式学习（Seminar on Field Research）	____小时
□实习（Internship）	____小时
□服务学习（Service Learning）	____小时
□自主学习（Independent Study）	____小时

注：课程评价方式鼓励实践、互动单元的增设、多种教学方式并存。

课程教学强调以学生为主体，发挥教师的启发和引导作用，在传授知识的同时注重学生创新意识和创新能力的培养。改变传统的“课堂灌输式”教学法，积极采用案例、研讨式的教学方法，部分教学内容安排由学生讲解，上课时由该学生就讲解的内容向其他学生直接提问，或同学之间互相提问，使学生由被动听课转变为主动参与课程的教学活动，从而提高学生学习的积极性与主动性，同时有助于提高学生分析问题、解决问题的能力。在学生讲课的过程中，教师也能及时了解学生的学习情况，以便有针对性地改进教学工作。讲课主要是讲重点、讲难点、讲思路、讲方法，讲基础理论在实际中的应用；引导学生独立思考，分析得出正确的结论，以培养学生自主学习、独立思维和创新能力；鼓励学生不要盲从，敢于对教材上的内容、教师的讲解进行批判性的质疑，并且提出自己的观点，以培养学生的创新意识。

4.3.2 积极利用现代化教学手段提高教学质量和教学效益

随着“互联网+”、信息技术和优质在线教育资源的发展，学校一方面充分运用各种优质在线教育资源，将混合式教学等教学方式与研究性学习相结合，以最大限度地发挥线上线下、课内课外以及教师、学生在教与学上的作用；另一方面充分运用3D网络环境、增强现实和虚拟仿真、人工智能等信息技术支持研究性学习，通过增强信息、身临其境、加深理解等提高研究性学习的教学效率和效果。有些教师还设计开发了网络教学系统，包括网络教学、教学资源发布和下载、网上答疑、在线考试等。通过网络教学系统，学生可随时在网上进行课程学习，且可对不懂的部分反复学习；学生可及时了解自己的学习情况，以便及时地进行改进；教师也可以及时了解学生在课程学习中存在的问题，以便有针对性地改进教学工作。互联网辅助教学，一方面给学生提供了大量的教学资源，另一方面培养了学生自主学习能力、协作学习能力以及运用现代教育技术学习的能力。

参考文献

[1] 布卢姆．教育评价［M］．上海：华东师范大学出版社，1987.

[2] 教育目标分类理论．百度百科［EB/OL］．https：//baike. baidu. com.

[3] 孙润生．布卢姆的学校教学理论［J］．辽宁教育学院学报，1991（2）：30-34.

[4] 徐延宇．高校教师发展：基于美国高等教育的经验［M］．北京：教育科学出版社，2009.

[5] 潘懋元．新编高等教育学［M］．北京：北京师范大学出版社，1996.

[6] 郑春生．中国大学生能力自我评价研究——基于家庭背景的分析［M］．北京：人民大学出版社，2015.

[7] 李志义．适应认证要求　推进工程教育教学改革［J］．中国大学教学，2014（6）：9-16.

[8] 王海艳，骆健．关于高校实施工程教育专业认证的探讨［J］．江苏高教，2014（4）：103-104.

[9] 董秀华．专业认证：高等教育质量保障的重要方法［J］．复旦教育论坛，2008，6（6）：33-38.

[10] 汪霞．课程开发的目标模式及其特点［J］．外国教育研究，2002（6）：9-13.

[11] 郝德永．课程研制方法论［M］．北京：教育科学出版社，2000.

[12] 丛立新．课程论问题［M］．北京：教育科学出版社，2000.

[13] 约翰·D. 麦克尼尔. 课程导论 [M]. 施良方等, 译. 沈阳: 辽宁教育出版社, 1990.

[14] 王道俊, 王汉澜. 教育学 [M]. 北京: 人民教育出版社, 1989.

[15] 燕国材. 论21世纪教育的基本走向 [J]. 上海师范大学学报 (哲学社会科学版), 1997 (3): 9-15.

[16] 朱永新, 徐亚东. 中国教育家展望21世纪 [M]. 太原: 山西教育出版社, 1999.

[17] 王天一, 夏之莲, 朱美玉. 外国教育史 [M]. 北京: 北京师范大学出版社, 1993.

[18] 夸美纽斯. 大教学论 [M]. 北京: 人民教育出版社, 1984.

[19] 李志义. 解析工程教育专业认证的持续改进理念 [J]. 中国高等教育, 2015 (Z3): 33-35.

[20] 标准参照评价. 百度百科. https: //baike. baidu. com.

[21] ABET. Criteria For Accrediting Engineering Programs [EB/OL]. http: //www. abet. org.

[22] Rogers G. Assessment for continuous improvement [EB/OL]. http: //www. abet. org.

[23] 朱永新. 管理心理学 [M]. 北京: 高等教育出版社, 2006.

[24] 程红, 张天宝. 论教学的有效性及其提高策略 [J]. 教育学术月刊, 1998 (5): 85-88.

[25] 顾培忠, 任岫林. 组织行为学 [M]. 北京: 中国人民大学出版社, 2008.

[26] 众行管理资讯研发中心. 管理工具全解 [M]. 广州: 广东经济出版社, 2003.

[27] 陈振明. 公共政策分析 [M]. 北京: 中国人民大学出

版社，2003.

[28] 金爱民．绝对性评价的理论探析 [J]．安顺学院学报，2008，10（6）：50-52.

[29] 胡中锋．教育评价学 [M]．北京：中国人民大学出版社，2013.

[30] 田中耕治．教育评价 [M]．北京：北京师范大学出版社，2011.

[31] 合肥工业大学能力导向的一体化教学体系建设指南.

第5章 构建持续改进体系

【导读】能力导向一体化教学体系强调要贯彻持续改进理念，在持续改进中不断提高人才培养质量。学校构建了“学生培养目标的达成度评价—教师评测报告—课程组评估报告—学院教学委员会建议”四位一体的全方位评测体系；同时构建了教师、课程组、专业“三个循环”的全过程教学改进体系；通过建立可检测、可控制和可预期的闭环教学质量管理体系，克服了学校长期以来教学质量管理碎片化的问题，对不断提升学校人才培养质量提供了有力支撑。

5.1 持续改进理念

所谓持续改进（continual improvement），是指一个组织为增强满足要求的能力而采取的一种循环改进活动，目的在于让组织不断自我完善和自我修炼，增强可持续发展的能力。持续改进强调一个组织要把制定改进目标和寻求改进机会作为永恒的主题，对过程使用审核发现、审核结论、数据分析、管理评审或其他评价方法，不断形成有效的纠正措施或预防措施，促使组织持续地保持健康运转。

持续改进是一个组织的全体人员广泛参与的对现行行为进行的渐进式改变过程，这个过程是有计划、有组织的系统性过程。

持续改进本质上是创新的形式之一，它是一种持续的渐进性创新，所有组织都可以通过持续改进实现从平庸到优秀甚至从优秀到卓越的嬗变，但是只有那些将持续改进理念一以贯之并付诸实施的组织，才有可能实现持久发展的愿望。持续改进具有计划性、组织性、系统性和全员性的特征，它是一种主动改进的理念，一般包括查找存在的问题、提出具体的改进措施、实施改进过程、检查改进效果和反馈等环节，实践中尤其以戴明（W. E. Deming）博士所倡导的 PDCA 循环最为经典，该循环强调持续改进是一个螺旋式上升的过程，组织的成长过程就是一个不断发现问题和解决问题的过程。

能力导向一体化教学体系强调要贯彻持续改进理念，在持续改进中不断提高人才培养质量。为保证教学效果与培养目标达成一致，不断提高教学质量，学校一体化教学体系高度关注能力导向教学的各个环节和过程，按照 PDCA 循环理论重点建立了一套闭环教学质量分析与管理体系，如构建了“学生培养目标的达成度评价—教师评测报告—课程组评估报告—学院教学委员会建议”四位一体的全方位评测体系；同时构建了教师、课程组、专业“三个循环”的全过程教学改进体系。通过建立可检测、可控制和可预期的闭环教学质量管理体系，克服了学校长期以来教学质量管理碎片化的问题，对不断提升学校人才培养质量提供了有力支撑。

5.2　教学改进体系的构建

教学改进体系（Promotion of Learning，POL）是通过教师对学生的评估和学生对自己的评估结果找出可能存在的不足，进而提出改进措施的一套分析与管理体系。能力导向一体化教学体系中，基于某种持续改进模式建立的教学改进体系具有“评价—反馈—改进”反复循环特征的持续改进机制，主要包括教师改进循环、课程组改进循环和专业改进循环三个层面的教学持续改进循环过程。教师循环改进课程教学，课程组循环改进课程教学和课程关系，专业循环改进培养目标、课程设置及课程关系。

5.2.1 教学改进体系要素

教学改进体系涵盖了教学活动中的一系列重要因素，包括：

专业培养目标：陈述每个专业的教育期望。它具体规定某专业旨在向学生提供智力和行为能力。

课程地图：其映射出学院如何促进学习目标的实现。它是由内容（理论、概念、技能等）、教学（教学方法、传授模式）、结果（内容是如何组织和排列的以创建一个系统化、集成化的教学和学习计划）来确定的。

教学评测：包括一系列评测标准及标尺，以证明各专业培养目标的实现。

5.2.2 教学改进体系的意义

教学改进体系对于教师、学生、各利益相关者都具有重要的意义。对于教师而言，将明确整个专业授课体系及其所授课程在该体系中的位置，教师应该以何种方式、用怎样深度将知识传授给学生，以及学生应该由此具备的能力及相应的评测方式与标尺，并将其实施到具体教学活动中去，使得学生能够顺利完成专业培养目标的要求。

对于学生而言，由此理解学院的专业特色及价值导向，以及通过课程的学习，他们将会被打造成什么样的人。通过对课程体系的总体构造及其逻辑关系，以及衡量学习效果评测方式的认识，学生可以增强学习的目的性，做到有的放矢，更好地实现学习目标。

5.2.3 教学改进体系构建

POL 体系（见图 5－1）涉及学院授课教师、课程组、教学秘书、专业教学委员会等各个方面。其中，教师授课总体流程包括：接受授课任务，认领学习目标撰写教学大纲，授课，实施学习目标评测及信息收集，撰写学习目标实现情况分析报告并提交给各学院相关教学秘书几个步骤，如表 5－1 所列。

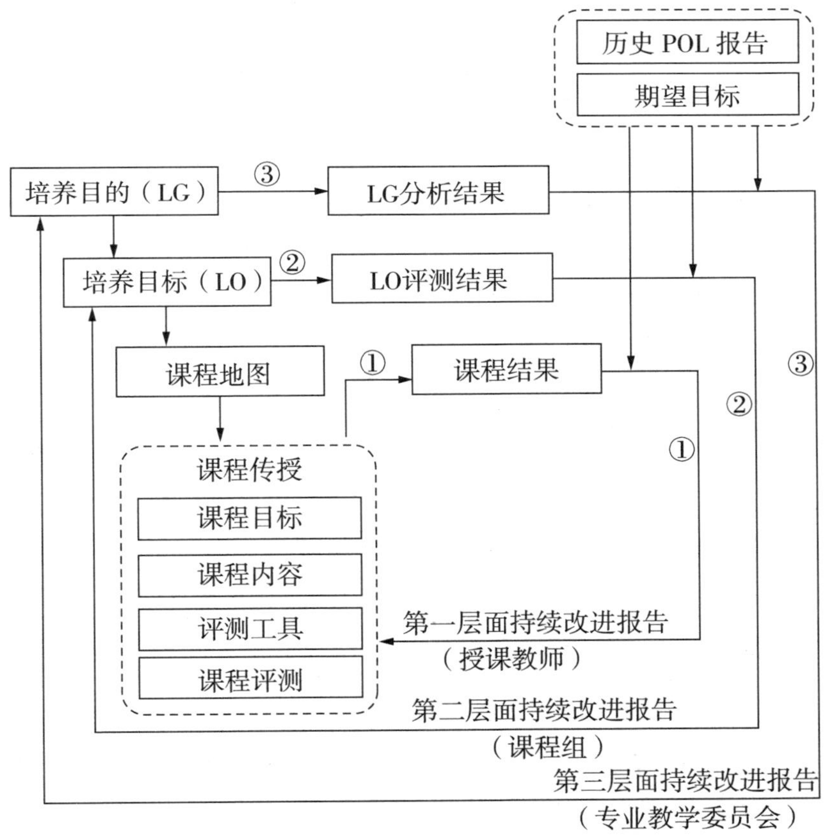

图 5－1 POL 体系流程图

表 5－1 展示的是 POL 体系中教学前、中和后期的流程。

表 5－1　POL 体系中教学前、中和后期的流程

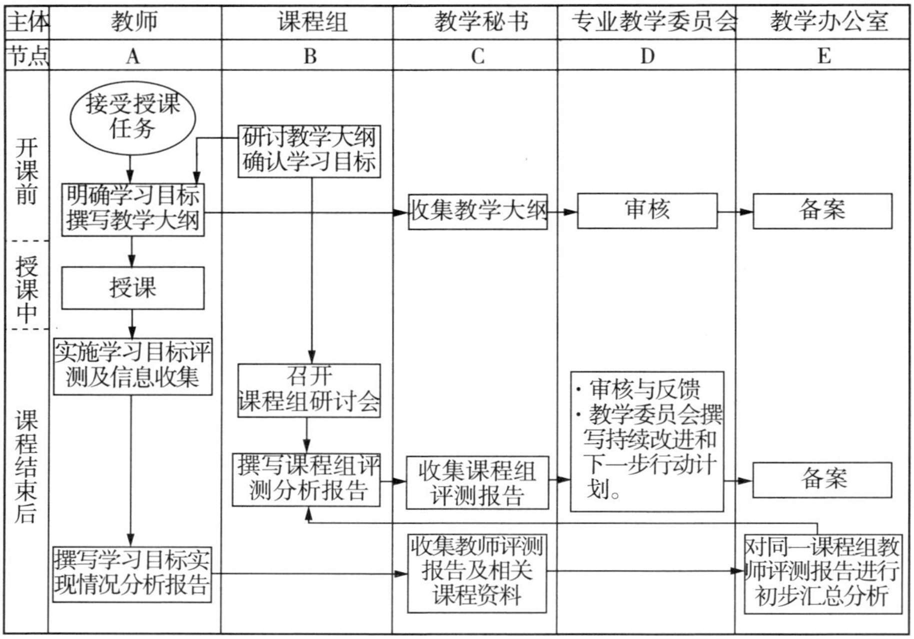

主体	教师	课程组	教学秘书	专业教学委员会	教学办公室
节点	A	B	C	D	E
开课前	接受授课任务 明确学习目标撰写教学大纲	研讨教学大纲确认学习目标	收集教学大纲	审核	备案
授课中	授课				
课程结束后	实施学习目标评测及信息收集	召开课程组研讨会 撰写课程组评测分析报告	收集课程组评测报告	· 审核与反馈 · 教学委员会撰写持续改进和下一步行动计划。	备案
	撰写学习目标实现情况分析报告		收集教师评测报告及相关课程资料		对同一课程组教师评测报告进行初步汇总分析

教学改进体系包含三个层面的持续改进：第一个层面是教师改进循环，主要是针对课程层面的持续改进，随着持续改进过程的进行，教学大纲和教学过程将会不断完善，教学结果与课程目标的符合度将会不断提升；第二个层面是课程组改进循环，主要是针对课程关系图层面的持续改进，课程体系将会随着该层面的持续改进而不断优化；第三个层面是专业改进循环，人才培养目标的完善与实现将在该改进循环过程中体现。

（1）教师改进循环

第一层面的循环改进如图 5－2 所示。每个循环的基本步骤包括根据学生的学习目标和历史评测报告来确定课程目标，由课程目标来编写课程内容、设计评测工具，随后是教学实施过程，课程评测过程往往会伴随着教学过程的实施；一门课程结束后会随之进行教学评价，教学评价包括两个主要部分，一是学生评

学，二是教师评教；教学评价结果将编制成教学测评报告，测评报告会反馈到课程传授环节，根据测评报告的问题针对性，分别反馈到课程传授的相应部分，一个循环即结束。

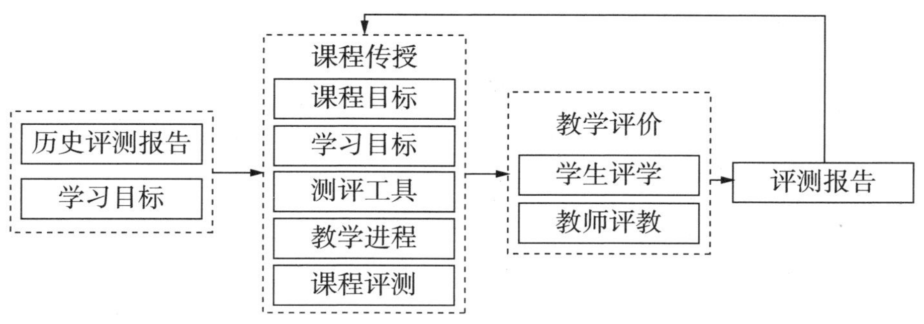

图5-2 教师改进循环

例如，若评测报告认为有必要修改课程目标，则该部分内容就会反馈到课程目标部分，课程目标随之会做出反应，在新的课程目标引导下，开始下一次循环。若评测报告认为课程内容需要修改，则问题就会反馈到课程内容部分，课程内容则会在满足课程目标的要求下随之做出修改，下一次循环过程中则按照修改后的新的课程内容执行。

(2) 课程组改进循环

第二层面的循环改进如图5-3所示。每个循环从课程关系图开始，根据课程关系图形成课程的教学大纲，在大纲的指导下进行课程传授；课程结束后进行教学评价，在教学评价的基础上，课程组重点对课程之间的逻辑关系进行评估，形成评测评估报告；评估结果反馈到课程体系，则课程体系会在满足人才培养目标的情形下随即做出响应，形成新的课程关系图或新的课程大纲，指导下一轮的课程组循环改进活动的进行。课程组一般由该课程的授课教师、先修课程的授课教师、后续课程的授课教师和院系课程负责人组成，主要职责就是定期对课程的执行情况进行评估，不断优化课程关系图和教学大纲。

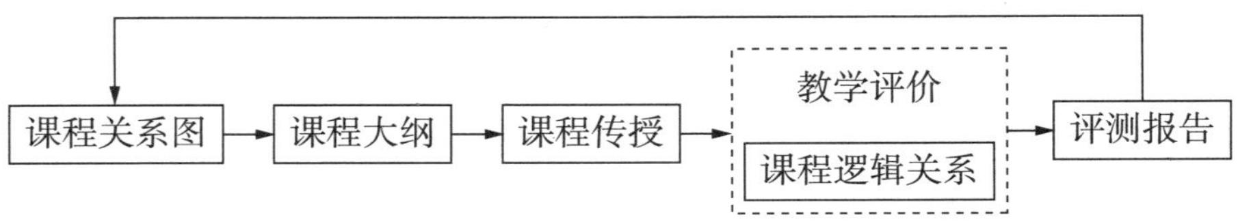

图 5－3　课程组改进循环

(3) 专业改进循环

第三层面的循环改进如图 5－4 所示。该层面的循环是从培养目标开始的，由培养目标决定课程地图，根据课程地图形成课程关系图，之后就是课程大纲编制、课程授课、课程组评课、教学评价，专业委员会根据课程组评课和教学评价的结果对人才培养的整个过程进行评估，形成评估报告。评估报告会根据评估意见的针对性分别反馈到培养目标、课程地图或课程关系图等相应部分，相应部分随即根据反馈意见做出响应，形成新的培养目标、课程地图或课程关系图，开始下一次循环过程。

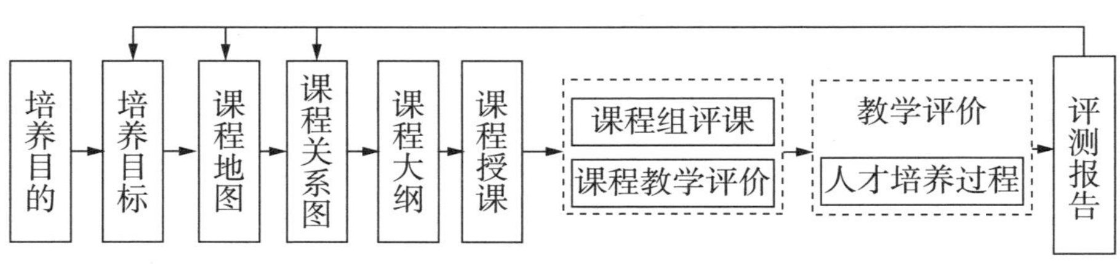

图 5－4　专业改进循环

5.3　教学改进体系的三级评价体系

在教学改进体系中，评测方法的设计和评测过程的确定对于一体化教学体系的顺利实施具有重要意义。在教学改进体系中，不仅有一系列的数理统计方法被采用，还有一些根据现代教育教学理论开发的评测方法，对教学改进体系各个层面的有效运行产生关键作用。

5.3.1 教师持续改进评价体系

教学改进体系的第一层面是授课教师的持续改进。在本层面中，主要的评价方法是学生评学和教师评教。

（1）学生评学

传统的教学评价主要是学生评教。在一门课程结束后，学生要对教师的教学态度、教学能力、教学效果、教学风貌等进行评价，以此评价教师的教学水平。这种评教关注的中心是教师，是以学科知识的传承为目标的。由于对学生的关注度不够，学生通常也认为用处不大，在评价时也就很随意，结果很难对教师以后的教学产生促进作用。

在一体化教学体系中，评价体系则要求学生评学，学生不再评价教师的教学效果，转而评价自己的学习效果，根据课程预先确定的培养目标来判断自己的学习程度。教师则根据学生的自我评估结果和对课程教学过程的自我反思，形成整改的思路和方向，在下一次课程实施中进行改进。

具体的操作思路一般是在一门课程结束后，学院的教务员会让学生填写课程评估表进行自我评估和课程评估。评估既可以在教学管理系统中进行，也可以以纸质的问卷形式进行。

课程评估表的样表结构见表 5－2 所列。

表 5－2　课程评估表（学生用）

课程目标	课程目标一	课程目标二	课程目标三	课程目标四	课程目标五
自我评价	□超过目标 □达到目标 □未达目标	□超过目标 □达到目标 □未达目标	□超过目标 □达到目标 □未达目标	□超过目标 □达到目标 □未达目标	□超过目标 □达到目标 □未达目标

（续表）

<table>
<tr><td>课程目标</td><td>课程目标一</td><td>课程目标二</td><td>课程目标三</td><td>课程目标四</td><td>课程目标五</td></tr>
<tr><td rowspan="4">课程评价</td><td colspan="2">（1）教学内容与目标匹配</td><td colspan="3">□非常匹配　□匹配
□比较匹配　□不匹配</td></tr>
<tr><td colspan="2">（2）考核方式与内容契合</td><td colspan="3">□非常契合　□契合
□比较契合　□不契合</td></tr>
<tr><td colspan="2">（3）教学态度与教学要求</td><td colspan="3">□非常认真　□认真
□比较认真　□不认真</td></tr>
<tr><td colspan="5">（4）其他建议</td></tr>
</table>

学生将会按照课程的教学目标进行自我评价，评价哪些课程目标达到了，哪些课程目标并没有达到学习要求。这种自我评价完全来自学生自身的体验和感悟，不会受到任何外界的干扰或引导，学生自己对自己的学习成效进行评价才是最真实的，这既是以学生为中心的一种具体体现，也是以能力为导向的一种具体落实方法。若某个教学目标大多数学生的自我评价趋同，都评价很高或评价不高，对教师的教学效果就会有很大的导向作用；若都评价没有达到目标，教师就要采取必要的措施对这种境况做出回应，成为后续教学改进的依据。

学生还将对课程进行评价，主要包括对教师的教学内容与教学目标的匹配度、对教师采取的考核方式与考核内容的契合度、对教学态度与教学要求之间的投入度等教学要素进行评价，教师可根据评价结果采取必要的改进措施，从而更加符合学生的学习和认知习惯。

教学办公室人员对收集的信息进行统计，对课程建议进行归纳总结，之后转发给授课教师并存档。

（2）教师评教

课程结束后，教师除了填写成绩单外（包括分列评测项），还要填写评估总结和改进措施表。表 5－3 是用一个项目管理课程来演示其内容。

表 5－3　课程评估表（教师用）

<table>
<tr><td rowspan="3">分数统计</td><td colspan="2">超过标准</td><td colspan="2">符合标准</td><td colspan="2">未达标准</td><td rowspan="2">平均分</td><td rowspan="2">班级：
人数：</td></tr>
<tr><td>优秀人数</td><td>百分比</td><td>合格人数</td><td>百分比</td><td>不合格人数</td><td>百分比</td></tr>
<tr><td></td><td></td><td></td><td></td><td></td><td></td><td></td><td></td></tr>
<tr><td>评测方法</td><td colspan="8">期末考试（工作任务分解、进度流程计划、进度管理方法三个指标通过期末考试试卷题目考核）
案例
报告（团队目标确定、风险管理计划两个指标通过项目案例报告考核）</td></tr>
<tr><td>问题分析</td><td colspan="8">经验：从学生案例报告可以看出，绝大部分学生对项目目标的确定比较合理，能够清晰地刻画团队目标；期末考试中，大部分同学能够很好地完成工作分解，并制订相应的流程计划，运用网络计划图进行时间管理，掌握时间管理的方法。
问题：部分同学没有掌握时间管理计算的方法，计算错误导致不能有效地进行时间管理；在项目案例报告中，反映出学生对项目的风险认识不够，甚至有同学忽视项目风险讨论，或者刻画不清晰</td></tr>
<tr><td>改进措施</td><td colspan="8">未来教学过程中，强调对基本管理工具的掌握，除课程讲解之外，布置练习和作业以提高学生对时间管理方法的理解和网络计划工具的掌握；强调项目风险管理的重要性，风险计划是项目成功的要素</td></tr>
</table>

教师要对课程的评测方法进行总结，结合课程的教学目标进行问题分析，评价评测方法的科学性和教学效果的有效性，总结课程教学的经验，提出存在的问题，形成具体的改进措施。

5.3.2 课程组持续改进评价体系

教学改进体系的第二层面是课程组的持续改进。在本层面的评估方法构建上，主要是课程组根据教师的评估总结和改进措施表形成课程组评测报告。评测报告的参考格式见表5－4。

表5－4　课程组评估表

<table>
<tr><td rowspan="3">分数统计</td><td colspan="2">超过标准</td><td colspan="2">符合标准</td><td colspan="2">未达标准</td><td rowspan="3">课程一：
课程二：
课程三：
总人数：</td></tr>
<tr><td>优秀人数</td><td>百分比</td><td>合格人数</td><td>百分比</td><td>不合格人数</td><td>百分比</td></tr>
<tr><td></td><td></td><td></td><td></td><td></td><td></td></tr>
<tr><td colspan="2"></td><td>培养目标一（LO1）</td><td>培养目标二（LO2）</td><td>培养目标三（LO3）</td><td>培养目标四（LO4）</td><td colspan="2">……</td></tr>
<tr><td colspan="2">课程一</td><td>√</td><td></td><td>√</td><td>√</td><td colspan="2"></td></tr>
<tr><td colspan="2">课程二</td><td>√</td><td>√</td><td></td><td>√</td><td colspan="2"></td></tr>
<tr><td colspan="2">课程三</td><td>√</td><td>√</td><td>√</td><td></td><td colspan="2"></td></tr>
<tr><td colspan="2">……</td><td></td><td></td><td></td><td></td><td colspan="2"></td></tr>
<tr><td colspan="2">课程组问题分析</td><td colspan="6">课程组在参考学生自我评价和各门课程老师的评测结果后，根据所涉及的课程与相应的培养目标，逐条分析达到目标的程度，存在的不足是什么</td></tr>
<tr><td colspan="2">课程组改进措施</td><td colspan="6">课程组给出可以对教学大纲、课程次序、实验等问题的改进建议</td></tr>
<tr><td colspan="2">教学委员会改进的意见</td><td colspan="6">根据课程组意见，可以给出课程建议，也可以给出可能的调整培养目标的建议</td></tr>
</table>

学院教学办公室将各个授课教师填写的评测报告数据集成并填到相关栏目里。课程组在此基础上继续撰写评测报告。课程组要进行问题分析，在参考学生自我评价和各门课程老师的评测结果后，根据所涉及的课程与相应的培养目标，逐条分析达到目标的程度，明确存在的不足，对教学大纲、课程次序、实验等问题

提出改进建议并形成具体的改进措施，以影响下一次的课程组循环改进过程。

5.3.3 专业的持续改进评价体系

教学改进体系的第三层面是专业的持续改进。学院教学委员会或者专业教学委员会，在集成课程组的评测报告后，每年至少要开一次会议，审定各个课程组的评测报告，然后针对整个专业提出相关建议。整改范围可以达到修改培养目的和目标的程度。

三个层面的持续改进涉及学生培养目标的达成度评价、教师评测报告、课程组评估报告、学院教学委员会建议等四种评价方式，这四种评价方式具有内容上的连贯性和执行上的逻辑性，从而形成了“学生培养目标的达成度评价—教师评测报告—课程组评估报告—学院教学委员会建议”四位一体的全方位评测体系。四位一体的全方位评测体系通过发挥学生对自我学习效果的客观评价，让教师不断优化教学过程，通过课程组对课程关系的持续评估和优化，课程体系的层次结构会越来越合理；通过教学委员会对人才培养目标与结果的达成度对比，人才培养效果会不断改进，从而人才培养能力会不断提升，人才培养特色也会越来越鲜明。

参考文献

[1] 宫隽睿．基于全面质量管理的高等教育教学管理改革[J]．青年与社会（下），2014（24）：188.

[2] 费根鲍姆．全面质量管理[M]．北京：机械工业出版社，1994.

[3] 周彩云．基于全面质量管理的教学管理改革研究[J]．当代教育论坛，2011（16）：77-79.

[4] 顾培忠，任岫林．组织行为学[M]．北京：中国人民

大学出版社，2008.

［5］众行管理资讯研发中心．管理工具全解［M］．广州：广东经济出版社，2003.

［6］萧作鹏．全面质量管理在实际中的应用［EB/OL］．中国营销传播网，2001-06-21.

［7］陈振明．公共政策分析［M］．北京：中国人民大学出版社，2003.

［8］金爱民．绝对性评价的理论探析［J］．安顺学院学报，2008，10（6）：50-52.

［9］胡中锋．教育评价学［M］．北京：中国人民大学出版社，2013.

［10］田中耕治．教育评价［M］．北京：北京师范大学出版社，2011.

［11］合肥工业大学能力导向的一体化教学体系建设指南．

第 6 章　能力导向一体化教学体系实践案例

6.1　情境领导力模型对以学生为中心的教学模式选择与促进作用研究

以学生为中心的教育是一种与传统的以教师为中心的教育相对应而出现的新型教学改革理念，其目的是将传统的以学科知识传授为核心的课堂转变为以学生能力培养为核心的课堂。在以学生为中心的教学中，学生是教学过程的主体，教师是教学过程的主导者。教学设计要围绕学生的能力培养进行，教学过程中要激发学生学习的积极性和主动性，要关注学生的学习状态，发掘学生的学习潜能，培养学生自主学习和终身学习的能力。

近年来，以学生为中心的教学理念成为世界范围内教学改革的热点，并由此产生了诸多新型教学模式，例如翻转课堂教学、混合式教学、大班上课小班研讨式教学、分组讨论式教学、探究式教学等，这些新型教学模式对转变教师教学理念、促进学生能力培养产生了一些积极影响。但也有研究和实践表明，这些新型课堂教学模式并没有预想的那么明显的效果，有些还带来了一定的教学混乱，让教师无所适从，挫伤了教师的教学改革积极性，有些教师甚至又回到了传统课堂的老路。面对这些问题，我们有必要对以学生为中心的各种教学模式的适应条件和应用范围进行研究，探寻各种教学模式的最佳适应群体。

当下，对以学生为中心的各种教学模式的研究大都还集中在各种模式的内部构建机制和内容建设体系上，很少关注学生的心理状态和知识基础，很少探讨教学模式的适应条件。例如，很多教师认为，分组讨论式教学对学生的能力培养有帮助，但在实施时发现，学生并不会主动参与讨论，即使在教师的引导下发言，气氛也往往很冷清，并没有设想的师生讨论、生生争论的场景发生。我们在推行能力导向一体化教学体系建设的过程中，以学生为中心是教学体系建设所倡导的核心理念之一，在课堂教学模式改革中强调对学生知识基础状态和学习心理状态的研究，在此基础上选择合适的教学模式，关注学生能力培养的生成基础，发生真正意义上的学习。教师的教学活动是一种领导力的表现，通过将情境领导力模型引入教师的课堂教学设计，可以让教师在关注学生的学习状态基础上采取恰当的教学模式，最大限度地调动和激发学生的学习积极性和学习潜能。

6.1.1 传统课堂存在的主要问题

传统的课堂在人才的培养理念上过分强调学科知识的传承，强调知识学习的学术性和规范性，常常缺少对学生实践能力和创新能力培养的育人环境。教学是以教师为中心、以知识传授为主的课堂，教师主导讲课内容和讲课方式，学生被动听课并按照教师的要求行动，教师控制着整个教学过程，学生处于被动和从属地位。课堂学习环境与实际需求脱节严重，学生不会利用所学的知识解决实际问题。教学资源单一，主要是教材，学习的途径主要是听教师讲解。学生的主观能动性很难被激发，自主学习的能力很难被培养出来。

从教师对教学的定位来看，教师是统领一切的，教师思考最多的是如何教，教学设计的重点是如何让学生听明白课堂内容，让学生学会和弄懂所教的知识。教学设计是教师一个人的事情，教学进程也由教师一个人完成。好课堂的标准无非就是学生都在抬头认真听课，低头认真记录，作业认真解题，答案标准唯一。教学过程是从教师到学生单向进行的，很少会有有价值的互动发生。由于教学设计对学生的关注不够，学生学会的不过是一些记忆、识别、解释等浅层次的知识和技能，而且短时间内几乎就会全部遗忘。

从学生对学习的定位来看，学生是学习的被动接受者，学生思考最多的是如何通过课程考试拿到学分。学生不参与教学设计，也不关心教学设计，学习过程就是记录知识、记忆知识、掌握解题技巧，在最终的考试时大展身手。学生不知道学习的目的是什么，不知道所教的知识有什么用，在需要用到相关知识解决问题时也不会用。学生处于被动学习地位，很少会质疑教师的教学内容，更不会奢望有与教师平等探讨的机会，真正意义上的学习很难发生。增强学生的合作能力、创新能力等培养目标由于没有相应的教学实施平台，往往也就成为一句空话。

6.1.2 以学生为中心的教学模式

以学生为中心的教学改革理念尽管没有统一的标准定义，但是其核心内涵还是非常清晰的，其所倡导的以学生为主体、以教师为主导的教学设计思想是被广泛接受的。教师是教学活动的组织者和主导者，一切教学活动的核心要围绕学生进行，要激发学生的求知欲，要注重学生的能力培养。教学的目标是教学生学会学习。

翻转课堂是以学生为中心的教学模式。在这种教学模式下，教师不再扮演强迫学生学习的角色，而是引导学生在课前根据安排自学，鼓励学生学会思考并培养好奇心。教师设计评估策略评价学生的学习情况，在课堂上教师将根据评估结果采取有效帮助措施，培养学生对学科知识的理解和运用能力，激发学生的学习动力和学习兴趣，促进学生的个性发展。

混合式教学是一种既能发挥教师引导、启发、监控教学过程的主导作用，又能充分体现学生学习过程主体作用的教学模式。这种教学模式通常是将线上的网络学习和线下的传统课堂学习结合起来，通过采用多种知识传递模式来降低学习成本、优化学习形式、聚焦学习产出，发挥各种教学手段的优势，提高学生的学习效果。

大班上课小班研讨式教学也是以学生为中心的一种教学改革模式。在这种模式下，教师通过大班讲授知识内容，通过小班研讨实现教学和科研的统一，促进师生互动和生生互动，培养学生创新能力，强化学生合作意识。

还有其他一些新型教学模式也都可以归类到以学生为中心的教学模式。我们自然就产生疑问：为什么会出现这么多的教学模式？在什么情况下运用何种教学模式对学生的学习促进作用最佳？传统的课堂教学模式在以学生为中心的教学理念下就必须被抛弃吗？针对这些疑问，我们引入了情境领导力模型。通过情境领导力模型我们发现，教学模式没有好坏之分，只有恰当和适合之别，针对学生的不同学习状态和学习基础，各种教学模式都有其存在的合理性。同时，教师可以根据情境领导力模型来优选和构建最佳的教学模式。

6.1.3 情境领导力模型

情境领导力理论（Situational Leadership Theory）是由行为心理学家保罗·赫塞（P. Hersey）和管理学家肯尼斯·布兰查德（K. Blanchard）于 1976 年提出，是在吸收心理学家卡曼（A. Korman）的领导生命周期理论和阿基里斯（C. Argyris）的成熟度理论的基础上形成的一种新型领导方式理论。该理论强调领导者的领导方式应该同下属的成熟度相适应，要依据下属的成熟度水平选择相应的领导风格，才能有利于组织目标的实现。情境领导力理论秉持没有最好的领导方式、只有最适当的领导方式的理念，认为领导力不能只重视领导者自身行为能力的修炼，更要强调因人而异、因材施教，各种不同的领导风格都有其使用的最佳场所。情境领导力将诊断、弹性与约定领导形态作为选择领导力风格的重要手段。领导者要通过诊断评估下属的发展阶段和相应诉求；领导者要保持领导弹性，能轻松自如地在工作中使用和转变不同的领导风格；领导者要与下属建立伙伴关系，与下属沟通协商最佳的领导形态。情境领导力强调领导与下属的沟通，关注下属的发展需求，在意组织绩效目标的达成与下属个体发展之间的有效融合，是一种强调以人为本的领导管理理论。

按照情境领导力理论，教师的教学组织和课堂管理是情境领导力在教学领域的具体体现，教师和学生具有领导和下属的二元特征，教师要关注学生的个人发展意愿，强调因材施教，要创造条件关注学生的成长需求，激发学生的学习能动性，要根据学生的学习成熟度水平采取恰当的领导风格。情境领导力理论的这些特质也符合当下兴起的以学生为中心的培养模式。

（1）教师的教学能力是一种情境领导力

情境领导力是领导者影响追随者实现目标的过程，情境领导力的核心要素有四个：一是影响他人的过程；二是领导者的性格特征；三是被领导者的发展水平；四是情境对领导行为的影响。在以人为本的管理理念下，兼顾领导者的个人特质、被领导者的心理状态和领导力发挥作用的社会背景是当前领导力发展的新趋势。以学生为中心的教学改革，其目标是在教师的引领下，通过合适的教学活动来引导和激发学生的学习能动性，让学生能自主、自动、自觉地学习，最终达到能力发展与全面成长兼顾的培养目标。不难看出，以学生为中心的教育教学活动具有情境领导行为的特征，因为教学活动不再是传统的单一知识传授过程，而是在教师的影响和感召下，学生主动参与学习、实现发展目标的一个过程。教师在教学过程中具有情境领导者的属性，他要根据学生的能力和意愿做好引领工作；教师具有情境领导者的特质与责任，是教学实施的领导者。情境教学领导力是指教师作为教学领导者通过对教学活动施加合适的影响，使学生学习活动得以有效运转，最终实现预期目标的一种能力。教师的情境教学领导力体现在教师个体具备的专业知识与领导素养、吸引学生的个性特征、适切的教育表达技巧与恰当的引领方式等方面。教师通过教学活动的设计和实施不断彰显其独特的人格魅力，学生则由于尊敬与崇拜心理产生热爱学习的动机和行动，主动参与学习进程并实现教育目标。

教师的情境教学领导力尽管到现在还没有一个统一的定义，概念的内涵也没有一个统一的表述，但与之关联性较大的一些表征还是得到大家一致认可的。例如：①与学生的沟通艺术。这是做一个合格教师的必备技能，但在大学课堂有许多教师缺乏这方面的修养。②对学生的激励技巧。每个学生都有学习的能力，每个学生都能成功是现代教育教学改革的理论基础，有效地激发学生的潜能是每个教师的责任。③引导和扶持学生的能力。将学生的兴趣和注意力引导到学习上，主动创造条件让学生健康成长，发挥学生学习的主动性是教师的必修课，但到目前为止效果堪忧。④为学生树立好榜样。培养学生正确的世界观、人生观、价值观，但是要达到社会的广泛认可还是一项艰巨的任务。⑤师生矛盾处理艺术。师生矛盾可能出在教师的教，也可能出在学生的学，加强诊断和沟通，创造良好的师生发展环境是基础，但很多教师还是缺乏相关的处理技能。这一方面是因为教学是一个复杂的系统工程，需要处理的问题太多；另一方面是缺少合理的处理手段，教师可借鉴的方法不多，仅有的方法也可能对自己无效。例如不同的老师采用同样的教案，但效果大不一样，有时甚至是天壤之别。为什么会造成这种差异？我们认为是教师没有把握情境教学领导力的实质，没有按照情境教学领导力的特点采取恰当的领导风格造成的。情境领导力特别强调领导风格没有高低对错之分，但有适切与不适切之别，只有对当前的环境进行充分的分析，采取恰当的领导方式，才能达到预期目标。情境领导力模型因为要求明确、方法选择简明，教师可以根据教学实际比较容易地采纳和驾驭，不失为一种提高教学能力的有效方法。

（2）情境领导力模型

情境领导力模型（见图6－1）是基于重视下属的权变理论而出现的一种领导模式，该模型的理论假设有三个：一是领导的效能取决于下属接纳领导者的程度。无论领导风格和领导行为如何变化，组织目标的最终结果是由下属来实现的，下属的工作表现是决定性因素。二是下属的工作能力和工作意愿决定了领导者所处的情境。下属的技能和意愿是随着组织任务的变化而变化的，下属不愿意工作，往往是工作技能或工作意愿出了问题，领导风格若能改善这两个方面，则有利于组织目标的实现。三是领导者应对下属给予更多的关注和支持，要根据下属的具体特点确定适宜的领导风格。

情境领导力模型强调领导者要根据具体的情境恰当地选择和运行相应的领导方式。在情境领导力模型中，领导力被定义成一种影响力，是指领导者为影响个人或团体行为而做出的相关努力。一个成功的领导者应该具备两个基本条件：一是领导结果的有效性。领导者的行为对目标的达成是否有利，是否达到了预期的绩效，对后续更高目标的完成是否有利等，是评价领导方式是否恰当的重要指标。二是下属对领导的满意度。下属对领导行为是否接受，心理上是否满意，是否能促进下属间的团队合作、是

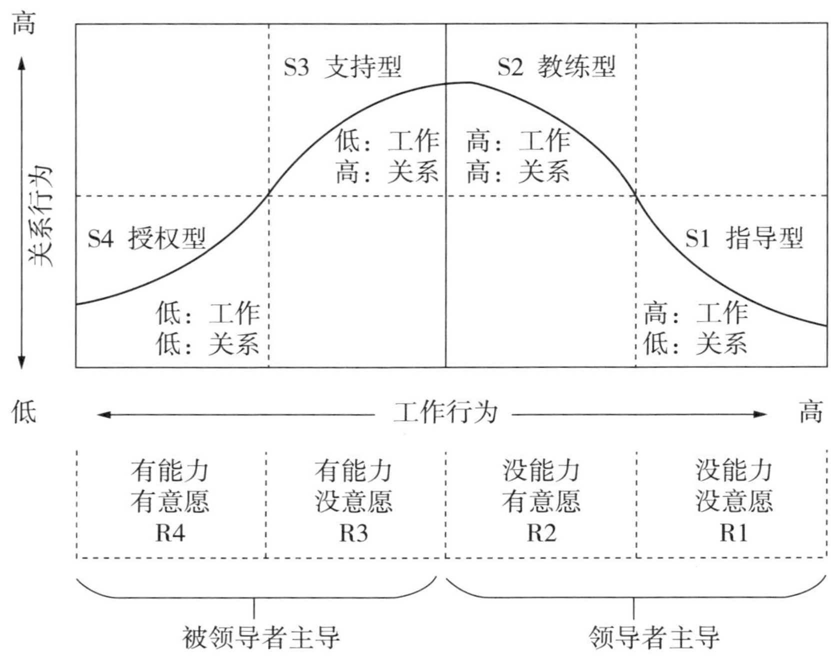

图 6－1 情境领导力模型

否能激励下属的工作自觉等，是工作目标顺利完成的重要保障，也是评价领导方式是否合适的重要内容。情境领导力就是要让领导行为既是有效的，又是满意的。

情境领导力模型通过对领导者和下属工作行为的各自分析，形成了四种不同的领导力风格和四种不同的下属熟练度水平分类；通过领导力风格与熟练度水平的有效组合，形成了四种高效的情境领导力模式。领导者只要把握好每一种情境领导力模式的适应条件和对象，根据工作性质恰当地在各种情境领导力模式之间进行转换，就能有效地实现工作目标，不断地提升下属的工作满意度。

情境领导力理论基于管理行为学的有关知识，将领导者的行为归因为两种基本行为：工作行为和关系行为。

工作行为：也叫任务行为或命令行为，就是领导者向下属清楚地说明个人或组织的责任，同时还清楚地规范下属的操作行为。该情形下的沟通是一种单向的命令或指令，对下属做什么、如何做、什么时候做、在哪里做、由谁来做都规定得一清二楚，同时领导者还要密切监督下属的工作表现和行为。工作行为有以下三个特征：一是任务结构完整，如何完成任务被规定得清清楚楚，逻辑严密；二是领导者完全控制，下属工作的所有内容、步骤、方法都是在领导者的组织和指挥下进行的，下属对工作方案没有参与权；三是下属的工作过程被全程监督，工作过程的一举一动都是在领导者的监督下完成的。

关系行为：也叫支持行为，是指领导者与单个或多个下属进行双向或多向沟通，通过支持和激励下属完成工作来提高下属的工作能力，塑造下属的完美人格。领导者的行为包括倾听、鼓励、协助、提供工作说明以及给予相应的支持等。领导者参与下属的决策，倾听下属的意见，促进双方间的关系融洽。关系行为的特征有三个：一是领导者支持和授权，鼓励下属发挥能动性，支持和授权下属采取合适的策略解决问题；二是激励和参与，领导者激励下属敢于尝试、勇于探索并积极参与下属的决策过程，通过合力提出解决问题的思路；三是沟通和协调，领导者和下属乐于沟通，注重情感交流，善于倾听下属的意见，愿意协调和创造条件发挥下属的积极性和主动性。

工作行为和关系行为从不同侧面反映了领导者在领导活动过程中的工作态度和工作方式，代表着不同的领导风格。在常规的经济管理和社会活动中，两种行为在领导活动中通常会同时出现，但出现程度的高低会有差别。根据工作行为和关系行为在领导行为中出现程度高低的组合，就构成了情境领导力模型的基本框架，形成四种不同风格的情境领导力，分别叫作指导型、教练型、支持型和授权型情境领导力（见图6－1）。

指导型（S1）。该类型是高工作、低关系的行为。领导者为

下属制定角色、安排任务，是一种发号施令式的管理，下属按照具体指示行事并接受严格监督，领导者和下属采取单向沟通方式，下属几乎没有发言权。在该类型中，任务和步骤都由领导者确定，落实中的沟通是单向的。

教练型（S2）。该类型是高工作、高关系的行为。领导者为下属制定角色、安排任务，但鼓励讨论，领导者也乐于听取下属的意见和建议，激励下属发挥主动性和能动性，愿意为下属提供必要的支持和帮助，在此基础上领导者做出最终决策，下属按照沟通好的步骤进行。在该类型中，步骤是严谨的，但落实中沟通是双向的。

支持型（S3）。该类型是低工作、高关系的行为。领导者提出任务，但将决策权如工作安排、流程部署都交给下属负责。领导者协调和帮助下属展开决策讨论，促进落实路线的科学性，并协助其自行决策。在该类型中，任务是明确的，但落实由下属决策，落实中的沟通是双向的。

授权型（S4）。该类型是低工作、低关系的行为。领导者对下属高度信任和放权，只提出一些原则要求，任务或者目标由下属制定，下属决定需要领导者参与讨论或决策的时机和任务，领导者在受邀时参与下属的讨论，但决策权和控制权由下属掌握。在该类型中，任务和落实都由下属决定，落实中的沟通尽管是双向的，但不多。

情境领导力理论非常关注下属的工作准备度水平，即成熟度等级，是领导者选择适宜的领导风格时所考虑的重要影响因素。在情境领导力模型中，成熟度被定义为个体对自己的直接行为负责的能力和意愿，它包括两个要素：一个是工作成熟度，即个体的知识和技能的熟练程度，它代表着接受相关教育和培训的程度，表征着是否拥有足够的知识、能力和经验完成组织目标的能力；另一个是心理成熟度，即个体做某件事的意愿和动机，它代表着对工作的积极性程度和自信心程度，心理成熟度主要靠内部动机激励，但受外部环境影响。基于成熟度理论，按照对待工作的能力和态度将下属的工作准备度水平分成四类，分类的评价指标有两个：一个是工作意愿，分为有意愿和无意愿，或者有自信和没自信两种情况；另一个是工作能力，分为有能力和无能力。两个评价指标通过组合，形成 R1、R2、R3、R4 四种准备度水平（表 6－1）。

表 6－1　下属工作准备度水平表

R1	没能力 没意愿或不自信	（A）工作能力不足，而且缺乏工作的动机 （B）工作能力不足，而且缺乏自信
R2	没能力 有意愿或自信	（A）缺乏能力，但愿意付出努力 （B）缺乏能力，但有信心
R3	有能力 没意愿或不自信	（A）有能力，但缺乏工作动机 （B）有能力，但缺乏自信
R4	有能力 有意愿并自信	（A）有能力，而且有动机 （B）有能力，而且有自信

对于下属工作准备度水平的判断，依据的是下属的表现而不是潜质，是下属行为所表现出来的状态。例如，对于一个员工，新入职时其训练和技能是不足的，若他对待工作的态度仅仅是为了拿到工资换取生活条件，对待工作得过且过，则他就处于无能力、无意愿的 R1 阶段。若一个新员工尽管工作技能不足，却对前景充满期待，工作始终保持热情，则他就处于无能力、有意愿的 R2 阶段。当员工工作一段时间后处于职业倦怠期时，工作能力没问题，但对前景缺乏信心，他就处于 R3 阶段。当下属随着能力的提升，对前景也充满希望时，他就会把职业当成事业，则此时他就处于 R4 阶段。这四个阶段尽管从成熟度上来说是不断提升的，但对于个人来说，表现却不是这种直线式的，会随着意

愿的反复变化而出现曲线形的发展动向，例如处于 R4 阶段的下属可能会由于职业天花板效应而变成有能力、没意愿的 R3 阶段，因此要从下属的即时行为来判断工作准备度水平。

在情境领导力模型中，四种领导方式被称为领导情境，下属的四种工作准备度水平被称为下属情境，将领导情境和下属情境进行搭配和组合，就形成不同的情境领导。有四种情境领导风格是最常见的：

S1–R1 型情境领导风格。对于处于 R1 工作准备度水平的下属，由于没能力和没意愿，S1 型的领导风格是比较适合的，下属按照规定的套路完成工作任务，在接受监督的过程中不断增长能力，在完成任务的成功中不断增长经验，逐渐改变对工作的看法和意愿。

S2–R2 型情境领导风格。对于处于 R2 工作准备度水平的下属，由于没能力但有意愿和信心，S2 型的领导风格是比较适合的，下属按照规定的套路完成工作任务，领导者会在双向沟通中让下属继续保持工作意愿和工作信心，下属的工作能力会随着工作的不断开展、沟通交流的不断进行而增长。

S3–R3 型情境领导风格。对于处于 R3 工作准备度水平的下属，通常是处于职业倦怠期或工作出现了天花板效应，尽管在工作能力上肯定能胜任工作，但由于工作意愿下降，对前途缺乏信心，领导者此时就要采取低工作、高关系的领导风格，在双方的互相沟通中，改变下属的意愿状态，协助下属树立工作自信，走出心理落差。下属一旦解决了认识问题，做好工作就自然是水到渠成。

S4–R4 型情境领导风格。对于处于 R4 工作准备度水平的下属，通常的表现就是把职业当成事业，自己已经将奋斗目标和工作过程进行了有机的结合，给人的表现就是不知疲倦和态度积极。领导者应该利用低工作、低关系的授权模式，充分发挥下属的聪明才智，保持下属的工作激情，让他创造性地完成工作。

情境领导力理论主要是对管理中的领导行为进行指导和诊断，让领导者了解面对的下属处于何种工作准备度水平，以便采取合适的领导风格进行工作；同时也会让领导者对自己的领导偏好有所了解和改进，根据不同的管理任务和下属类型选择合适的领导风格，在达到预期工作效果、完成设定的工作绩效的同时，能够最大限度地提高下属的满意度和成就感，从而创造融洽的组织文化和工作氛围。

（3）情境领导力模型在教学中的应用

情境领导力特别强调下属的工作准备度水平，教师要根据下属的成熟度等级采取恰当的情境领导力风格。在教学中学生处于下属的角色和位置，其对学习能力的成熟度水平也是从学习能力和学习意愿两方面来考量的。对待学习任务，学生在能力上会存在着有能力和无能力两种情况；对待学习意愿，也存在着有学习意愿和无学习意愿两种状态。教师按照这两种状态即可对学生进行成熟度等级分类，再根据学生的工作准备度水平采取恰当的教学领导风格，就能最大限度地提升教学效果。

例如，对待新引进的概念性知识，大多数学生是无能力的，至于学生对该知识点的学习意愿，教师可以通过多种诊断手段来把握，之后根据诊断结果选择教学模式即领导风格：若学生对该知识点的学习无意愿，则采取 S1-R1 型情景领导风格比较合适，指导型的教学策略比较好，具体的课堂表现就可能是教师讲、学生学、课后练的教学呈现模式；若是学生对该知识点的学习有意愿，则采取 S2-R2 型情景领导风格，教练型的教学策略会更好，课堂表现就可能是教师讲与学生讨论相结合的呈现模式；若知识点是利用所学知识对某一社会热点问题的实践和运用，大多数学生是有意愿的，但是否有能力则存在两种情况。教师只要在对学生的能力进行诊断后，即可选择相应的领导风格：若学生无能

力，则采取 S3-R3 型情景领导风格，课堂可以设计成小组研讨式的教学形式，支持学生开展自主学习；若学生有能力，则教师可运用翻转课堂的教学形式，通过授权型的教学策略最大限度地发挥学生的学习能动性。根据情境领导力模型，教师就能够对相应的教学策略有一个快速的选择，尽管还会存在一些调整和改变，但在大思路的选择方面就科学和简单多了。

情境领导力特别强调没有最好的领导方式，只有最适当的领导方式的管理理念。领导风格之间没有好与不好之分，只有合适与不合适之别，所有的管理风格都有其特定的优势，只要运用得当，就能提高管理绩效、促进下属发展。近年来，我们在教育教学改革中提出了很多新型的教学组织模式，例如 MOOCS、翻转课堂、混合式教学、探究式教学、研讨式教学等。在培训和宣传这些新模式的过程中，大家都有意或者无意地认为，新的教学模式要优于老的教学模式，对传统的课堂教学基本上是采取“一棍子打死”的论调和思维。根据情境领导力理论，这种论调和思维是不合适的，新时代我们有新的人才培养规格和任务，进行教学改革创新是必然的也是必要的，但是任何新出现的教学模式都有其运用情境和适用范围，超出这个范围，优势可能会变成劣势，就会出现画虎不成反类犬的尴尬。在实际运用中也验证了情境领导力理论的正确性，很多教师不管环境和条件如何，就在教学中采取新出现的各种教学模式，但效果大都不理想。当前，无论是 MOOCS，还是翻转课堂，在运行中都出现了一些质疑的声音，问题可能出在模式自身，更大的可能是出在与教学环境的不匹配上，没有考虑领导风格的适应性问题、没有考虑学生的心理接受问题可能是核心，这需要引起我们的反思。例如混合式课堂教学策略，既然是对各种教学方法的混合，在何时采取何种教学方法是关键，根据情境领导力模型对学生的学习准备度水平有一个科学的把握，进而采取情境领导力模型建议的相关领导风格可能会是一条捷径。

6.1.4 情境领导力模型应用举例

“电力电子技术”课程是面向电气与自动化工程学院电气及自动化专业大三学生开设的一门专业基础课程。该课程主要讲授各类变流装置中发生的电磁过程、基本原理、控制方法、设计计算、实验技能及其技术经济指标。按照能力导向一体化教学体系的设计方案，该课程的教学目标与专业目标的对应关系如下：

本课程的课程目标（Course Objectives，CO）主要包含三项内容：

CO1：掌握常用的电力电子器件的特性和选取方法；掌握电力电子技术中 DC/DC、DC/AC、AC/DC、AC/AC 四种功率变换拓扑结构、分析方法和参数计算；了解软开关的基本概念。

CO2：具备根据电力电子电路进行相应计算的能力。

CO3：具备变流装置的基本调试能力；具备分析电力电子电路的能力。

对应的专业培养目标（Learning Objectives，LO）分别是：

LO3：了解学科发展现状和趋势，掌握扎实的电气工程领域基本理论知识和工程技术知识，受到系统的科学研究与工程设计方法的基本训练。

LO4：掌握本专业所必需的设计、实施、实验、测试、运算、分析等技能，具有运用计算机进行科学研究和设计的能力。

LO5：具有综合运用电气工程基础理论和技术手段，分析并解决电机、电力系统和新能源变换中产品设计、生产制造、系统运行等方面工程技术问题的能力。

课程目标强调知识能力构建，强调分析和解决问题的能力培养，要实现上述课程目标，传统的课堂教学模式显然行不通，必须采取以学生为中心的教学模式，培养学生对知识的运用和创新能力。下面以 DC-DC 变换器的拓扑结构构建与参数运算与选择为例，说明教学模式的选择策略。

DC-DC 变换器可分成四种基本结构类型，分别是 Buck 型、Boost 型、Boost-Buck 型和 Buck-Boost 型，每种结构类型又分成电压变换和电流变换型两种实现方式。教材的组织结构是先讲解四种类型的拓扑结构，再分别对四种类型的实现参数进行计算。实际教学效果显示，按照教材的知识体系结构授课，即按照传统课堂的模式组织教学，就会陷入以知识传授为主的教学模式中，无法激发学生的学习兴趣，学生的学习效果堪忧。如何进行教学设计才能吸引学生的学习兴趣，培养学生的设计和创新能力呢?

教材分析。通过对整章教材分析发现，Buck 型 DC-DC 变换器实现降压变换，变换的方式可通过降压和降流两种模式实现。Buck 型 DC-DC 变换器是四种类型中最基本的变换类型，Boost 型电流变换器电路与 Buck 型电压变换器电路相互对偶，Boost 型电压变换器电路与 Buck 型电流变换器电路相互对偶。因此，若已知某种升（降）压电压变换器电路，则相应的降（升）流电流变换器电路可以通过对偶原理求出。而将 Buck 型和 Boost 型变换器电路相互串联并做适当简化，就可构建 Boost-Buck 型和 Buck-Boost 型变换器。可见，学生掌握了 Buck 型 DC-DC 变换器的两种电路拓扑结构设计，则其他三种类型都将容易学习，掌握了 Buck 型 DC-DC 变换器的参数计算，其他三种类型的参数设计也很容易实现。可见，Buck 型 DC-DC 变换器的学习对整章内容的学习具有重大影响。

学情分析。本章是教材的第三章，在开始本章内容学习之前，学生已经通过前面两章的学习，掌握了电力电子器件的工作原理和应用特点，但是没有进行过系统的电路设计培养，从下属工作准备度水平的视角看，学生处于电路设计没能力的水平，至于学生的学习意愿或自信水平，则可根据教学设计来确定，进而根据领导力风格采取不同的教学模式。

例如，我们发现现在的手机车载充电器是将汽车的 12V 直流电转变成 5V 的直流电为手机充电的，把车载充电器打开，其内部电路就是一个典型的 Buck 型 DC-DC 电压变换器。学生因为发现知识可以直接应用于产品设计，学习意愿就有了，学习信心也就强了，在这种情境下，则可以选择 S2-R2 型情景领导风格。学生没有能力但有意愿和信心，可以按照教师预设的教学步骤完成电路分析和构建。教师要加强与学生的讨论和沟通，让学生保持学习意愿和学习信心，随着学习进程的不断深入，学生的电路分析和设计能力就会不断增强。因此我们采取的授课策略就是实物展示调动学习兴趣，利用搭积木的策略将学生已经掌握的元器件逐步加入电路中，根据引入元器件实现的功能和带来的问题，特别是边际效应带来的安全问题进行互动分析，随着问题的不断转化从而引入新的元器件并重复互动和分析策略，最终实现教学目标。

在学生掌握了基本的电路拓扑结构后，下一个知识点就是元器件参数的计算和结果仿真。针对元器件参数的计算，学生是没能力也没意愿学习的。根据情境领导力模型，则可以选择 S1-R1 型情景领导风格，即常规的课堂教学模式，通过教师分析和学生练习，掌握参数的计算公式和计算过程。为了验证计算结果，则需要利用 MATLAB 进行结果仿真，教师对整个仿真流程进行慕课设计，学生课后根据慕课内容自学并撰写小论文对结果进行分析。

学生掌握了 Buck 型 DC-DC 电压变换器的拓扑结构和参数计算后，因为采用对偶原理就可设计出 Boost 型 DC-DC 电流变换器，则在学习该部分内容时，根据情境领导力模型，学生的正常学习状态是有能力、有意愿并有信心的，选择 S4-R4 型情景领导风格较合适，针对这种领导风格，则无论是采取翻转课堂还是采取分组讨论的教学模式都可以，教师可根据学校的硬件条件和视频资源进行选择即可。

上述实例可以证明，教学模式是无好坏之分的，只有合适与不合适的区别，针对不同的学情采取恰当的教学模式才是关键。情境领导力模型在学情和教学模式之间建立起了一种对应关系，该模型注重对学生状态的关注，是一种以学生为中心的教学体现，教师在情境领导力模型的引导下可以较好地选择教学模式。

情境领导力模型一经推出就受到企业界的大力追捧，历经40多年的发展而经久不衰。该模型在发展中也经历了一个不断完善的过程，以便适应不断变化的现代企业管理环境。教学活动属于管理范畴已被业界所公认，学习和借鉴管理学界的先进理论经验是提高教学活动水平、提升人才培养质量的有效途径。教师借鉴情境领导力模型，形成自己的教学领导力风格，在教学中恰当运用就会促进教学目标的实现。

（作者：于宝证，赖纪东）

参考文献

[1] 李嘉曾．“以学生为中心”教育理念的理论意义与实践启示［J］．中国大学教学，2008（4）：54-56.

[2] 许敖敖，李嘉曾．以学生为中心：一种挑战性的先进教育理念［J］．澳门教育，2006（4）：26-29.

[3] 刘萍．对罗杰斯“学生为中心”教学思想的再思考［J］．江苏教育学院学报（社会科学版），2003（3）：23-25.

[4] 肖锋．试论“以学生为中心”的教育理念［J］．杭州师范学院学报（社会科学版），2001（6）：98-102.

[5] 方展画．罗杰斯“学生为中心”教学理论述评［M］．

北京：教育科学出版社，1990.

[6] 朱欣．“以学生为中心”教育理念的历史审视与价值定向［J］．现代教育管理，2012（4）：6-9.

[7] 情境领导理论．百度百科［EB/OL］．https：//baike. baidu. com.

[8] 方志远．“情境领导”理论评述［J］．领导科学，1994（4）：25-26.

[9] 邹宛言．从情境领导理论谈教学有效性［J］．中国校外教育：理论，2012（z1）：23-24.

[10] 程红，张天宝．论教学的有效性及其提高策略［J］．教育学术月刊，1998（5）：85-88.

[11] 杜芳芳．教师领导力：学校变革的重要力量［J］．教育发展研究，2010（18）：47-51.

[12] 李肖艳，裴淼．教师领导力：国外教师领导力研究主题概述［J］．教师发展研究，2017，1（2）：105-114.

[13] 赵德成．教学领导力：内涵、测评及未来研究方向［J］．外国教育研究，2013（4）：96-103.

6.2 泰勒原理在能力导向一体化教学体系教育目标制定中的应用研究

能力导向一体化教学体系在设计和实施过程中，始终坚持以学生为中心、以能力为导向、以过程管理为抓手、以持续改进为动力的教育改革理念。制定明确的教育目标是贯彻和落实好这些教育改革理念的基础。教育目标就是学生通过相关教育后所应具备的知识、能力、素质，它是教育机构实施人才培养的纲领性文件，目标制定得好坏，会直接影响到教学设计、教学实施和教学改进等具体实施过程。能力导向一体化教学体系强调从能力需求出发来确定能力目标的原则和步骤，通常包括根据能力目标制定培养目标，由培养目标确定课程目标、教学内容和考核要求等过程，其核心和实质是要突出学生从事职业工作所应该具备的技能和态度。过高或过低的教育目标都会对教育机构的发展带来不利影响，如何制定科学、合理的教育目标是能力导向一体化教学体系首先需要解决的问题。泰勒原理所倡导的教育目标制定模式在欧美发达国家和国内教育水平较高的高校的课程设计中得到广泛应用，将泰勒原理引入能力导向一体化教学体系的教育目标制定中来，按照泰勒原理制定教育目标，根据教育目标细化教学过程，推动能力导向一体化教学体系的顺利实施。

6.2.1 泰勒原理

泰勒原理又叫泰勒目标模式，在该模式下，必须认真回答以下的四个问题才有可能构建出一个有效的课程设计：

一是学校试图达到什么样的教育目标；

二是提供什么样的教育经验才能实现这些目标；

三是怎样有效地组织这些经验；

四是怎样确定这些目标正在被实现。

确定教育目标、选择学习经验、组织学习经验、评价学习经验四部分的渐进实施和有机组合就构成了泰勒目标模式。尽管泰勒认为教学目标的设计要围绕这四个方面开展，但他并没有给出这些问题的标准答案。在他看来，这些问题也不存在标准答案，它们会因为教育阶段的不同和学校性质的不同而在细节内容上有所变化，但解决这些问题的方法和程序却是有章可循的。

（1）如何制定清晰的教育目标？

泰勒认为要制定一个清晰的教育目标，要从五个方面着手，要考虑三个来源的符合度并经过两个过滤器的认真筛选。

首先要考虑受教育者自身的发展需要。根据马斯洛（A. Maslow）的需求层次理论，人类需求按层次由低到高被分为生理需求、安全需求、社交需求、尊重需求和自我实现需求五种。对于需求人人都是需要的，当某一层的需求被满足后，高一层的需求才会出现。通常某一层次的需要被满足后，实现更高层次的需求就会变成个人学习的行动驱动力。泰勒认为，应该把学生的需求和社会的理想常模进行比较，找出之间的差距，这种差距就应该是课程的着力点。同时还要研究学生的兴趣所在，兴趣是最好的老师，课程的开设要最大限度地满足对学生兴趣的激发，如果开设的课程学生不感兴趣，剃头挑子一头热，教学肯定没有太多效果。

其次是要考虑社会需求。学生最终是要走上社会的，社会构成的复杂性、社会发展的快速性、信息变化的多样性都会让学生感到迷惘，这需要学校结合社会大背景和自身的育人特色，甄别出对学生能力构建和人格养成所需要的有价值的知识，将学校和社会、学习和生活有机结合起来，让学生离开校园时能少走弯路。学校不要让学生学习那些过去重要但现在没有意义的知识，而是要创造更多的与社会发展真实相关的环境，让学生得到体验和锻炼，并最终迁移和内化成学生的一种素养，以便学生能更好地适应社会和改造社会。

第三是要考虑学科专家的建议。不同学科对人才的知识、技能和素养要求不同，教学手段和教学方式不同，唯有多听听学科专家的意见和建议，才能真正建立起科学的教育价值观，最终实现学校的育人目标。泰勒特别强调，学科专家应从某一学科在普通教育中的作用与功能及学科对一般公民的用处作为出发点来提出教学目标建议，而不是从如何培养该领域专家的视角探讨教学目标。

第四是要从教育哲学的视角做筛选。我们的育人目标是让学生去适应社会还是去改造社会，是让学生进行技能和知识的掌握还是要进行素养教育，是培养完整的社会人还是唯分数论，这些都会极大地影响学生一生的成长，这是教育哲学层面的问题，它体现和影响着学校与教师的教育价值观，我们要从哲学价值观的层面筛选和判断培养目标的合理性。

第五要符合教育心理学的预期。学生的学习有其自身的规律，例如：目标实现的难易程度如何？有些目标看上去能实现，但从教育心理学上论证却发现很难在短时间奏效。学生的心智发育程度如何？目标确定的内容很可能与学生的心智发育水平脱节而造成目标太高或太低。培养效果的预期程度如何？知识内容是会被遗忘的，需要不断地重复使用才能巩固和内化。培养目标是否考虑了对知识的整合？这些都需要从教育心理学的视角加以验证。

（2）如何选择学习经验？

泰勒认为学习经验的选择要坚持五项基本原则。

一是要给学生提供机会。学校和教师要系统构建隐藏在教学目标后面的行为，之后要创造机会让学生实践教学目标所蕴含的那种行为的经验，从当前的教学实践看，学校在这方面的系统构建上普遍做得不够，教师在这方面的意识也有待增强。陆游曾说，“纸上得来终觉浅，绝知此事要躬行”，我们只有创造条件让学生去实践和感知，知识才能最大限度地内化为学生的素养和行为规范。

二是要让学生获得满足感。我们经常说“失败是成功之母”，而泰勒却认为在课程设计时要坚持“成功是成功之母”的信条，一个成功会促成下一个成功的实现。在实现教学目标所蕴含的相关行为时，要让学生获得足够的满足感。要把教学目标细化为很多相关的小目标，让学生在一个个小的成功中获得满足感，在愉悦的情景下完成整个教学目标。教师要对学生多鼓励、多关心、多帮助，要保护好学生的上进心。

三是要顾及学生的能力范围。对学习经验的期望要顾及学生的能力范围，按照心理学的最近发展区理论，如果对学生设定的目标太高，超出最近发展区上限，目标则会因无法实现而挫伤学生的学习积极性；如果对学生设定的目标太低，超出最近发展区的下限，学生则会因没有成就感而丧失学习积极性。设计恰当的学习目标确实考验教师的功力，教师要对学生的能力有相当的了解和研究才能做出契合学生实际的教学设计。

四是实现目标的模式不唯一。我们常说教学有法，教无定法，在实现同一教学目标的实践中，有很多特定的经验都能完成，并没有可供推广的统一的模式存在。所谓条条大道通罗马，教师在实现教学目标时，要充分发挥自身的聪明才智，营造自己的创造空间，要坚持合适的才是最好的，在不断创新中完成教学目标的实现。

五是对结果多样性的有效估计。教育很难做到按图索骥，相同的学习经验在不同学校、不同教师实施的过程中会产生不同的结果，即使是同一位教师，在面对不同背景的学生群体时，采取相同的学习经验也会产生不同结果。这需要教师在对学习经验的采纳和实施时要有足够的研究，要考虑某一群体的特点，要关注该群体对学习经验的紧迫性和针对性，要做好对不理想结果出现的有效控制和正确应对。

泰勒认为，一种学习经验是否有效，可以从四个方面进行验证：其一，是否有助于学生思维技能的培养；其二，是否有助于学生对信息的获得；其三，是否有助于培养学生的社会态度；其四，是否有助于学生兴趣的培养。如果有助于上述学生能力的培养，则这种学习经验就是有效的，否则就是无效的，在选择上要慎重考虑，要么放弃，要么重构。

(3) 如何组织学习经验

一是学习经验的组织模式。泰勒指出了横向组织和纵向组织两种组织模式，并提出了连续性、阶段性和整合性三个组织学习经验的评价原则。

学习经验组织的横向模式。在教学研讨中，我们经常听到理工科教师讲到文科学生要加强数理素养和逻辑性思维的培养，而文科教师也经常提出理工科学生要加强人文素养的培养，这其实就牵扯到学习经验的横向模式组织问题。横向模式强调在学习经验组织中要加强不同领域学习经验之间的联系，为培养完整的社会人服务。现在我们倡导的通识教育人才培养模式改革就是要强化学习经验组织的横向模式。

学习经验组织的纵向模式。纵向模式强调不同阶段或时期的学习经验之间的关联。根据艾宾浩斯遗忘曲线理论，学生学习时掌握的知识会随着时间的推移而被遗忘，他曾经在实验中发现，若要记住 12 个无意义音节，平均需要重复 16.5 次，而要记住 36 个无意义章节，则需重复 54 次。我们在组织学习经验时，就要考虑这种规律带来的知识遗忘，要在课程设计中做好复习和回忆的桥段设计，将学生记忆的短期知识转化为学生长期拥有的知识。孔子曾说“学而时习之，不亦说乎”，实际上也是在说这个道理。

二是学习经验组织的原则。对于学习经验组织的有效性，泰勒建议从连续性、阶段性和整合性三个维度来验证。

学习经验组织的连续性原则。连续性是指直线式地组织学习经验、直线式地陈述核心课程要素，前后学习经验之间是一种渐进和相关的关系，要符合学生的学习认知规律。

学习经验组织的阶段性原则。阶段性强调后续经验的组织要以前面学习经验的实施为基础，是在前面学习经验上的深入和拓展，这样做的另一个好处是容易保持课程开发的系统性。

学习经验组织的整合性原则。整合性主要强调学习经验之间的横向联系，一个学习经验与另一个学习经验或多个学习经验之间要建立起有意义的联结，这不仅便于学生能获得统一的观点，也便于把学生的行为与学习统一起来，同时也使课程开发能始终保持一个有机的整体。

三是培养学生学习态度的方法。泰勒特别强调对学生学习态度的培养，提供了四个有效的方法供教师借鉴。

① 充分利用环境的同化作用。古语有云，“近朱者赤，近墨者黑”，传统教育中会经常提到“孟母三迁”的故事，可见古人对环境的同化作用早有认识。每年学校考研成绩公布后，各种有关学霸寝室、最牛班级的报道不绝于耳，这些事件也都可归类于环境的同化作用。教师若能善于创造友好的学习环境，善于营造愉悦的学习氛围，学生的学习态度自然会向积极的方向发展。

② 充分做好学生的情绪引导。我们常说，好的开端是成功的一半，学生若在某一事件之初就能够获得满意的体验，就会产生积极的情绪反应，进而会对事件的发展产生偏爱心理，这种氛围就很有利于事情向成功的方向发展；反之，学生则会产生厌烦情绪，在这种消极的氛围下，学生的学习态度和学习效果往往会大打折扣。教师要善于创设积极的情绪氛围，善于保持学生的积极态度，让学生在积极、健康、向上的情绪中完成学习任务。

③ 适时利用创伤性经验。人们常说，“一朝被蛇咬，十年怕井绳”，在这里被蛇咬就是一个创伤性经验，它会对人产生深刻的情绪影响。创伤性经验往往消极的居多，对当事人来说通常都是一个非常无助和长期挣扎的事情。当教师从正面引领很困难时，可以考虑把本学科的创伤性经验作为问题的切入点，对学生形成积极的学习态度可能有帮助。例如对于实验安全操作的强调，就可从发生过的重大事故入手，引起学生的学习关注度。

④ 运用直接的理智过程。我们通常会希望教师对学生动之

以情、晓之以理，把道理讲明白，把因果讲透彻，引导学生形成积极的学习态度，泰勒把它作为一种调动学生积极性的方法。但在具体的操作实践中，这种直接的理智过程需要教师有很深的学识造诣和足够的人格魅力，对大多数教师来说往往很难奏效，通常需要其他方法的辅助才能达到理想的效果。

泰勒尽管提出了四种培养学生学习态度的方法，但他同时也强调，在运用这些方法时，更重要的是让学生在学习时获得足够的满足感，他说："没有什么方法能强迫人们改变态度，学生态度的转变源于其观点的转变，而观点的转变源于对情景的新洞见、新知识，或者源自从先前所持有的特定观点中所获得的不满足感，又或者源自这两种过程的结合。"可见，无论采取什么方法，只有让学生在获得知识的同时还获得足够的满足感，才能有效调动学生的积极性。

（4）如何评价教学计划

泰勒是将教学评价系统地引入课程编制过程的第一人，他由此也得到"教学评价之父"的美誉。在泰勒之前，学校也对学生进行各种测验，但出发点多是为了选拔适合教育的学生，预测学生在课程学习后能否取得好成绩。而泰勒提出的教学目标评价则是为了诊断教学中存在的问题，为教学改进提供准确的目标，这种基于改进思想的教学评价在其后的教学设计中产生了巨大反响，已经成为学校课程编制中的重要一环，并且贯穿课程编制的始终。

泰勒认为，评价就是一个查明学习经验所能带来的预期结果的过程。评价首先要检验学习经验的实际执行效果；其次要全面地检验学习经验在实际中是否起作用，并指导教师向所期望的那种结果努力。教学评价主要包含两个维度，一个是学生的行为维度，主要是评价学生的行为在教育前后是否有改变；另一个是教学目标达成维度，要在教学目标实施前、实施中和实施后各做一次评估，据此发现教学目标的达成度，发现问题进而作为后续改进的依据，评价的过程实质上是一个确定课程教学目标与实际执行效果达成度的过程。

泰勒原理是一个以教学目标为核心的，通过教学目标确定、学习经验选择、学习经验组织和教育目标评价四个环节紧密结合、相互支撑的课程编制模式。在这种课程编制模式中，教育目标的确定是课程开发的出发点，学习经验的选择和组织是课程开发的中心环节，教育计划的评价则是课程开发效果的保障。基于泰勒原理形成的课程开发模式对现代教育教学改革产生了深远而广泛的影响。

6.2.2 化学工程与工艺专业培养目标的制定

教育目标是材料选择、内容整合、教学程序编制、评价和测验的准则，在课程编制中起着主导作用，是学校和教师制定清晰的教学目标的依据，是人才培养的关键环节。我们以化学工程与工艺专业人才培养目标的制定为例，探究在泰勒原理指导下的培养目标制定过程。

(1) 化学工程与工艺专业培养目标内涵

按照能力导向一体化教学体系的实施要求，根据泰勒原理提出的教学目标制定原则，化学工程与工艺专业的培养目标最终确定为：

培养适应社会、经济、科技发展需要，掌握扎实的基础知识和化学工程与工艺专业知识，具备从事化工生产控制与管理、化工产品和过程研究与开发、化工装置设计与放大等能力，具备较强的工程实践能力，具有创新意识和国际化视野，具有较强的社会责任感、良好的职业道德，能在化学工业及其相关领域从事产品研制、技术开发、工程设计、生产管理、产品营销等工作的工程技术人才。培养的毕业生在未来五年后具有较强的团队合作能力，能够通过自我学习，在化工及其相关领域具有职场竞争力，能够在社会大背景下理解和解决复杂化工工程问题，完成本专业相关的工作。

学生毕业五年后能够达到如下目标要求：

目标要求1：掌握扎实的基础知识和化学工程与工艺专业知识，能在化工行业及相关领域从事生产、设计、研发、管理等工作；

目标要求2：面对化工新产品、新工艺、新设备和新技术，具备从事化工生产控制与管理、化工产品和过程研究与开发、化工装置设计与放大等能力；

目标要求3：具有较强的工程实践能力、创新能力及获取新知识能力，能够利用现代工具从事本专业工作；

目标要求4：具有较强的社会责任感和职业道德规范，理解并能执行国家对于化工生产、设计、研究与开发、环境保护、安全健康等方面的方针、政策和法规；

目标要求5：良好的人文社会科学素养以及健康的身心素质；

目标要求6：具有沟通、团队合作能力和国际化视野，在化工及相关领域具有职场竞争力。

培养目标制定过程中需要考虑以下内容：

第一，制定培养目标首先要考虑受教育者自身的发展需要状况。

泰勒认为，教育目标的制定首先要考虑受教育者自身的发展需要。泰勒将受教育者的自身发展需求放在教育目标制定的首位，这与传统的培养方案目标制定过程有较大的差异。在传统的培养方案制定中，我们尽管也考虑受教育者的自身发展需要，但很少会放在首位，通常的做法是将其放在社会需求、学科专家建议之后，是在满足社会需求前提下的受教育者自身发展。在培养目标制定过程中，我们是以受教育者毕业后五年左右所应该具有的知识、能力、素质作为专业培养目标制定的依据。

我们曾经跟踪调查了三届 242 名毕业 5 ~7 年的学生的职业发展状况。他们的就业领域情况见表 6 –2。

表 6 –2　化学工程与工艺专业毕业后 5 ~7 年毕业生职业发展情况

序号	就业领域类别	就业人数/%	序号	就业领域类别	就业人数/%
1	化工生产企业	22. 31	6	装备企业	18. 60
2	化工设计类企业	7. 44	7	环保、监测、消防类单位	4. 55
3	材料化工类企业	3. 31	8	事业单位	11. 57
4	新能源企业	10. 74	9	互联网金融	6. 61
5	医药、生化类企业	6. 2	10	继续深造	8. 68

通过数据分析我们可以看出，本专业毕业生主要就业性质有以下四个鲜明特点：

① 专业技术工作：包括化工生产控制与管理、化工产品和过程研究与开发、化工工艺设计与改造，以及化学产品的研究、设计、开发、制造和检验（相关企业、设计院、研究所等技术部门）等；

② 技术管理：包括化学工程与工艺专业技术领域相关的研发管理、生产管理和品质管理等；

③ 继续深造：在国内或出国留学攻读研究生等。

④ 其他事业单位：到大学、职业院校等事业单位从事相关学科领域的教学科研等工作。

在对 242 名毕业生的其他发展状况调查中我们发现，年收入高于 12 万元的人员比例接近 24%，攻读硕士、博士学位的人员比例超过 38%，担任单位负责人、部门主管的人员比例超过 10%。由此可见，毕业生的职业发展状况是相对较好的，同时也反映出学生的职业认同感也比较强。

基于此，我们对毕业后五年学生的事业发展的预期确定为：

本专业学生毕业后具备了化学工程与工艺专业的基础理论和专业知识，受到化学与化工实验技能、工程实践、工程设计与科学研究的基本训练，具备基于工程相关背景知识对企业的生产过程进行优化和技术改造的能力，并能够合理分析企业的新的生产工艺，设计满足特定需求的化工系统、化工单元（部件）或化工工艺流程，或开发新产品。

本专业毕业生进入社会后，能够很快适应所从事的工作。毕业一年左右，经过生产一线的实践锻炼，能够胜任工作岗位的要求；毕业三年左右，在具体工作岗位上能独立从事相关技术与管理工作；毕业五年后，通过自我学习，专业素养和工程实践能力得到显著提升，能够在化工及其相关领域，充分考虑社会因素影响，理解和解决本专业领域复杂工程问题，达到中级专业技术职务任职条件，成为单位或部门的中坚力量和业务骨干。同时，组织能力、协调能力和领导能力得到锻炼和提升，具备带领一个团队协同完成工作任务的能力，能够综合利用本单位内外部资源，组织相关人员完成既定目标。

为便于预期目标的可评价，同时便于在此目标的导向作用下，构建学生毕业要求目标和课程实施目标，我们对目标进行更加清晰的表达，进而形成培养目标中的学生毕业五年后能够达到的六条具体的目标要求（具体内容见 6. 3. 1 节）。

第二，制定培养目标其次要考虑社会需求状况。

泰勒认为，教育目标的制定还要考虑社会需要。化学工业是国民经济的重要组成部分，是国民经济基础产业之一，可为工业与生活用品提供物质基础保障。我国现有化工行业及附属产业 40 余个，能生产 5 万种以上产品，门类多样、品种齐全，涉及生活和工业的方方面面。

2016 年，我国石油和化学工业规模以上企业 29624 家，全行业增加值同比增长7.0%；实现主营业务收入13.29万亿元，增长1.7%；利润总额6444.4亿元，与上年基本持平，分别占全国规模以上工业企业主营收入和利润总额的11.5%和9.4%。目前我国许多产品产量居世界前列，其中化肥、合成氨、纯碱、硫酸、染料、磷矿、合成纤维、胶鞋等产量居世界第一位；农药、烧碱、轮胎等产量居世界第二位；原油加工、乙烯、涂料等产量居世界第三位；原油、合纤单体、合成橡胶、合成树脂等生产能力和产量都居世界前列。可以说，我国石油和化工行业主要经济指标在全国工业行业中占有举足轻重的地位。

化工行业的发展决定了对化工类人才的持续需求。学校所在的安徽省拥有中国石油化工股份有限公司安庆分公司、中盐安徽红四方股份有限公司、安徽八一化工股份有限公司、安徽华星化工股份有限公司、安徽六国化工股份有限公司、东华工程科技股份有限公司等各类石油和化工企业1141家，2015年主营业务收入2680.7亿元，占同年全省GDP的12.2%，实现利润总额136.3亿元，同比增长6.1%，利润总额全国排名第9位。2016年发布的《安徽省国民经济和社会发展第十三个五年规划纲要》，明确提出建设安庆化工新材料等战略性新兴产业集聚发展基地，重点推动化工、医药等传统产业绿色化改造。加上安徽省已经在重点发展的定远盐化煤化一体化园及安徽（淮南）现代煤化工产业园，安徽省已经构建了完整的化工产业体系：大力发展硅基、化工等特色新材料；构建非石油路线的烯烃产业集群，打造国家重要的新型煤盐化工产业基地；大力发展清洁能源和可再生能源，建设重要能源保障基地。由上述可见，石油和化学工业是安徽省重要的支柱产业，而且保持着快速的发展速度。

化工行业对人才的技术性要求较强，用人需求主要集中在化工业、能源业、医药、生物制药业以及环保行业，附加值高的化工新型材料、精细化工制造业等也都需要大量专业人员，这对于化学工程与工艺专业的发展提出了很高的要求，无论在人才的数量和质量上都要予以保证。

基于国家和区域化工行业发展状况与发展战略，我们希望培养的毕业生要具备以下的发展竞争优势。

一是要具备扎实的基础理论和系统的专业知识。

本专业培养的毕业生具有扎实的理论基础和系统的专业知识，科研能力强，具备很强的继续深造的潜质。近年来，每年均有35%左右的学生通过学校推荐免试研究生或参加研究生考试，被著名高校（如清华大学、浙江大学、中国科学技术大学、天津大学、大连理工大学、华东理工大学等）和科研院所（如中国科学院）等录取为硕士研究生。

二是要具备较强的工程实践能力。

本专业一贯注重基础化学、基础化工和专业实验教学条件、校外实习基地和大学生社会实践基地建设，以及学生工程设计能力培养手段的更新，与东华工程科技有限公司（原化工部第三设计院）和安徽省化工设计院等企业、科研院所建立了长期合作关系，进一步强化工程实践能力培养的条件建设。针对目前高校普遍存在的生产实习、毕业实习等实践性教学环节中学生“只能看、不能动”的现状，结合教师的科研成果，创新性地在校内自主设计并建立化工基本技能实训基地和化工类工程实践创新基地。

依托学科和教学科研平台，本专业积极探索实践教学改革，形成了特色鲜明的“从理论到实践、从验证到创新、从设计到工程”的“四年不断线、循序渐进”的三层次实践教学体系。

优良的实践教学平台和特色鲜明的实践教学体系保障了本专业培养的毕业生具有工程实践能力强的优势，长期以来社会和用人单位对本专业毕业生的工程实践能力给予高度认可和评价，认为本专业的毕业生工作踏实，吃苦耐劳，勤奋好学，具有较强的工程实践能力。

三是要具备较强的创新能力和创业意识。

本专业十分注重各类科技创新实践活动的开展。作为课堂教学内容的拓展，在2011版教学计划中专门设置6个必修的创新教育学分。根据学生兴趣、教师科研项目和企业需求，借助于指导教师、学院、学校和社会力量，分层次地在企业、学院、学校和国家等各级项目的资助下开展学科竞赛、科研活动、发明创造、校园文化活动、社会实践活动、职业资格等各类科技创新实践活动。同时，注重学生创新能力与创业意识的培养，鼓励学生参加一系列科技竞赛，通过科技成果制作、商业计划书编制、科技论文和设计研究报告撰写等过程，不断培养学生的工程实践能力、创新能力与创业意识，使学生成长为复合型工程技术人才。

本专业毕业生具有基础理论知识扎实、专业知识宽厚、实践创新能力较强、工科特色鲜明的竞争优势，得到用人单位普遍赞赏和欢迎。办学近60年来，通过几代人的不懈努力与奋斗，奠定了深厚的办学基础，已为我国化工等行业领域培养造就了4000多名从事研究、开发或应用的高级工程技术人才。他们中的大多数现已成为我国化学化工领域的重要骨干，为国家科技、经济和社会的发展做出了重要贡献。

（2）培养目标的制定和修订流程

泰勒认为，在教育目标制定中还要考虑学科专家的建议，同时还要从教育哲学的视角做筛选并且要符合教育心理学的预期。针对三个方面的建议要求，同时也是按照能力导向一体化教学体系的设计思想，我们构建了人才培养方案的制订和修订流程图（见图6-2）。

学校定期进行本科生培养方案（含培养目标）的制定（修订），培养方案的制定（修订）工作由学校统一部署，学院组织各专业按要求和规程进行。各专业也可根据现有培养方案执行情

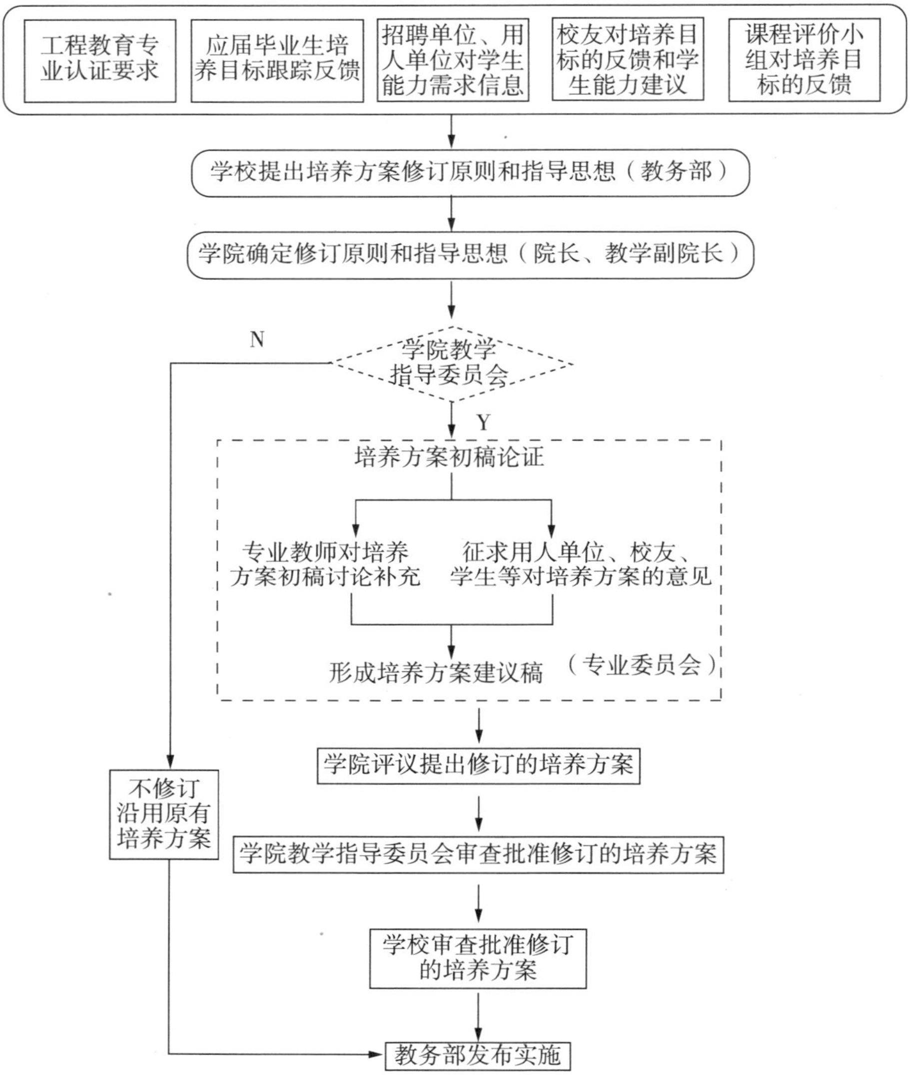

工程教育专业认证要求

应届毕业生培养目标跟踪反馈

招聘单位、用人单位对学生能力需求信息

校友对培养目标的反馈和学生能力建议

课程评价小组对培养目标的反馈

学校提出培养方案修订原则和指导思想（教务部）

学院确定修订原则和指导思想（院长、教学副院长）

学院教学指导委员会

N

Y

培养方案初稿论证

专业教师对培养方案初稿讨论补充

征求用人单位、校友、学生等对培养方案的意见

形成培养方案建议稿（专业委员会）

学院评议提出修订的培养方案

学院教学指导委员会审查批准修订的培养方案

学校审查批准修订的培养方案

不修订沿用原有培养方案

教务部发布实施

图 6－2　培养方案（含培养目标）的制定修订流程

况，综合分析与评估毕业生反馈和用人单位意见等各类反馈信息，对专业培养方案（含培养目标）进行制定（修订），经学院教学指导分委员会与学校主管部门批准后实施。

培养方案具体制定（修订）过程如下：

学院依据学校相关文件精神和国际国内高等教育发展趋势提出培养方案（含培养目标）制定（修订）的原则和指导思想，经学院教学指导分委员会讨论通过后正式启动新一版培养方案（含培养目标）的制定（修订）工作；

专业主任根据前期专业办学情况、毕业要求达成度评价，以及对毕业生反馈和用人单位意见等各类反馈信息综合分析与评估，提出培养方案（含培养目标）制定（修订）的基本建议；

专业主任组织专业教师讨论，提出培养方案（含培养目标）制定（修订）初稿，经由行业企业专家座谈会、用人单位座谈会、校友座谈会等渠道，征求培养方案（含培养目标）制定（修订）意见，由专业讨论形成培养方案（含培养目标）制定（修订）方案的建议稿；

学院根据专业培养方案（含培养目标）制定（修订）方案的建议稿提出正式的制定（修订）方案，经学院教学指导分委员会审查批准后呈报学校；

学校审查批准学院的制定（修订）方案，教务部发布实施。

从化学工程与工艺专业培养目标的制定来看，按照泰勒原理进行教育目标设计，优势是非常明显的。培养目标不再是一种笼统的语言描述，而是基于受教育者在毕业后 5 年左右所应该具有的能力和素质而制定的，培养目标是按照知识、能力和素质清晰描述的，指向明确，这种目标模式的设计方式具有非常鲜明的优点：首先，目标模式符合逻辑性，以目标作为设计的起点，可以让后续工作和规划有章可循；其次，目标模式符合科学性，所有的目标都是清晰表达的，条理清楚，执行效率高；再次，目标模式符合民主性，目的明确，有利于监督执行；第四，目标模式符合教育要求，教学指向明确，评价有据可依；最后，目标模式具有组织性和连续性，便于整合各教学要素，发挥整体效能。正是因其具有的一系列优点，目标模式已经成为当下应用最广的课程设计模式，对近代教育教学的发展产生了巨大影响。

（作者：合肥工业大学化学工程与工艺专业工程教育专业认证自评报告起草组，于宝证）

参考文献

[1] 拉尔夫·泰勒．课程与教学基本原理［M］．罗康，张阅，译．北京：中国轻工业出版社，2014.

[2] 吴杰．外国现代主要教育流派［M］．长春：吉林教育出版社，1989.

[3] 史耀芳．二十世纪国内外学习策略研究概述［J］．心理科学，2001，24（5）：586–590.

[4] 教育目标分类理论．百度百科．https：//baike.baidu. com.

[5] 布卢姆．教育评价［M］．上海：华东师范大学出版社，1987.

[6] 布卢姆．为掌握而学．布卢姆掌握学习论文集［C］．福州：福建教育出版社，1986.

[7] 王帅．布卢姆的掌握学习理论及其教育应用．高等函授学报（哲学社会科学版），2007，20（2）：42–45.

[8] 泰勒原理．百度百科［EB/OL］．https：//baike.baidu. com.

[9] 合肥工业大学化学工程与工艺专业工程教育专业认证自评报告（内部资料）．

[10] 张荷．泰勒原理与确定教育目标［J］．发展，2009（7）：137–138.

[11] 王慧．试论维果斯基“最近发展区”理论的现代教学启示［J］．井冈山大学学报（社会科学版），2006，27（4）：118–120.

6.3 能力导向一体化教学体系中课程体系的构建与改进研究

课程体系是指按照一定的教育价值理念，通过将构成课程的各有关要素进行有机的排列和组合以实现特定的教育目标而构建的教学系统。该系统中各课程要素是动态存在的，课程要素都具有相应的设计目的并在实施过程中都指向统一的教学目标。课程体系确定了课程的前后逻辑关系，决定了课程内容的组织实施目标，是实现人才培养目标的有效载体，是课程实施活动顺利开展的依据。课程体系是将课程目标转化为教育成果的纽带，是保障和提高教育质量的关键，在人才培养过程中具有重要的地位。能力导向一体化教学体系要求课程体系按照专业培养目标来确定，课程体系要有效支撑专业培养目标的实现。为了实现课程体系对专业培养目标的有效支撑，制定的课程体系就需要具有可评价性和可改进性。下面以我校化学工程与工艺专业课程体系的构建和改进为例，简要说明能力导向一体化教学体系中课程体系的构建、评价和循环改进过程。

6.3.1 课程体系的构建

能力导向一体化教学体系中课程体系的构建要以专业人才培养目标为导向来确定，课程体系要能支撑专业培养目标，而专业培养目标又要以专业人才培养目的为导向来确定。因此，能力导向一体化教学体系的课程体系构建要通过三个步骤来完成。首先，确定专业人才培养目的，在有关章节中我们曾经论述过按照泰勒原理来确定人才培养目的的过程，该过程充分体现以学生为中心的思想；其次，在人才培养目的的导向下制定人才培养目标；再次，在人才培养目标的导向下构建课程体系。我们重点论述专业人才培养目标和课程体系的构建过程。

(1) 制定专业人才培养目的

能力导向一体化教学体系的专业人才培养目的的制定与传统人才培养目的的制定的最明显变化，是要求制定的人才培养目的是可评价的，是对学生学习后能力表现的一种具体描述，而不是笼统的定性说明。具体到化学工程与工艺专业，其人才培养目的的制定要求是：以学生毕业后五年所应该具备的能力为依据，根据泰勒原理的实施步骤，按照学校的人才培养特色，按照知识、能力和素质三者有机结合的原则进行人才教育与培养，使培养的学生能够达到以下目标要求：

LG01：掌握扎实的基础知识和化学工程与工艺专业知识，能在化工行业及相关领域从事生产、设计、研发、管理等工作；

LG02：面对化工新产品、新工艺、新设备和新技术，具备从事化工生产控制与管理、化工产品和过程研究与开发、化工装置设计与放大等能力；

LG03：具有较强的工程实践能力、创新能力及获取新知识能力，能够利用现代工具从事本专业工作；

LG04：具有较强的社会责任感和职业道德规范，理解并能执行国家对于化工生产、设计、研究与开发、环境保护、安全健康等方面的方针、政策和法规；

LG05：良好的人文社会科学素养以及健康的身心素质；

LG06：具有沟通、团队合作能力和国际化视野，在化工及相关领域具有职场竞争力。

(2) 制定专业人才培养目标

专业人才培养目标也称为毕业要求，它是对学生毕业时所具有的能力的一种考量，是专业培养目的的细化。专业人才培养目标的制定要体现专业人才培养目的的导向作用。

根据化学工程与工艺专业的专业培养目的，同时参考工程教育专业认证对毕业生能力要求的规定，化学工程与工艺专业的培养目标由工程知识、问题分析、设计/开发解决方案、研究、使用现代工具、工程与社会、环境和可持续发展、职业规范、个人和团队、沟通、项目管理、终身学习等12种能力培养组成。

LO01 工程知识：具有运用数学、自然科学、工程基础和化工专业知识解决复杂的化工领域工程问题的能力。

LO02 问题分析：具有应用数学、自然科学和工程科学的基本原理，识别、表达、通过文献研究分析复杂的化工领域工程问题，并获得有效结论的能力。

LO03 设计/开发解决方案：能够设计针对复杂化工领域工程问题的解决方案，设计满足特定需求的化工系统、化工单元（部件）或化工工艺流程，并能够在设计环节中体现创新意识，考虑社会、健康、安全、法律、文化以及环境等因素。

LO04 研究：能够基于科学原理并采用科学方法对复杂化工领域工程问题进行研究，包括设计实验、分析与解释数据、通过信息综合得到合理有效的结论。

LO05 使用现代工具：能够针对复杂化工领域工程问题，开发、选择与使用恰当的技术、资源、现代工程工具和信息技术工具，包括对复杂工程问题的预测与模拟，并能够理解其局限性。

LO06 工程与社会：能够基于工程相关背景知识进行合理分析，评价化工专业工程实践和复杂工程问题解决方案对社会、健康、安全、法律以及文化的影响，并理解应承担的责任。

LO07 环境和可持续发展：能够理解和评价针对复杂化工领域工程问题的专业工程实践对环境、社会可持续发展的影响。

LO08 职业规范：具有人文社会科学素养、社会责任感，能够在化工领域工程实践中理解并遵守工程职业道德和规范，履行责任。

LO09 个人和团队：能够在多学科背景下的团队中承担个体、

团队成员以及负责人的角色。

LO10 沟通：能够就复杂化工领域工程问题与业界同行及社会公众进行有效沟通和交流，包括撰写报告和设计文稿、陈述发言、清晰表达或回应指令，并具备一定的国际视野，能够在跨文化背景下进行沟通和交流。

LO11 项目管理：理解并掌握化工工程管理原理与经济决策方法，并能在多学科环境中应用。

LO12 终身学习：具有自主学习和终身学习的意识，有不断学习和适应发展的能力。

上述的12个专业培养目标（LO）与专业培养目的（LG）之间的对应关系见表6－3。

表6－3　本专业毕业要求对培养目标的支撑关系表

	专业培养目标					
	LG01	LG02	LG03	LG04	LG05	LG06
LO01	√					
LO02	√	√	√			
LO03	√	√	√			
LO04	√	√	√			
LO05		√	√			
LO06			√		√	
LO07				√		
LO08				√	√	
LO09				√		√
LO10						√
LO11	√	√				
LO12			√			

由表6－3可知，本专业12项专业培养目标对专业培养目的具有较好的对应和支撑作用，只要专业培养目标的达成度较高，则专业培养目的的达成度也就相对较高。

(3) 构建课程体系

在专业培养目标的导向下构建课程体系，还需要对专业培养目标进行细化和分解，形成更加明确的培养目标指标分解点。针对各指标分解点的能力要求安排相关的教学内容，根据教学内容对培养目标的贡献度，确定教学内容的权重，通常该权重也代表着教学内容所需教学时间的长短和对教学能力目标的贡献度。可见，在专业培养目标的导向下，教学内容的确定就是为了支撑相关的能力培养。

例如，专业培养目标的 LO01 工程知识的能力培养目标为：能够将数学、自然科学、工程基础和专业知识用于解决复杂化学工程问题。针对该目标，为了便于安排相关的教学内容，可以细化成以下四个指标分解点：

1－1 能够运用数学和自然科学知识解决复杂化学工程问题；

1－2 能够运用化学基础知识解决复杂化学工程问题；

1－3 能够运用工程基础知识解决复杂化学工程问题；

1－4 能够运用化工基础和专业知识解决复杂化学工程问题。

针对每个指标分解点，就可以安排相关的课程了。

1－1 能够运用数学和自然科学知识解决复杂化学工程问题。相关的教学内容可以安排高等数学、概率论与数理统计、线性代数、大学物理这四门课，每门课程对指标分解点的贡献度可以用权重来表示。通过研究和论证，四门课程的权重分别为：高等数学 0.3、概率论与数理统计 0.2、线性代数 0.2、大学物理 0.3，四门课程的权重之和为 1。

1－2 能够运用化学基础知识解决复杂化学工程问题。教学内容及其权重为：无机化学 0.25、分析化学 0.25、有机化学 0.2、物理化学 0.3。

1－3 能够运用工程基础知识解决复杂化学工程问题。教学内容及其权重为：工程图学 0.3、电工与电子技术 0.2、化工设备机械基础0.2、化工仪表及自动化0.2、大学计算机基础0.1。

1-4能够运用化工基础和专业知识解决复杂化学工程问题。教学内容及其权重为：化工原理0.3、化工热力学0.25、化学反应工程0.25、化工传递过程/无机化工工艺学0.2/0.2（专业研究方向不同，教学内容开设有差异）。

如此，专业培养目标LO01的教学内容及其权重就确定了。其他专业培养目标也可根据类似的方法，确定指标分解点，在指标分解点的导向下安排教学内容及其权重，形成如表6-4所列的培养目标指标分解点与教学内容的对应关系表。

表6-4　培养目标LO01与教学内容对应关系表

培养目标	指标点	相关教学内容	权重值
LO01 工程知识	1-1能够运用数学和自然科学知识解决复杂化学工程问题	高等数学	0.3
		概率论与数理统计	0.2
		线性代数	0.2
		大学物理	0.3
	1-2能够运用化学基础知识解决复杂化学工程问题	无机化学	0.25
		分析化学	0.25
		有机化学	0.2
		物理化学	0.3
	1-3能够运用工程基础知识解决复杂化学工程问题	工程图学	0.3
		电工与电子技术	0.2
		化工设备机械基础	0.2
		化工仪表及自动化	0.2
		大学计算机基础	0.1
	1-4能够运用化工基础和专业知识解决复杂化学工程问题	化工原理	0.3
		化工热力学	0.25
		化学反应工程	0.25
		化工传递过程/无机化工工艺学	0.2/0.2

再以培养目标 LO03、LO06 为例来说明培养目标与教学内容的对应关系（见表 6－5、表 6－6）。

表 6－5　培养目标 LO03 与教学内容对应关系表

培养目标	指标点	相关教学内容	权重值
LO03 设计/开发 解决方案	3-1 能够在安全、环境、法律等现实的约束下，提出设计方案，并通过技术经济等评价对设计方案的可行性进行论证	化工设计	0. 4
		化工安全环保技术	0. 3
		化工技术经济	0. 3
	3-2 能针对特定需求的系统、单元（部件）或工艺流程，通过建模对单元和设备等进行设计计算	化工原理	0. 3
		化工原理课程设计	0. 3
		化工工艺专业课程设计	0. 4
	3-3 能够集成单元过程进行工艺流程设计，对流程设计进一步优化，体现创新意识	化工设计	0. 3
		化工模拟设计	0. 2
		毕业设计（论文）	0. 3
		化工系统工程/煤化工工艺学	0. 2/0. 2
	3-4 能够用图表、设计说明书等形式呈现设计结果	化工原理课程设计	0. 3
		化工工艺专业课程设计	0. 3
		毕业设计（论文）	0. 4

表 6－6　培养目标 LO06 与教学内容对应关系表

培养目标	指标点	相关教学内容	权重值
LO06 工程与社会	6-1 熟悉本专业领域相关的技术标准、知识产权、产业政策和法律法规，了解企业 HSE 管理体系	化工安全环保技术	0.3
		生产实习	0.3
		毕业实习	0.4
	6-2 能合理分析、评价化工过程的工程实践和复杂化学工程问题解决方案对社会、健康、安全、法律以及文化的影响	毕业设计（论文）	0.4
		化工安全环保技术	0.3
		化工设计	0.3
	6-3 能理解化学工程师应承担的社会、健康、安全、法律以及文化责任	思想道德修养与法律基础	0.3
		毕业实习	0.3
		化工工艺专业课程设计	0.2
		毕业设计（论文）	0.2

待所有的教学内容都按照指标分解点确定好后，则会形成该专业的课程地图（见表 6－7）。课程地图清晰地反映了培养目标与课程能力培养之间的对应关系。

表 6－7　化学工程与工艺专业课程地图

培养目标／课程	工程知识	问题分析	设计开发解决方案	研究	使用现代工具	工程与社会	环境与可持续发展	职业规范	个人和团队	沟通	项目管理	终身学习
形势与政策								◎				◎
英语										◎		◎
大学体育									◎			◎

（续表）

培养目标 / 课程	工程知识	问题分析	设计开发解决方案	研究	使用现代工具	工程与社会	环境与可持续发展	职业规范	个人和团队	沟通	项目管理	终身学习
毛泽东思想与中国特色社会主义理论体系概论								◎				◎
马克思主义基本原理概论								◎				◎
中国近现代史纲要								◎				◎
思想道德修养与法律基础						◎		◎				◎
军事理论								◎	◎			
大学生心理健康								◎				◎
高等数学 A	◎	◎										◎
线性代数	◎	◎										
大学物理 C	◎	◎										◎
MATLAB 程序设计	◎				◎							◎
工程图学 C	◎		◎									
电工与电子技术 B	◎		◎									
化学工程与工艺专业导论							◎	◎		◎		
概率论与数理统计	◎	◎										
无机化学 B	◎	◎		◎								◎

（续表）

培养目标 课程	工程知识	问题分析	设计开发解决方案	研究	使用现代工具	工程与社会	环境与可持续发展	职业规范	个人和团队	沟通	项目管理	终身学习
分析化学	◎	◎		◎								◎
有机化学	◎	◎		◎								◎
物理化学 A	◎	◎		◎								◎
化工原理 A	◎	◎	◎									◎
化工热力学	◎	◎		◎								◎
化工安全环保技术			◎			◎	◎	◎				
化工设备机械基础	◎	◎	◎									
化工设计			◎		◎	◎					◎	◎
化学反应工程	◎	◎	◎									◎
化工仪表及自动化	◎		◎									
化学工艺学	◎	◎									◎	◎
化工传递过程	◎	◎										
化工分离工程	◎	◎										
化工过程分析与合成	◎		◎								◎	
煤化工工艺学	◎		◎									
无机化工工艺学	◎	◎										
精细化工工艺学	◎										◎	
煤化学	◎	◎										
无机合成与制备技术	◎	◎										

（续表）

培养目标 / 课程	工程知识	问题分析	设计开发解决方案	研究	使用现代工具	工程与社会	环境与可持续发展	职业规范	个人和团队	沟通	项目管理	终身学习
精细有机合成	◎	◎										
有机合成（双语）	◎	◎										
化工生产与经营管理						◎	◎				◎	
过程工程导论（双语）	◎	◎										
现代仪器分析				◎	◎							◎
科技文献检索与利用		◎		◎	◎					◎		◎
专业英语					◎					◎		◎
新能源材料	◎			◎								
绿色化学与化工	◎			◎								
化工技术经济			◎								◎	
化工前沿技术与发展				◎		◎				◎		◎
新型功能肥料		◎		◎			◎					
入学教育							◎	◎	◎			◎
军事训练								◎	◎			◎
公益活动									◎			◎
就业指导												◎
创新创业教育		◎		◎	◎					◎		
工程训练 C									◎			◎

（续表）

培养目标 / 课程	工程知识	问题分析	设计开发解决方案	研究	使用现代工具	工程与社会	环境与可持续发展	职业规范	个人和团队	沟通	项目管理	终身学习
基础化学实验	◎			◎								
大学物理实验	◎								◎			
分析化学综合实验		◎		◎								
有机化学综合实验		◎		◎								
化工原理实验		◎		◎					◎			
认识实习						◎	◎	◎	◎	◎		
生产实习						◎	◎	◎	◎	◎		
化工实习实训 A		◎		◎					◎	◎		
化工原理课程设计 A		◎	◎		◎					◎	◎	
化工综合创新实验		◎		◎	◎				◎	◎		◎
化学工程与工艺专业实验		◎		◎	◎				◎			
毕业实习						◎	◎	◎	◎	◎		
化工过程模拟			◎		◎							
化工工艺专业课程设计		◎	◎		◎	◎	◎			◎	◎	
毕业设计		◎	◎		◎	◎	◎			◎	◎	
毕业论文		◎		◎	◎	◎	◎			◎	◎	

根据课程地图，结合课程知识之间的前后逻辑关系，形成课程关系图（图 6－3 及图 6－4）。

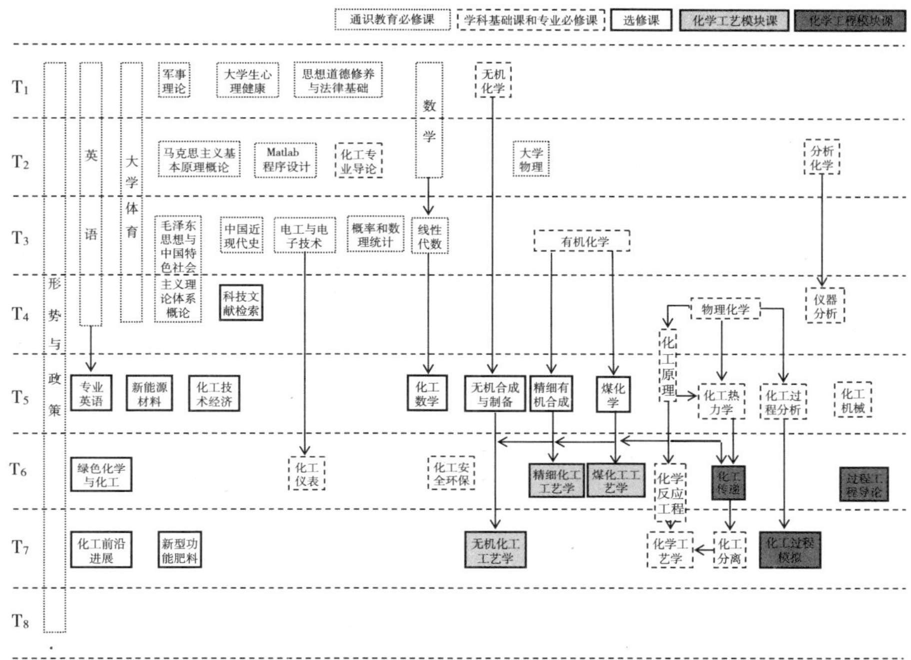

图6-3 化学工程与工艺专业理论课程关系图

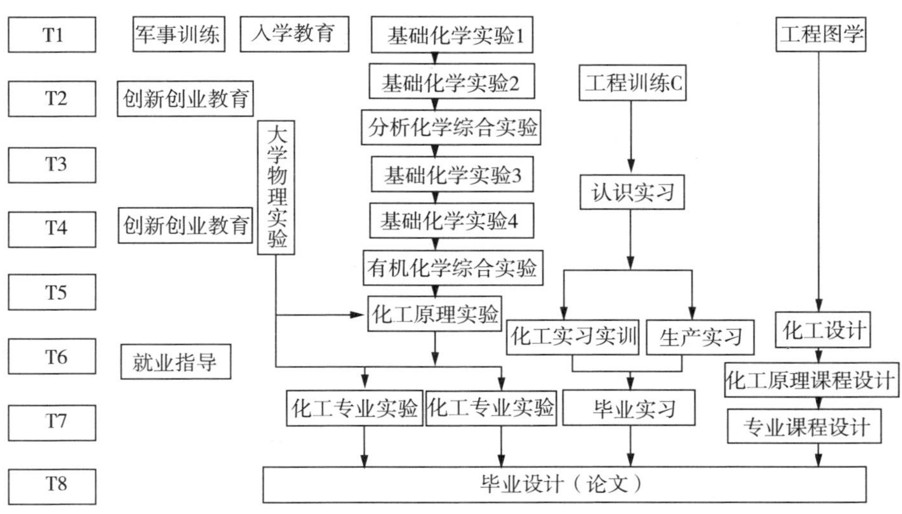

图6-4 化学工程与工艺专业实践课程关系图

6.3.2 课程体系的评价

能力导向一体化教学体系的课程体系评价特别强调学生对自己的学习效果进行评价和教师对自己的教学进行评价。

（1）学生评学

课程的教学目标对应着专业培养目标，学生对课程目标的达成度（表6－8）进行评价，评价结果供教师和课程组参考。

表6－8 课程评估表（学生用）

<table>
<tr><td>课程目标</td><td>课程目标一</td><td>课程目标二</td><td>课程目标三</td><td>课程目标四</td><td>课程目标五</td></tr>
<tr><td>自我评价</td><td>□超过目标
□达到目标
□未达目标</td><td>□超过目标
□达到目标
□未达目标</td><td>□超过目标
□达到目标
□未达目标</td><td>□超过目标
□达到目标
□未达目标</td><td>□超过目标
□达到目标
□未达目标</td></tr>
<tr><td rowspan="4">课程评价</td><td colspan="2">（1）教学内容与目标匹配</td><td colspan="2">□非常匹配
□比较匹配</td><td>□匹配
□不匹配</td></tr>
<tr><td colspan="2">（2）考核方式与内容契合</td><td colspan="2">□非常契合
□比较契合</td><td>□契合
□不契合</td></tr>
<tr><td colspan="2">（3）教学态度与教学要求</td><td colspan="2">□非常认真
□比较认真</td><td>□认真
□不认真</td></tr>
<tr><td colspan="5">（4）其他建议</td></tr>
</table>

（2）教师评教

通过对教学过程的自评（表6－9）可以促使教师发现教学中存在的问题并及时予以改善。专业要求任课教师基于课程教学目标的实现、课程对毕业要求的达成情况分析等提高自评意识，以此进一步促进课程目标与教案相结合，与试卷命题相结合，使教案与试卷能够全面反映课程教学目标，促成教学目标、内容、方法与组织形式的统一，提升课堂教学效果。

表6-9 课程评估表（教师用）

<table>
<tr><td rowspan="3">分数统计</td><td colspan="2">超过标准</td><td colspan="2">符合标准</td><td colspan="2">未达标准</td><td>平均分</td><td rowspan="2">班级：
人数：</td></tr>
<tr><td>优秀人数</td><td>百分比</td><td>合格人数</td><td>百分比</td><td>不合格人数</td><td>百分比</td><td></td></tr>
<tr><td></td><td></td><td></td><td></td><td></td><td></td><td></td><td></td></tr>
<tr><td>测评方法</td><td colspan="8"></td></tr>
<tr><td>问题分析</td><td colspan="8"></td></tr>
<tr><td>改进措施</td><td colspan="8"></td></tr>
</table>

在最近的一次评价中，课程组在对学生评学和教师评教的数据进行评估的基础上发现，专业培养目标中“复杂工程能力的培养”是薄弱环节，需要在课程体系和课程教学中进行改进和完善。我们以“复杂工程能力的培养”这一问题的改进为例，说明课程体系的改进过程。

6.3.3 课程体系的改进

针对“复杂工程能力的培养”这一薄弱环节，课程组给出的改进建议主要包含两个方面：一是增设科研训练课程，提高学生的探究能力和创新意识；二是将工程案例引入课程组织，围绕真实的工程案例组织知识点，提高学生的工程能力。

（1）开设科研训练课程，以增强学生的探究能力和创新意识

针对一、二年级的本科学生，分别设计了科研训练Ⅰ和科研训练Ⅱ两个单元的科研训练内容。

科研训练Ⅰ在本科一年级开设。学生跟随导师进行科研基本技能训练，内容主要是结合导师在研的科学和工程设计项目，让学生掌握文献检索技能和社会调研方法，加深学生对本专业的客观认知，增强学生的科技创新意识。实施方式一般是导师拟定科研训练题目，指导学生查阅相关资料，要求学生撰写一篇4000字以上的文献综述。综述内容包括背景知识介绍、研究现状、比较各研究方法（或工艺路线）的优劣、发展趋势等。学生在学会文献检索的基础上，对本专业的发展有一个系统的和客观的认识，以提高学生对本专业的认同度。

科研训练Ⅱ在本科二年级开设。学生跟随导师进行科研能力训练，内容主要是结合导师自己的科研和工程设计项目，让学生开展科研进展文献调研，开展初步的科研实验，进行简单的工程设计等，从而培养学生的实践动手能力和科研创新能力。实施方式以学生能够撰写“大学生创新性实验计划项目”为目标。首先，导师结合科研及工程设计项目，拟定合适的题目，指导学生查阅相关资料，到导师的科研室进行初步的实验研究，最终完成一篇5000字以上的“大学生创新性实验计划项目书”。内容涉及课题背景知识介绍、研究现状，比较各研究方法（或工艺路线）的优劣，拟定一个相对合理的研究方案（包括采用的工艺路线、研究目标、研究内容、研究方法以及检测方法等），制定在一年内完成项目的具体研究计划。

在科研训练的具体组织实施中，学校充分注重学生的自主选择权，采取教师和学生双向自愿选择的原则，教师提前公布科研训练题目、课程组织方式、目标要求和考核方式，这样既能满足学生的兴趣爱好又尽量保证教师实际科研课题的开展，同时可以使学生选择同一研究方向但难易程度不断递进的方式来分阶段进行科研训练Ⅰ和科研训练Ⅱ，直至通过科研训练学生自己提炼出大学生创新实验项目的研究内容和方案，并一直延续到大四的毕业论文（设计），使科研训练、大学生创新实验项目和毕业论文在内容上保持很好的兼容性和相通性。

科研训练课程在教学计划安排中占1学分。该教学环节可以集中开设，也可以分散在一个较长周期内完成，由教师和学生协

商决定。学生根据导师给出的科研训练任务书完成文献调研、方案收集整理、实验操作等具体内容，并认真做好科研训练记录，撰写“科研训练报告书”。导师可采取集中指导和分散指导相结合的方式，并将集中指导时间上报学院备案，学院督导组抽查导师指导学生的情况。

课程结束前，导师对学生完成科研训练的过程及“科研训练报告书”等给出评语；然后各专业组织科研训练集中答辩，根据学生完成科研训练任务的情况及答辩情况给出最终成绩。

为鼓励教师和学生投入科研训练课程，让课程取得预期的设计效果，确保科研训练长期有效地实施，学院组织制定了相关的激励政策，如对指导科研训练、大学生创新实验项目成果突出的导师，在年终考核、评优乃至职称评定过程中予以优先考虑；科研训练成绩优良的学生不但会获得相应的创新学分，还会在奖学金评定、推荐免试研究生、评选优秀毕业生等方面得到学校的优先考虑。

（2）将工程案例纳入课程建设，以增强学生的大工程问题分析和解决能力

传统的课程在内容组织上是以学科知识为导向的，强调的是理论的完备性和知识的经典性，教师在课堂上强调的是理论知识、简单应用和经典案例，讲解的重点是知识原理和求解过程。知识与现实脱节严重，与学科前沿和工程实际基本无联系，学生并不知道为什么要学习这些知识，学习后也不清楚这些知识在现实情景中是如何应用的，学习兴趣并不高。提升学生解决复杂工程问题的能力，就要在课堂上让学生了解真实的工程案例，要围绕工程案例所要解决的问题构建所需的知识，学生清楚为什么要学习这些知识以及这些知识在工程案例中能发挥什么作用。为此，我们将工程案例引入课程，围绕工程案例需要解决的问题来组织课程内容，学生练习的题目和数据也尽可能来自工程案例的真实数据，学生发现学习的过程就是解决问题的过程，学习自然就会有目标、有兴趣，教学效果也自然会提升。我们以“化工原理”课程为例来探讨将工程案例引入课程的过程。

“化工原理”是化学工程与工艺专业的一门重要专业基础课，对学生今后从事化工领域的工程素养培养具有重要意义。然而，传统的课程组织模式对学生的工程素养培养效果并不明显，对学生解决复杂工程问题的能力培养也未取得令人满意的效果。为此，在课程组织和改进中我们提出了将工程案例引入课程的模式，在每一章的最开始部分，首先通过一个真实的工程案例作为引例，让学生了解本章知识在现实工程案例中的应用，工程案例需要解决的问题对应着本章的哪些知识点，知识点之间的逻辑关系如何，学完本章后可以利用所学知识解决哪些工程案例难题。

例如，在学习气体吸收的有关章节知识时，我们将某合成氨厂的脱硫脱碳生产装置作为引例，让学生明白为什么要学习本章知识、学习后能解决什么实际问题、在真实工程中这些知识又是如何应用的？以此来调动学生学习的主动性，培养学生运用知识解决实际问题的能力，提升学生的工程素养。图 6－5 是某合成氨厂的脱硫脱碳生产装置外景。

图 6－5　某合成氨厂的脱硫脱碳生产装置外景

该装置由五个塔组成，自右向左分别是 H_2S 浓缩塔、CO_2 解析塔、甲醇热再生塔、吸收塔、甲醇—水分解塔。通过这五个塔的作用，可以去除 CO_2、CO、H_2S 等对氨的合成有害的杂质，只留下有用的 H_2。其工艺流程图如图 6-6 所示。

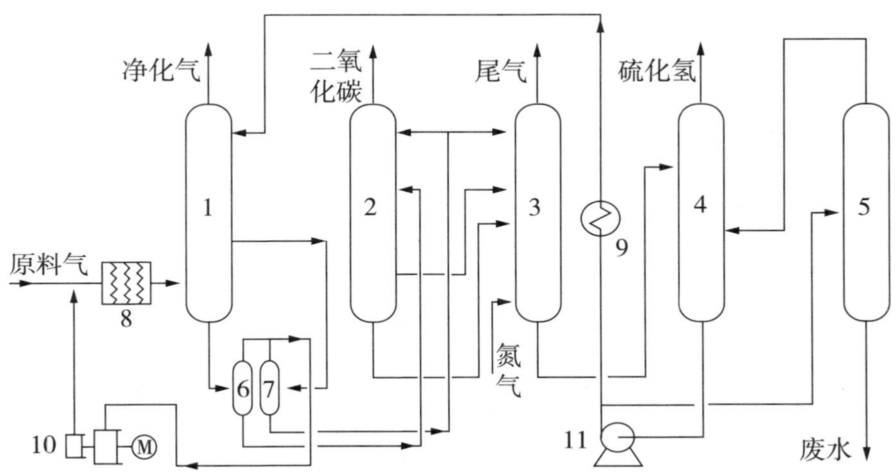

图 6-6　低温甲醇洗脱硫脱碳工艺流程示意图

图中原料气的组成及流量见表 6-10 所列。

表 6-10　某厂原料气的组成及流量

组　分	H_2	CO_2	N_2	CO	H_2S	其他	合计
摩尔分数/%	53.0	46.0	0.29	0.4	0.21	0.1	100
流量/（$N \cdot m^3/h$）	58300	50600	319	440	231	110	110000

该过程设计时需要解决的实际问题包括吸收剂用量的确定、吸收塔类型的选择、塔的主要尺寸的确定、有关附属设备的配备等问题。解决这些实际问题就需要掌握吸收传质的基本原理、气体在液相中的溶解度、吸收塔的物料和热量衡算、所需塔板数或填料层高度的计算方法以及操作条件变化时对过程的影响规律等，同时还要考虑在某些情况下如何将多元物系转换成二元物系

来简化实际工程问题等。在这些问题的引导下开展有关知识点的教学，对学生的学习兴趣吸引、工程素养培养以及对复杂问题的解决能力的培养是大有裨益的。

（3）改进效果

通过设置科研训练课程培养学生的创新意识和创新能力，以及将工程案例纳入课程，围绕工程案例开展相关知识点的教学，学生的复杂工程能力培养取得了不错的效果。

学生通过科研训练，不但对相关专业知识有了系统的了解，还为未来的学术发展找到了方向。例如，某同学在科研训练Ⅰ时选择了“TiO_2光催化技术及进展”作为科研训练课题，通过文献查阅和到指导导师的实验室参与部分废水处理实验，对有关化工、染料等行业产生的废水处理技术产生了浓厚的兴趣。对于科研训练Ⅱ，他继续选择了与该方向相近的“磁载TiO_2复合催化剂的制备及性能研究”作为课题，在指导教师的带领下参与相关的研究工作，包括文献调研、实验方案设计、实验数据采集和处理等具体的研究内容，完成了题目为“镁铝水滑石的改性及应用”校级大学生创新训练计划项目申报书的撰写并获批立项；大四时又选择了“水热合成$ZnFe_2O_4$@C@TiO_2-FN复合催化剂及性能研究”作为自己的毕业论文课题，并获得了优良成绩。经过两轮的科研训练，该同学对无机纳米材料的制备、分析表征及应用等专业相关知识，特别是TiO_2光催化技术的原理、特点和应用发展有了深入的理解和掌握。在进行科研训练、大学生创新训练计划项目的过程中，他也确定了将“废水处理”作为自己今后的研究方向，并成功考入国内一所非常知名的大学进一步深造。类似的案例还有很多，大多数学生对该种形式的教学模式给予肯定，认为对专业的认识、对研究的态度有非常大的帮助，对学生创新意识和创新能力的培养具有较好的作用，对复杂工程能力的培养也起到了很好的促进作用。

通过将工程案例引入课程，围绕工程案例进行知识点的教学，学生学习知识的态度就会发生积极的转变。有同学反馈说，以前也见到过这些类似的工厂图片，好奇这些设备的高矮、粗细是怎么确定的？产品是如何在其中一步步被制造出来的？这些疑问经常在脑海中浮现，但始终找不到答案，还以为在本科阶段不会解决这些问题。现在，在章节前面首先出现一个工程导例，学生一下子就激发了学习本章内容的兴趣，认为这种课程组织方式非常好，使自己对为什么要学习这些知识有了明确的态度，对这些知识的应用也有了非常明确的预期，有时甚至会提前自学其中的某些知识点，并自觉地将这些知识点应用于工程案例的解决方案。由于工程案例来自真实的生产环境，大都属于复杂的工程问题，将这些复杂的工程问题进行分解和简化，本身就是培养学生解决复杂工程问题能力的一种途径。将真实的工程案例引入课程也引起了国内其他高校同行的关注并得到积极的响应和共鸣，在全国高等院校化工类专业规划教材、普通高等教育“十一五”国家规划教材《化工原理》第三版的修订过程中，这一思想得到有效的贯彻实施，相关的教学案例也被正式纳入教材，成为修订版的一个重要特色，并在多所高校得到应用。

（作者：合肥工业大学化学工程与工艺专业工程教育专业认证自评报告起草组，于宝证）

参考文献

[1] 拉尔夫·泰勒．课程与教学基本原理［M］．罗康，张阅，译．北京：中国轻工业出版社，2014.

[2] 吴杰．外国现代主要教育流派［M］．长春：吉林教育出版社，1989.

[3] 史耀芳. 二十世纪国内外学习策略研究概述 [J]. 心理科学, 2001, 24 (5): 586-590.

[4] 泰勒原理. 百度百科 [EB/OL]. https: //baike. baidu. com.

[5] 姚路路, 魏凤玉, 杨保俊, 等. 开设科研训练课程提高大学生创新能力 [J]. 心理科学, 2001, 24 (5): 586-590.

[6] 史耀芳. 二十世纪国内外学习策略研究概述 [J]. 心理科学, 2001, 24 (5): 586-590.

[6] 田玉敏, 崔三常. 美国高校拔尖创新人才培养模式探究 [J]. 学术论坛, 2014 (12): 177-180.

[8] 余国贞, 杜旭英, 王卓明, 等. 实施大学生科研训练计划, 培养创新型人才 [J]. 化工高等教育, 2003, 77 (3): 65-66, 73.

[9] 谢纪美, 康文雄. 关于开展大学生科研训练工作的经验探讨 [J]. 华南理工大学学报 (社会科学版), 2012, 14 (4): 124-127.

[10] 成姝婷, 江舟, 杨淑红, 等. 本科生创新实验与能力提高项目教学改革探讨和实践 [J]. 林区教学, 2014 (9): 8-9.

[11] 杜新强, 冶雪艳. 从大学生创新实验项目谈学生创新能力的培养 [J]. 黑龙江教育 (高教研究与评估), 2013 (1): 47-48.

[12] 姚运金, 徐川, 杨保俊, 等. 基于 CDIO 工程教育理念的化学工程与工艺专业培养模式研究与探索 [J]. 化工高等教育, 2014 (2): 1 8-22.

[13] 何潮洪, 伍钦, 魏凤玉, 等. 化工原理 (下册第三版) [M]. 北京: 科学出版社, 2017.

[14] 合肥工业大学化学工程与工艺专业工程教育专业认证自评报告 (内部资料).

6.4 有效教学促进教学过程管理的研究与探索

能力导向一体化教学体系强调要加强教学过程管理，在对学生的学习成绩评价中明确提出课程期末考试成绩在学生成绩评价中的占比，专业课不超过 40%，基础课不超过 50%，通过考核模式的多样化来加强教学过程管理，提升学生的能力培养。鼓励教学方式改革，在讲授法教学方式之外，提倡采用研讨式教学、案例教学、角色扮演教学、体验学习、服务学习、自主学习等多种教学方式；在学生的评估方式上，除了考试、出勤率、作业撰写等常规方式外，还倡导采用论文撰写、课堂演讲、设计报告、实验分析报告、口试等多种形式。要通过教学方式改革和评价模式改革，引导学生关注学习过程、教师加强教学过程管理，实现课程教学目标。

加强教学过程管理的核心是贯彻以学生为中心、以能力为导向的教学理念。教师在教学过程中要转变教育理念，要采取有效教学手段加强对学生能力的培养。有效教学有其自身的运行规律，掌握这些规律，教学改革就会取得事半功倍的效果。在实施有效教学的过程中，坚持以学生为主体、以教师为主导的教学设计策略很容易与多种评价模式结合起来，从而真正实现对学生的能力培养。

在介绍有效教学的三条规律的基础上，下面以“高等数学”课程教学为例，探讨有效教学的情景创设，以芝诺悖论的引入和发展为手段，优化教学设计过程，激发学生的学习兴趣和创造精神，实现课程的预定教学目标。

6.4.1 有效教学的规律

所谓有效教学，简单说就是教师为学生创造机会，使学生在尽量短的时间内出现主动学习的一种教学设计与实施活动。学习是学生大脑对外界刺激的一种响应，这种响应有主动和被动之分，主动学习就是通过教师积极创造学习情景，让学生的大脑对教学内容产生积极响应的过程。教育家 Dick Allwright 指出，教学是一个创造学习机会的互动过程。这种互动既包括师生互动，也包括生生互动，还包括学生与社会互动等互动过程，教师的教学设计就是要围绕着如何积极互动来开展。如何实施有效教学？《有效教学的基本策略》一书认为，有效学习的评价考量应该包括时间、结果和体验三个维度，相应地，有效教学设计就应该从学习效率、学习效果和学习体验三个维度来进行，并提出了三条有效教学的规律，分别是先学后教、先教后学和温故知新。

所谓规律是指事物之间存在的一种内在的必然联系，它决定着事物发展的必然趋向。规律是一种客观存在，不以人的意志为转移。有效教学的三条规律就是教师与学生间发生有效学习行为的必然、本质、稳定和反复出现的一种关系。这三条规律不是教师可采纳或不采纳的一种教学选择，而是必须实施的一种教学设计规则，唯有深入贯彻这三条规律，有效教学才能发生，能力导向一体化教学所倡导的能力培养目标才能实现。

（1）先学后教规律

在传统课堂教学中，教师通常是根据知识的传播规律，按照设计好的教案进行教学的。教学就是按照既定的设计步骤完成章节知识的传授任务，并通过大量题目的练习来巩固和达成教学目标。在这个过程中，教师是主体，甚至是主宰，教学过程是围绕着教师的教开展的，教学过程通常是教师讲、学生听，教师示范、学生练习。有些知识即使学生已经掌握，但也必须听；有些

知识学生有疑问，教师也很难及时发现，通常也没有让学生表达的渠道和空间。这样的课堂，学生自然会缺乏主动性学习，更无法奢望创造性学习。

先学后教则根据学生的知识储备和能力发展，安排学生对将要学习的知识点先进行自我学习和预先理解，教师再对其中的难点和易混淆点进行教学的教学设计模式。先学后教模式的前提是学生对新知识的自学有一定的能力和基础，这一点尤为重要，也是采取这种教学策略的基础；若学生不具备自学的基础和能力，则不能采用这种教学策略。在学生自学的基础上，教师通过各种科学手段做好学情调查和学情分析，学生未掌握的要点和难点就是教学的主要内容，教学设计是在学生自我学习的结果基础上进行的，是一种以学定教的教学设计模式。学情调查和学情分析表明的学生已经自行掌握的知识就不再成为教学重点，自学过程中所反映出的难点和错误则成为教学的重要内容。

先学后教的先学，既可以发生在课堂中，也可以发生在课堂外。在课堂外，通常可以按照翻转课堂的教学模式进行，学生课外先学，教师针对学生先学所表现出的问题进行重点教学，并通过练习进行巩固和加强。在课堂中，则可以采取混合式教学模式，教师可以安排学生利用分组讨论、小组研讨、角色扮演等方式加强对新知识的自我学习，教师就学习中出现的问题对学生进行答疑、帮扶和引导，促进学生对知识的学习。无论采取何种方式，加强学生学习兴趣的培养至关重要。教师要创设学习环境，提高学生的学习兴趣，使学生在最惬意的活动中投入最主动的学习，此时才赋予教学以真正的意义。

(2) 先教后学规律

传统课堂尽管在形式上也表现为先教后学，但是先教的最主要表现就是知识的讲授，而且教师有把讲授无限放大的趋势，无论对象是谁，无论内容是什么，一节课大部分时间都是教师在讲授，信息传递是单向的，双向交流极其罕见，教师也极少考虑学生的状态和需求。有研究表明，大学四年期间学生在面对全班同学发言超过15分钟的人数比例很小，不超过10%。在传统课堂上，后学的内容基本上就是练习和作业。教师不关注学生的学情，学生也不知道为什么要学习这些知识，学习的目标就只能定位在考试及格上了。

有效教学的先教后学与传统的课堂讲授有本质的区别。为什么要采取先教后学的策略呢？一个重要原因是教师根据学情分析发现，学生还不具备相应的知识基础或没完全掌握相应的学习要领，教师必须首先做好引导工作。“先教”教的是学习方法而不是知识，尽管教授的内容还要依托知识，但教学目标是让学生学会思考，学会学习的方法，要注重师生之间的双向互动，在此基础上，让学生利用所学的知识、技能和方法解决问题。我们都知道，在教学实践中学生的学习方式在很大程度上是受教师影响的，教师对学生的学习方式起着非常重要的作用，当学生还未形成自己的学习方法时，教师通过先教后学的方式就有其合理性和必要性。

先教后学要始终贯彻以学生为中心的理念，教师采用什么方式教、如何教，都要以学生的学习为依据来确定。教师要做好学情分析，根据学生的需求进行教学设计。教师不能脱离学科性质、知识特点和学生的认识水平单独教授所谓的方法，而应该把方法传授有机地渗透和融入知识的教学中，并引导和教育学生保持对学习方法的关心，教的着眼点在于学生的学习方法养成，学的着眼点在于培养学生运用所教的方法提高自主学习和独立学习的意识。教师在先教的过程中要关注学生的学习态度，要创设情景提高学生的学习兴趣，做到以教导学。

（3）温故知新规律

传统教学为什么会引起大量的不满和批评，主要原因是学生对学习产生不了兴趣。教师尽管是按照学科知识体系进行知识的讲授，从学科发展的角度有其合理性，但是由于不关注或很少关注学生的状态和需求，很多学生的学习效果并不好，知识掌握也不扎实，以至于后续的学习就会越来越困难，久而久之学生就会厌学。经常听到学生抱怨说，“课堂上我最讨厌听到‘显然’和‘同理’这些词，我还没明白题意，老师就紧跟着来个‘显然……’；我还没弄懂过程，教师就来个‘同理……’”。这样的教学自然会让学生望而却步，怎么可能会对学习产生兴趣?

美国著名教育心理学家奥苏伯尔曾经说过：“如果我不得不将所有的教育心理学原理还原为一句话的话，我将会说，影响学习的最重要因素是学生已经知道了什么，根据学生原有的知识状况进行教学。”可见对于新知识的学习，必须基于学生原有的知识基础，学过的知识就要学懂会用，要精熟。为此，教学设计中要做到温故知新，要利用已有知识来构建新知识。大量的教学实践表明，学生对真正掌握了的知识和技能会自然产生一种亲切感，进而会对后续新知识的学习产生兴趣，而兴趣是学习最好的老师。教师在教学设计中要充分利用温故知新这一定律，要让学生在学会旧知识的基础上对新知识的学习产生兴趣，在教学设计中要坚持新知识要么在旧知识的基础上引申和发展起来，要么在旧知识的基础上增加新的内容形成新知识，要么将旧知识重新组织转化为新知识。

6.4.2 有效教学规律在高等数学教学中的应用

“高等数学”是理工科大学生进入高校后就要开设的一门重要的公共基础课程，在能力导向一体化教学体系中其课程简介为:

高等数学是本科学生最重要的基础课程之一，高等数学课程的教学质量是本科教学水平的一个重要标志。随着科学技术的迅速发展和计算机技术的广泛应用，数学的思想、方法和技术在自然科学、工程技术等领域发挥着越来越重要的作用，而且已经广泛深入经济学、管理学以及社会科学的各个领域，这也对高等数学的教学提出了更高的要求。大学数学的教学要使学生学到更丰富、更有用的现代数学知识，具有更强的运用数学工具和技术的能力，以适应时代发展的需要。高等数学是为学生树立良好的学习习惯和学习动力的重要基础课程，对于培养和提高学生的创新能力与综合素质起着极为重要的作用。课程不但为学生学习后续数学课程和其他理工专业课程奠定必要的数学基础，而且对学生在数学的抽象性、逻辑性与严密性方面进行一定的训练和熏陶。

对应的课程目标一般包含三项：

CO1：掌握高等数学的基本理论知识；
CO2：掌握严格的逻辑思维能力与推理论证能力；
CO3：培养自主学习和终生学习的能力。

对应的学生评价方式包括期中考试、期末考试、作业撰写、出勤率、论文撰述等项目，期末考试的分数占总成绩的比例不超过50%。

通过课程简介和课程目标我们不难看出，该课程在对学生的知识、能力、素质的培养上担负着重要任务。它不但是许多科学课程和工程课程的学习基础，还是许多科学和工程问题的解决方法来源，同时该课程还对学生综合素质的培养起到重要的作用。然而在教学实践中，该课程却成为很大一部分学生的负担，不但体现在学生的课程补考人数上，还体现在学生的学习态度上，有些学生甚至到了谈数学色变的程度，有效教学的达成度不高。

提高高等数学的教学水平和效果，还是要从如何能进行有效教学的视角来思考。提高学生的学习兴趣是首先要解决的问题，学生学习有兴趣，学习效果才有可能达到预期。解决之道还是要在教学中能贯彻有效教学三定律。我们以“极限”概念的学习为例，探讨贯彻有效教学三定律的一些思考。

在高等数学的教学中，“极限”是一个贯穿整个教材内容的重要概念，是微积分学习的重要基础，学生尽管在高中课程中有所涉及，但对其产生的思想和其对数学发展的贡献却了解甚少，对“极限”概念的重要性也缺少足够的认识。不仅如此，学生往往还在解题难度和应用技巧中对该知识产生厌烦。为了提高对该知识的学习兴趣，同时也为了让学生了解一些高等数学的发展过程，培养学生的数学兴趣，我们在教学中进行了一些改革和探索。

芝诺曾经提出一个有名的“阿基里斯与乌龟赛跑”的悖论。在该悖论中，芝诺认为阿基里斯若赛跑开始时站在乌龟后面的某个位置，与乌龟有一段距离，则他永远追不上乌龟。阿基里斯是古希腊神话中跑得最快的人，他怎么会追不上一只乌龟呢？芝诺的解释是：赛跑开始后，阿基里斯首先要跑到乌龟的起跑点，这需要一段时间，在这段时间内，乌龟向前跑了一段距离，到达另外一点；之后阿基里斯再跑到该点，这又需要一段时间，在这段时间内，乌龟又向前跑了一段距离，到达下一点；尽管阿基里斯跑到下一点的时间在不断缩短，与乌龟的距离在不断缩小，但这个追赶过程是无穷的，二者的距离不会为零，因此跑得慢的乌龟永远在前面，阿基里斯永远无法超越乌龟。从逻辑上来看，芝诺的说法是无懈可击的，但是这又不符合常识，问题出在哪里？这个问题解决了吗？若解决了，是如何解决的？

（1）先学后教的情景创设

在开始极限概念学习之前，我们提前布置学生去了解“阿基里斯与乌龟赛跑”的悖论，让学生撰写小论文讨论该悖论及其变种，重点探讨该悖论是否解决了，以及是用什么知识来解决的。引入的目的是为学习极限做准备，同时希望学生对由该悖论所引起的数学发展有一个初步的认识。大部分学生对这种作业还是很喜欢的，都想弄明白其中的道理。学生的作业大都谈到了解决这个悖论需要用到极限的知识，也都希望在学习中能知道是如何应用极限知识来解决的，这为极限的学习创设了一个极好的教学氛围。

从提交的作业来看，学生的思考还是很深刻的，有的学生根据该悖论提出了一些有意思的变种，例如有同学就提到，从高楼上跳下来永远摔不死悖论，因为要跳到地面上，首选要到达楼顶与地面高度的一半所在的位置，而要到达该位置，必须先到达楼顶与该位置的一半所在的位置，即楼顶与地面之间的四分之三高度所在的点，如此反复，则发现人跳下来后会静止在空中不动，因此也就不会被摔死。

有的学生则从重要数学人物入手，简述了芝诺悖论对数学发展的影响。这些人物包含亚里士多德、阿基米德、牛顿、莱布尼茨、贝克莱、达朗贝尔、柯西、维尔斯特拉斯等，以及在解决问题过程中造成的第二次数学危机等。

有的学生还列举了我国古代对类似芝诺悖论、无穷小量以及朴素的极限概念的认识。例如《庄子·天下》提出“一尺之棰，日取其半，万世不竭”，意思是一个一尺长的木棍，今天截取一半，明天截取剩下一半的一半，如此反复进行下去，尽管木棍越来越短，但是永远也不会取完。这与芝诺思考问题的方法是类似的，但是大家都可以理解，它没有造成芝诺悖论那样的困局。晋代著名数学家刘徽提出了使用内接正多边形来求圆的面积问题，他认为随着内接正多边形边数的增加，多边形的面积不断逼近圆面积，即“割之弥细，所失弥少，割之又割，以至于不可割，则与圆周合体而无所失矣。”其中的数学思想不就是极限思想吗？学生在说这些事情时，对我国古代的数学发展成就也油然产生一种自豪感。

这些能力的培养尽管与课程的数学知识要求联系不大，却对学生的学习积极性起到了很好的调动作用。学生是带着解决问题的期望来学习极限知识的，而不是带着漫无目的的心境来学习的。

其实这是有效学习三定律的先学后教定律的一个情景案例。

在这个情景案例中隐含着以学生为中心的思想。学生都认为解决这个悖论的方法要用到极限知识，而该知识就成为学生想极力弄明白的知识，学习兴趣就激发出来了。在对极限知识的学习中，学生始终是抱有极大的学习热情和学习思考的。学生在这种心境下学习，教师在这种氛围中授课，师生关系是融洽的，学习目标是统一的，学习效果也是可期的。

（2）先教后学的情景创设

收敛性是极限知识的一个重要特征，但在常规的教学和学习中并没有对其进行特别重视，以致学生在学习中经常忽视对这一条件的判断，通常都把收敛性当成一种必然条件使用而不加思考，从而导致问题出错。芝诺悖论在帮助学生增加对该知识点的认识方面是很有帮助的。在学习了收敛性这一知识点后，我们让学生思考以下问题：

芝诺悖论将逻辑分析和生活常识对立起来，那么这种对立是一直成立的吗？即是否存在某些情形，阿基里斯在跑得比乌龟快的前提下，却一直追不上乌龟？大多数学生认为不可能，从生活常识和人的直觉上来说，一个人跑得比另一个人快，怎么可能永远追不上？

实际上还真有这种情况。假设开始时乌龟领先阿基里斯 1 千米，当阿基里斯跑完这 1 千米时，乌龟在这段时间又向前爬了 1/2千米；当阿基里斯跑完这 1/2 千米时，乌龟又向前爬了 1/3 千米。即，当阿基里斯跑完与乌龟的开始距离 $1/n$ 千米时，乌龟在这段时间又跑了 $1/(n+1)$ 千米。不难看出阿基里斯跑得确实比乌龟快，而且他们之间的距离也确实在不断缩小，但是在这种情况下，阿基里斯却永远追不上乌龟。因为这是一个调和级数，而调和级数之和，即他们每人跑的所有距离之和是一个无穷大值，不收敛，也就没有极限。在这种情景下，芝诺悖论就不成为悖论，而是与现实相符了，跑得快的阿基里斯确实追不上跑得慢的乌龟，只不过这种现象需要一定的数学基础才能理解。此时芝诺悖论就称为芝诺佯谬，需要纠正的是人们的常识而不是推理过程了。

芝诺佯谬引出了调和级数的求和不收敛问题，因此也就不存在极限问题。该事例提醒我们，当考虑极限问题时，首先要考虑是否满足收敛性，通过该题目，学生会对收敛性有一个直观认识，不再认为收敛性是一种解题必然了。让同学们分组讨论该问题，很多同学都对收敛性有了更加直观和深刻的印象，教学目标也就自然达成了。

让学生讨论学习过的知识点，在讨论中加深学习效果，这是一个先教后学的情景创设过程。因为学生对这种创设环境印象深刻，对知识的理解和应用也自然会更好。有的学生甚至把该案例作为一个有趣的故事加以阐述。

（3）温故知新的情景创设

为了解决芝诺悖论，很多数学家都试图给出解决办法。

亚里士多德曾经从物理学的角度给出了一种解释，认为在乌龟领先的时间内，阿基里斯是追赶不上乌龟的，但当允许阿基里斯越过某个有限距离时，那么阿基里斯就可以追赶上乌龟。这个解释并没有正面回答芝诺的逻辑分析，故无法推翻芝诺悖论。

所谓“悖论”，简单地说就是其逻辑推理的结论与常识存在矛盾，但根据现有知识却发现不了其逻辑漏洞。悖论往往会促进人们思考，在解决问题过程中建立起新的理论体系。亚里士多德还是从常识的角度来分析问题，并没有将常识与逻辑推理统一起来，因此也就没有说服力。

阿基米德对芝诺悖论研究后提出一种解决办法。他把每次追赶的路程一段段算出来，之后分别计算阿基里斯和乌龟行走的距离。阿基米德实际上是将问题归结为无穷级数的求和问题。在阿基里斯和乌龟在每段的平均速度不变的前提下，这是一个等比数列的求和问题，整个追赶的距离是一个有限值，此种情况下阿基里斯肯定会追上乌龟。

19 世纪，数学家柯西在对数列收敛性研究的基础上，对阿基米德提出的满足等比数列条件之外的情况给出了证明，认为只要追赶的路程相加起来的无穷级数之和是收敛的，则追赶的距离就是有限的，这种情况下，阿基里斯肯定能追上乌龟；若无穷级数之和不是收敛的，则阿基里斯就追不上乌龟。

至此，大家觉得芝诺悖论已经被解决了。在学生提交的论文中，确实有很多学生也认为，在无穷级数收敛性的前提下，芝诺悖论被解决了。但是当回到芝诺悖论的逻辑描述时，我们发现芝诺的逻辑是说在追赶的过程中，这个差距是始终存在的，尽管在缩小，但不会是零，所以乌龟就不可能被阿基里斯超越。根据阿基米德和柯西的解题思路，则该问题可以转化为：一个收敛的无穷级数的和能不能等于它的极限值?

这就涉及数学史上对无穷的两种认知观，即实无穷和潜无穷。实无穷认为无穷是可以到达的，一个收敛的无穷级数的和就等于它的极限值；潜无穷认为无穷不可以到达，一个收敛的无穷级数的和只能无限逼近它的极限值，而不是等于它。在实无穷的认知观中，由于无穷级数的和就等于极限值，则阿基里斯就可以追上乌龟；而在潜无穷的认知观中，由于无穷级数之和只能逼近其极限值，所以阿基里斯就追不上乌龟。只要这两种无穷观没有定论，从数学的角度来看，芝诺悖论就不能说解决了。

由于这两种无穷观都能解释一部分问题，但也会产生一些问题，在历史发展中此起彼伏地一直争论不休。牛顿和莱布尼茨创建微积分，采用的就是实无穷，将导数表示为两个无穷小之比，微分表示为多个无穷小的加权和，成果丰硕，但也带来了很多问题，最终导致了第二次数学危机，直到维尔斯特拉斯驱逐了实无穷，在潜无穷的概念下发展出了严谨的极限概念，问题才得到解决。但后来的很多数学家又根据解决问题的需要，把实无穷给“捡”回来，并带来了数学的新进展。可见两种无穷之争并没有结束，则芝诺悖论也不能说已经解决。

在与学生进行讨论的过程中，结合前面学过的无穷小、极限、微分方程的定义与公式，学生对概念的理解更加全面了，对微积分数学的发展过程也有了一个更加系统的理解，起到了温故知新的功效。

通过引入芝诺悖论等一些能够引起学生学习兴趣的数学事件，我们就比较容易地组织学生进行论文撰写、分组讨论、资料收集查询等活动。这些活动一方面对学生的学习兴趣培养起到了较好的作用，另一方面也对学生平时成绩的评定提供了依据。原本主要依靠考试的评价方式，就变成了有期中考试、期末考试、作业撰写、出勤率、论文撰述、讨论表现等多项评定模式。评价过程贯穿于整个学习过程，学生对待学习的态度就不会再像往常那样存在平时不努力、考试前突击复习、期末焦虑症弥漫校园的现象了。教师主动创设有利于学生学习的教学情景，激发学生的学习积极性和主动性，有效教学的目标也就容易实现了。

能力导向一体化教学体系强调过程管理，要在过程管理中实现对学生的多元评价，促进学生能力的培养，这就要求教师要创新教学模式，改进教学工作，实施有效的基本教学。贯彻有效教学的三个定律，创设有效教学的教学情景、激发学生的学习兴趣，是实现对学生学习的过程管理、加强对教师的教学管理、提高教学质量和效率并提升人才培养能力的有效方法。

（作者：于宝证，李军红）

参考文献

[1] 余文森，刘冬岩．有效教学的基本策略［M］．福州：福建教育出版社．2012.

[2] 杜国平. 潜无穷、实无穷探析 [J]. 自然辩证法通讯, 2009 (3): 18-25.

[3] 张伟平. 潜无限和实无限观点下微积分的"以直代曲"思想探究 [J]. 大学数学, 2008, 24 (1): 142-147.

[4] 曲学杰. "阿基里斯"悖论探析 [J]. 科学技术与工程, 2009, 9 (16): 4737-4741.

[5] 同济大学应用数学系. 微积分 (第二版上册) [M]. 北京: 高等教育出版社, 2003.

[6] 应行仁. 阿基里斯与乌龟的悖论 [EB/OL]. http://blog.sciencenet.cn/u/xying.

6.5 基于布卢姆教育目标分类法和 BOPPPS 教学模式的细菌细胞壁结构与功能教学设计

6.5.1 微生物学课程简介

"微生物学"是学校生物工程专业三年级学生的一门重要专业基础课程。本课程主要介绍微生物的发现和微生物学的发展史，微生物的形态结构，微生物的营养、代谢、生长、生态，微生物遗传育种，菌种保藏，传染和免疫，分类等基础知识；实验包括形态观察、培养基制备、接种、培养，自然界纯种微生物分离，细菌检查及其生理生化反应，菌种保藏等。课程目的是使学生掌握普通微生物学基本知识和基本操作技能。

6.5.2 本节教学内容简介

细菌（原核微生物）细胞壁结构与功能是《微生物学》教材第二章"原核微生物的细胞结构和功能"中最先讨论的重点内容。学生通过本节学习应掌握细菌的个体形态、细菌细胞壁的化学组成、结构和功能、革兰氏染色的机制、G^+与G^-细菌细胞壁的构造和化学成分的比较等。其中细菌细胞壁的组成、结构及革兰氏染色的机制是本节教学难点。

6.5.3 教学设计理念

按照图6－7的教学设计理念进行教学设计。基于布卢姆对实现有效教学必须回答的三个问题——把学生带到哪里（教学目标）、怎样将学生带到那里（教学过程与方法）以及如何确信已经将学生带到那里（学习结果评估），对本节课程进行了设计，其中教学目标和教学评价依据《布卢姆教育目标分类学》（修订版）标准，教学过程与方法则采用BOPPPS教学模式进行设计，以期提高教学目标、教学过程和教学测评的一致性，保证有效教学的落实。

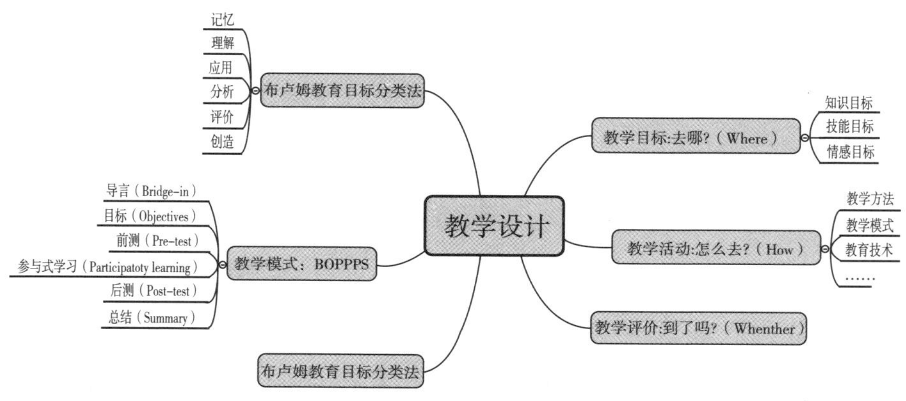

图6－7 课程教学设计理念

（1）布卢姆教育目标分类法

修订版的《布卢姆教育目标分类学》将教育目标分成知识维度和认知过程维度，知识维度主要解决把学生带到哪里（教学目标、教学评价）的问题，即学生学什么或者教师教什么的问题，按照从具体到抽象的顺序依次为事实性知识、概念性知识、程序性知识和元认知知识；认知过程维度则解决如何将学生带到那里（教学过程与方法）的问题，按复杂程度不断加强顺序依次为记忆、理解、应用、分析、评价和创造。

(2) BOPPPS 教学模型

BOPPPS 教学模型是根据教育学人的认知理论提出的一种教学过程设计，最初起源于加拿大、美国等北美地区的高校，之后在欧洲的大学中得到推广，近年来在中国大陆以及台湾地区等逐渐兴起。该模型将知识点教学过程划分为引入（bridge-in）——吸引学生的兴趣、目标（objectives）——让学生知道该课程要达到的教学目标、预测（pre-test）——了解学生的基础知识掌握情况、参与式学习（participatory learning）——让学生多方位参与教学从而掌握知识、后测（post-test）——了解该课程是否达到教学目的、小结（summary）——总结知识点六个部分，简称为 BOPPPS 模型。

6.5.4 基于布卢姆的教学目标分类法的教学目标、教学活动及教学评价设计

按照布卢姆的教学目标分类法设计教学目标、教学内容和教学评价环节，以期取得较好的课堂教学效果。

(1) 教学目标（学习目标）设计

从“为什么学这个知识点”入手确定教学目标与内容，以引起学生学习的兴趣，激发学生的学习意愿。

教学知识点：革兰氏阳性细菌与阴性细菌细胞壁结构。

具体知识点：细菌细胞一般结构与特殊结构、革兰氏阳性细菌、革兰氏阴性细菌、肽聚糖、磷壁酸、脂多糖、革兰氏染色、缺壁细菌。

教学目标：（Objectives）

O1：学生能够描述细菌的一般结构和特殊结构组成。

O2：学生能够列举革兰氏阳性细菌和革兰氏阴性细菌细胞壁结构和成分的异同点。

O3：学生能够解释青霉素和溶菌酶的杀菌机理及适用范围。

O4：学生能够解释革兰氏染色的机制。

O5：学生能够熟练完成革兰氏染色操作，并根据革兰氏染色结果推断细菌细胞壁结构和成分。（注：此项教学目标结合实验完成）

O6：学生能够设计培养细胞壁缺陷型细菌的方法。

（2）教学活动设计

从“学生怎样学这个知识点”入手确定教学策略（教学方法/教学手段），以激发学生的学习兴趣，使其愿意积极主动地参与到教学活动中。

教学活动：

活动1：小组讨论：①“男儿适当哭一哭”的好处。②日常生活中使用的青霉素、链霉素、四环素能够杀死所有的细菌吗？如果不能，能够杀死哪些细菌呢？如何杀菌呢？

活动2：小测试：细菌细胞为何会呈现出不同形态？其形态与其结构和成分有关吗？

活动3：教师讲授细菌细胞与动植物细胞结构的不同点。

活动4：教师结合图片讲授革兰氏染色实验。

活动5：课堂小测：革兰氏染色结果与细菌的形态有关吗？（　　）

A. 有关　　　B. 无关　　　C. 不清楚

活动6：教师结合图片讲授细菌细胞壁结构和成分、溶菌酶和青霉素杀菌机理，学生分组讨论总结革兰氏阳性细菌和革兰氏阴性细菌细胞壁结构与成分的异同点。

活动7：教师和学生共同总结革兰氏染色机制及细胞壁功能。

活动8：课堂提问：细菌细胞壁对于细菌来说这么重要，那么是不是所有的细菌都有细胞壁呢？如果失去了细胞壁，细菌细胞会有哪些变化呢？

活动9：教师讲授缺壁细菌。

活动10：学生总结革兰氏染色操作步骤及与细菌细胞结构的

关系。

活动 11：教学评价。

（3）教学评价设计

从“学生是否掌握了知识点”入手确定教学评价，以考察教学过程是否达成了教学目标，以便依此对教学目标和教学过程进行合理调整。

评价 1. 完成细菌革兰氏染色，解释染色机理，推断细菌细胞壁结构和成分。

评价 2. 在革兰氏阳性细菌细胞壁中缺乏的化学成分是(　　)

A. 肽聚糖　B. 磷壁酸　C. 类脂质　D. 蛋白质

评价 3. 大肠杆菌肽聚糖双糖亚单位交联间的肽间桥为：(　　)

A. 氢键　B. 肽键　C. 甘氨酸五肽

评价 4. 设计制备给定细菌原生质体的实验方案。

注：评价 1、评价 4 课后结合微生物实验课程完成，评价 2 及评价 3 在本节课完成。

（4）教学目标、教学活动及教学评价在布卢姆教育目标分类法中的层次体现

将教学目标、教学活动及教学评价设计放入布卢姆二维教育目标分类表（表 6－11），这样就能清晰地了解整个教学设计的全过程。

表 6－11　教学目标、教学活动及教学评价在布卢姆教育目标分类法中的层次体现

知识向度	认知过程向度					
	记忆	理解	应用	分析	评价	创造
事实性知识	O1 活动 3/11					
概念性知识		O2 活动 2/6/11	O3 活动 1/6/11	O4 活动 4/5/11		

（续表）

知识向度	认知过程向度					
	记忆	理解	应用	分析	评价	创造
程序性知识				O5 活动 6/7/8/11		
元认知知识						O6 活动 8/9/10/11

6.5.5 基于 BOPPPS 教学模式的教学过程设计

在基于布卢姆教学目标分类法的教学目标、教学活动及教学评价设计的基础上，按照 BOPPPS 的教学设计流程对课程教学内容及教学活动进行设计（表 6－12 及表 6－13）。

表 6－12 基于 BOPPPS 教学模式的教学过程设计

阶 段	教学内容及活动	目 的
Bridge-in 导入	1. 提出问题：“男儿有泪”是否可以轻弹一下？ 2. 提出问题：日常生活中使用的青霉素、链霉素、四环素能够杀死所有的细菌吗？如果不能，为什么呢？引导学生了解适当流眼泪是有好处的——眼泪中含有溶菌酶，能够起到一定的杀菌作用	以“眼泪不只是女生的专利，男生也需适当哭一哭”论点吸引学生的注意力，激发学生的兴趣，帮助他们快速进入学习状态，然后用“日常生活中使用的青霉素、链霉素、四环素能够杀死所有的细菌吗？如果不能，为什么呢？”问题引入本堂课要讲的内容

（续表）

阶　段	教学内容及活动	目　的
Objectives 学习目标	O1：学生能够描述细菌的一般结构和特殊结构组成； O2：学生能够列举革兰氏阳性细菌和革兰氏阴性细菌细胞壁结构和成分的异同点； O3：学生能够解释青霉素和溶菌酶的杀菌机理及适用范围； O4：学生能够解释革兰氏染色的机制； O5：学生能够熟练完成革兰氏染色操作，并根据革兰氏染色结果推断细菌细胞壁结构和成分；（注：此项教学目标结合实验完成） O6：学生能够设计培养细胞壁缺陷型细菌的方法	明确地向学生传达细菌细胞壁的结构、成分和功能以及革兰氏染色是学习的重点，学习中应结合实验课程掌握这部分内容知识和技能
Pre-test 前测	1. 细菌细胞结构由（ ）组成。（多选题） A. 细胞壁　B. 细胞膜 C. 细胞质　D. 细胞核 E. 其他 2. 细菌细胞为何会呈现不同形态？其形态与其结构和成分有关吗？	有效地了解学生在中学阶段所学与细菌形态和结构有关的知识与能力，以便灵活地调整授课内容的进度

（续表）

阶　段	教学内容及活动	目　的
Participatory Learning 参与式学习	通过教师讲授、提问，学生分组讨论，学生总结等方式进行以下教学内容的学习。 1．细菌细胞壁的结构与成分 （1）细菌细胞结构组成（包含革兰氏染色步骤） （2）细菌细胞壁结构与组分 （3）细菌细胞壁功能 （4）缺壁细菌 （5）革兰氏染色机制	利用教师引导、学生分组讨论学习的方式使学生积极参与互动学习中，提高课堂教学实效
Post-test 后测	1．在革兰氏阳性细菌细胞壁中缺乏的化学成分是(　　)(单选题) A. 肽聚糖　B. 磷壁酸 C. 类脂质　D. 蛋白质 2．大肠杆菌肽聚糖双糖亚单位交联间的肽间桥为：(　　)(单选题) A. 氢键　B. 肽键　C. 甘氨酸五肽	通过选择题的方式快速了解学生的学习效果以及是否实现了教学目标
Summary 总结	1．重点回顾 （1）学生活动总结革兰氏阳性细菌和革兰氏阴性细菌细胞壁结构与成分； （2）教师强调革兰氏染色的重要性；两种类型细菌的主要区别点； 2．延伸：细菌细胞结构与动植物细胞还有哪些不同点？	通过教师和学生共同总结知识点的方式回顾课堂重点教学内容，并预告下节课教学内容，以便学生能够提前预习

表 6－13　参与式学习（Participatory Learning）教学设计

知识点	教学目标	教师活动	学生活动	说明
细菌细胞组成	学生认识细菌细胞结构及其名称	结合细胞结构思维导图讲授细菌细胞结构组成	①在教师引导下，按照思维导图识记细菌细胞壁结构及名称；②初步了解本节课的学习思路和方法	
革兰氏染色	①解释什么是革兰氏染色；②能够动手完成革兰氏染色操作（课后实验课完成）；③能够根据革兰氏染色结果判断细菌种类及细菌细胞结构和成分；④能够描述革兰氏染色机理	①结合革兰氏染色实验图片简单讲授什么是革兰氏染色、革兰氏染色步骤及结果。②设疑：经过革兰氏染色，细菌为何会被染上不同的颜色？	①记忆革兰氏染色概念及步骤；②思考细菌形成革兰氏染色结果的原因。	革兰氏染色是本节教学重点
细菌的细胞壁结构、成分和功能	①识记细菌细胞结构中肽聚糖、磷壁酸及脂多糖的组成及功能；②列表比较革兰氏阳性细菌和革兰氏阴性细菌细胞壁结构、成分的异同点；③分析解释革兰氏染色机制；④解释细菌细胞壁功能；⑤解释缺壁细菌形成机制	①讲授革兰氏阳性细菌细胞壁结构和成分，并强调：脂多糖是革兰氏阴性细菌特有的成分；脂多糖是构成 G^- 致病物质—内毒素的物质基础。② 师生共同总结细菌细胞壁功能③ 分析缺壁细菌形成原因及其特征。	①对照革兰氏阳新细菌细胞壁结构和成分，分组讨论革兰氏阴性细菌细胞壁结构和成分的异同点；②师生共同总结细菌细胞壁功能	本部分内容是本节教学重点及难点

（作者：李军红，于宝证）

参考文献

[1] 孙润生. 布卢姆的学校教学理论 [J]. 辽宁教育学院学报，1991 (2)：30-34.

[2] 骆泽民，左和金. 布卢姆关于认知领域教育目标分类的基本思想和主要内容 [J]. 上海教育科研，1986 (5)：3-6.

[3] 常经营，兰伟彬. 布卢姆教育目标分类的新发展 [J]. 南阳师范学院学报 (社会科学版)，2008，7 (5)：84-86.

[4] 李向荣，杨开城. 对认知领域教学目标分类的再认识 [J]. 中国电化教育，2002 (4)：18-21.

[5] 曹丹平，印兴耀. 加拿大 BOPPPS 教学模式及其对高等教育改革的启示 [J]. 实验室研究与探索，2016，35 (2)：196-200，249.

[6] 张建勋，朱琳. 基于 BOPPPS 模型的有效课堂教学设计 [J]. 职业技术教育，2016，37 (11)：25-28.

6.6 基于能力导向的教学设计持续改进研究与实践

能力导向的一体化教学体系倡导教师、课程组和专业三个层面的持续改进，通过持续改进不断提升学生的培养质量。教师改进循环是第一层面的持续改进，也是最基本的持续改进循环。通过不断明晰教学目标、优化教学设计，鼓励学生参与，将知识转化为能力和素养，不断提高学生能力，提升育人水平。教学设计中要贯彻以学生为中心的教学理念，要通过有效的教学方法设计调动学生的学习积极性，针对“电力电子技术”课程教学中学生反映出的问题，通过启发式教学方法来调动学生的学习积极性，按照能力导向所倡导的专业培养目标和课程教学目标落实教学设计环节，强调培养目标与设计内容的匹配度，形成有效的课堂教学模式。通过增加对能力培养的评价方式，降低知识评价的比重，强化教学过程管理。在持续改进的基础上，不断优化课程目标，改进教学设计，最大限度发挥教材的育人功能。通过对 BUCK 变换器的拓扑结构的构建这一知识点的教学设计案例，展示能力导向的教学设计持续改进思想。

6.6.1 电力电子技术课程简介

“电力电子技术”是面向电气与自动化工程学院电气及自动化专业大三学生开设的一门专业基础课程。该课程主要讲授各类变流装置中发生的电磁过程、基本原理、控制方法、设计计算、实验技能及其技术经济指标；重点介绍功率二极管、普通晶闸管（SCR）、电力场效应晶体管（MOSFET）和绝缘栅双极型晶体管（IGBT）等电力电子器件的工作机理、特性和电气参数；分析 DC/DC 变换器的几种基本结构、换流原理及基本特性；分析 DC/AC 无源逆变电路的基本原理；分析 AC/DC 基本原理，详细介绍二极管不控整流电路、晶闸管相控整流电路、晶闸管相控有源逆变电路、全控器件 PWM 整流电路的工作原理、换相方法、波形分析和参数计算；介绍 AC/AC 原理，介绍交流调压电路、交流电力控制电路和交交变频电路的工作原理；介绍软开关技术的基本概念；锻炼学生对于变流装置的基本调试实验方法。其前置课程是“电机学”，后续课程包括“电力拖动基础”“现代电源技术”“特种电机”等课程，是一门重要的专业基础课。

本课程的课程目标（Course Objectives，CO）主要包含三项内容：

CO1：掌握常用的电力电子器件的特性和选取方法；掌握电

力电子技术中 DC/DC、DC/AC、AC/DC、AC/AC 四种功率变换拓扑结构、分析方法和参数计算；了解软开关的基本概念。

CO2：具备根据电力电子电路进行相应计算的能力。

CO3：具备变流装置的基本调试能力，具备分析电力电子电路的能力。

对应的专业培养目标（Learning Objectives，LO）分别是：

LO3：了解学科发展现状和趋势，掌握扎实的电气工程领域基本理论知识和工程技术知识，受到系统的科学研究与工程设计方法的基本训练。

LO4：掌握本专业所必需的设计、实施、实验、测试、运算、分析等技能，具有运用计算机进行科学研究和设计的能力。

LO5：具有综合运用电气工程基础理论和技术手段，分析并解决电机、电力系统和新能源变换中产品设计、生产制造、系统运行等方面工程技术问题的能力。

课程的教学方式（Pedagogical Methods，PM）主要包含 3 项，分别是：PM1. 讲授法教学，44 学时；PM3. 实验教学，9 学时；PM8. 自主学习，3 学时。

课程的评价方式（Evaluation Methods，EM）包含 5 项，分别是：EM1. 课堂测试，10%；EM3. 期末考试，60%；EM4. 作业撰写，10%；EM5. 实验分析报告，10%；EM9. 出勤率，10%。

6.6.2 上一轮教学设计执行后的课程评价

通过实施学生对课程的结果达成度评价反馈，发现学生反馈的问题主要集中在三个方面。

（1）教学目标需进一步明确，要发挥教学目标的导向作用，促进对专业培养目标的贡献度；

（2）理论知识讲解偏多，对理想状态下的设计探讨较多，知识在真实环境中的实际应用能力培养不够；

（3）教学方法单调，学生参与度不够，学习积极性不高。

这三个问题的实质是在课程教学中贯彻以学生为中心的理念还不彻底，以教师为中心、以知识传授为重点的学科教学理念的惯性影响还在；以能力培养为导向的教学设计还需要加强。针对这一现状，按照本课程的课程目标与专业培养目标的对应关系，进行了教学设计重构，力图在下一轮教学过程中解决学生反馈的三个主要问题。

6.6.3 计划采取的改进措施

在教学设计中扩大启发式教学的运用范围。所谓启发式教学，它是指一大类教学设计方法的总称，该类教学设计的核心思想是在教学过程中要启发诱导学生主动学习，其精髓在于采取双向或多向沟通和交流的教学方式，启发学生积极思考、独立思考。启发式教学常用的教学方法包括案例教学、情景模拟教学、探究性教学等；学生的参与方式也多种多样，包括师生互动、小组讨论、问题分析、科研指导等，主要特征是学生主动参与教学过程、愿意参与教学过程。通过启发式教学激发学生独立思考的主动性、积极性和创造性，训练学生掌握科学的思维方法，培养独立分析问题和解决问题的能力。

在教学内容组织上增加学科知识与产品设计和科学研究前沿的联系。电力电子技术的许多知识模块本身就是现代许多电子产品的功能模块原型，教师通过将模块知识与真实产品联系起来，让学生改变对专业基础课的认识，让学生真正意识到专业基础课不仅是后续课程的知识基础，还能直接应用于产品的设计与开发。同时，教师将科学研究的最新成果介绍给学生，让学生意识到专业基础课的知识与最新的科学研究前沿具有密切关系，从而激发学生的学习积极性和主动性。

在评价方式上，将课堂演讲、论文报告、设计报告等方式纳入学生能力评价过程，考查学生运用知识和创新知识的能力，同时减少期中考试和期末考试等知识性考查在能力评价中的比重。

在课程目标上，更加注重学生的人格和素养教育以及能够有效利用网络资源等信息技术工具进行信息收集、整理归纳能力的培养，待实践验证有效、教学方案成熟后建议扩大课程的课程目标。

6.6.4 改进的教案设计

在具体的教案设计中，则要紧扣课程目标开展教学设计，重点对学习目标、教学策略和教学评价做出合理的计划和安排。以第三章“DC-DC 变换器”为例，针对 DC-DC 变换器的拓扑结构这一知识点，设计了一个 20 分钟左右的教案，以此来说明持续改进的内容和步骤。

(1) 章节内容分析

本章以 DC-DC 变换器为基本内容，着重于变换器电路构思、设计以及变换器电路分析两方面的训练。本章包含四个小节，内容包括 DC-DC 变换器的基本结构、DC-DC 变换器换流及其特性分析、复合型 DC-DC 变换器、变压器隔离性 DC-DC 变换器等四个部分。课程希望授课时能以启发性思维的引导来提高学生电力电子技术问题研究能力，并建议了四项重点学习的内容。

DC-DC 变换器是将一定幅值的直流电变换成另一幅值直流电的电力电子装置，主要用于直流电压变化（升压、降压、升降压等）、开关稳压电源、直流电机驱动等场合。理论上分降压、升压、升降压、降升压等四种类型，实质上可以对降压型 DC-

DC 变换器通过对偶实现升压型 DC-DC 变换器的设计，通过对降压型和升压型 DC-DC 变换器进行串联和化简，则可得到升降型和降升型 DC-DC 变换器。可见对初学者来说，降压型 DC-DC 变换器是最基础也是最重要的 DC-DC 变换器，掌握了降压型 DC-DC 变换器的设计原理和拓扑计算，则其他几种的设计原理和拓扑结构就迎刃而解了。这是教学的重点也是难点，降压型 DC-DC 变换器学习效果的好坏，直接影响整章内容的学习效果，则学习重点就出来了。

(2) 教学设计思路

针对课程评价反映出的问题，首先需要解决如何调动学生的学习积极性问题，让学生喜欢学习内容；其次是解决学生参与度不高的问题，让学生参与到教学中来；第三是解决知识应用的问题，将能力培养与知识传授结合起来。按照这一原则，对章节内容进行重构。由于 DC-DC 变换器分降压、升压、升降压、降升压四种类型，课程的安排是先对四种类型变换器的基本结构进行讲解，再对结构特性进行分析和计算。考虑到每种类型变换器的拓扑结构又分几种，学生往往会混淆，进而失去学习兴趣，所以在设计时我们的总体思路是按照 DC-DC 变换器的种类进行教学设计，将拓扑结构和性能分析与计算连贯教学，这样不但会让学生建立起 DC-DC 变换器的完整概念，学生还会在前一个变换器的知识基础上，主动分析和设计后续的变换器。同时希望结合当下市场的流行产品设计，让学生觉得学习的知识有用，从而激发学生的学习积极性。

(3) 教学实施策略

教师通过引入学生都熟知的车载手机充电器，让学生了解知识在现实环境中具有广泛和重要的应用价值，纠正学生对专业基础课知识的认识，提高学习兴趣。

教学采取电路元器件搭建的方法，逐步构建降压型 DC-DC 变换器的电路结构，让学生掌握和理解转化思维，将问题通过逐步转化，一步步实现最终目标，培养学生的逻辑思维能力和产品设计能力。具体的转化思维设计如下：

通过在电路设计中加入开关管，实现了平均电压降低的目标，但电流不连续，是脉动的，问题就转化为解决电路电流的脉动问题。

通过在电路中加入输出滤波元件，如电容，克服了电流的脉动问题，实现了电流的连续，但是带来了电流应力增加，极大的瞬时短路电流会将开关管烧坏。问题就转化为克服瞬时电流过大的问题。

通过在电路中加入适当的缓冲元件，如缓冲电感，克服了电流的突变，但是引入的缓冲电感在开关管关断时会出现电流的突变。问题就转化为解决电流突变问题，即减少电压效应。

通过在电路中加入续流二极管，可克服电压效应，解决电流突变问题。

至此，具有降压型电压变换器的设计思路就结束了，相应的电路图也就设计出来了。

在实现降压型 DC-DC 变换器的电路设计过程中，因为是不断引入元器件，在解决主要问题的同时也带来后续问题。在分析这些问题的过程中，教师与学生的互动就有了。教师既可以讲解部分内容，也可以让学生思考和探讨部分内容，学生参与到整个教学中，而且像搭积木一样自己按照原理指导去设计，学习的效果和学习兴趣自然会提高。

为了加深学生对元器件在电路中会引起极端效应的理解，在教学设计过程中，教师做了三方面的工作：一是对引起的瞬时极端电压和电流进行计算模拟，让学生对这种极端效应加深理解；二是在教学中通过声音和课件的夸张演示，让学生对这种现象有直观的印象，激发学习兴趣并在今后的技术产品设计中避免出现错误；三是剖开一个车载充电器，让学生对其内部结构进行直观了解，说明产品设计与书本内容具有一致性，调动学生的学习积极性。

（4）教学设计内容

下面以本章第一节课 Buck 型 DC-DC 变换器的教案设计来进一步阐述教学设计思路，试图用 20 分钟时间，让学生掌握 Buck 型 DC-DC 变换器的实现原理和电路设计。

Buck 型 DC-DC 变换器是一种降压变换器，它将原来较高的直流电压降低到较低的直流电压。这种变换器又分两种拓扑结构，主要完成电压变换或电流变换功能。这两种拓扑结构的实现思想基本相同，都要经过斩波降压、滤波连续、缓冲限流、续流限压四个阶段，最终结构都是导致电压下降。

在内容设计上，总体设计思路是重点学习其中一种拓扑结构，学生自学另一种拓扑结构，有相关的视频公开课辅助学习，安排专门的答疑时间提供咨询和帮助，自学效果的评价方式是通过撰写小论文叙述其设计原理和参数计算，利用 MATLAB 程序进行仿真，增强运用计算机进行科学研究和设计的能力。对于重点学习的内容，定位为引导学生基于电力电子器件进行电力电子电路设计，学习将某一高直流电压转换为另一低直流电压的直流变换器即 BUCK 型 DC-DC 变换器。

在教学目的与要求上，从知识与技能、过程与方法和情感与价值观三个方面进行设计。

知识与技能：

① 掌握 BUCK 变换器的拓扑结构形式，以及电路的推导过程。

② 理解 BUCK 变换器的基本工作原理。

过程与方法：

① 通过采用启发探究、理论与实际相结合的方式使学生在积极活跃的思维过程中，从“懂”到“会”，再到“悟”。

② 培养学生逆向思维能力，增强学生的理解分析、归纳推理和独立实践能力。

情感与价值观：

① 激发学生的学习热情，增强学生的求知欲、能动性和创新性。

② 培养学生的辩证主义世界观，通过关注生活中的实例与理论的相辅相成，使学生意识到本门课程知识的实际应用价值。

教学思想则确定为：

贯彻“以教师为主导、以学生为主体”的教学理念，以任务为导向设置问题情景开展探究式教学，关注学生的认知过程，注重启发式引导，注重逆向思维的培养，从现象到本质，步步激发学生的热情，层层递推工程类理论知识与实际应用相互结合的过程。

教学策略与设计：

坚持理论联系实际，采用启发式教学方法，灵活运用多媒体进行电路构建逐级分解剖析展示，做到节奏适中，使学生的思维与上课的节奏相一致，引导学生掌握电路设计分析的方法。

教学流程如下：

创设情景，新课导入→引入重点，层层推进→回顾情景，理论验证，结合实际→总结内容→问题拓展，升华内容。

一是创设情景，新课导入。车载充电器的工作原理是从点烟器中获得 12V 电压，之后将其变换为手机电源所需的 5V 电压，这是一个典型的 BUCK 变换器的应用。同时提出一个疑问，为什么车载充电器实现降压功能不用高中物理就学过的变压器知识来进行设计？从耗能及电压不稳的角度进行阐释，解答学生的疑问。本阶段的设计意图是由实际例子引入，引发思考，激发兴趣。

二是引入重点，层层推进。如何利用学过的电力电子器件完成降压型 DC-DC 这一电能变换呢?

① 回顾学过的电力电子器件，了解哪些基本电力电子器件可用，如开关管、电感、电容和电阻。

② 为了降低输出电压，考虑在回路中串入开关管 T1。通过循环周期控制开关管导通与关断方式，获得的平均电压下降，但电压表征为脉动断续形式，波形与期望的连续电压波形不匹配，因而需要增加器件实现电压连续功能。

③ 为了降低输出电压的脉动，考虑增加储能元件，以保持开关断开时给负载提供能量，实现电压连续。储能元件有电感和电容，由于输出为电压，所以只能选择电容。但电容电流为电容容值与电压变化率乘积，在开关开通一瞬间会产生一个极大的冲击电流，损坏器件，因而还需要增加元件以限制电流。

④ 为了避免冲击电流的产生，增加具有限流功能的储能元件电感。电感电流为电压的积分，电流不会突变，因而在开关和电容之间串入一个电感，以限制电流。解决了冲击电流问题，但由于电感端电压为电感量与电流变化率乘积，开关开通后电感电流线性增加，在关断一瞬间会在电感两端感应一个极大的冲击电压，所以还需增加元器件。

⑤ 为避免冲击电压的产生，增加一个开关 T2 为电感在关断时提供通路。增加一个开关 T2 并接于开关 T1 和电感连接点，当 T1 开通时，T2 关断；当 T1 关断时，T2 开通。T1、T2 工作于互补状态，为了减少控制量，采用一个二极管代替 T2，无须控制自动实现互补工作。

⑥ 基于推导出的 BUCK 型 DC-DC 变换器电路拓扑，分析电路的基本工作原理。BUCK 电路在开关管关断时由电感和电容一

起向负载提供能量，根据电感上的能量能否支撑到下一个开关周期开通，分为电流连续和电流断续工作模式。电流连续工作模式存在两种工作状态，电流断续模式存在三种工作状态。

至此，就推导了 BUCK 型 DC-DC 变换器电路拓扑，实现了输出电压降压、电压连续且确保每个器件安全工作，分析了 BUCK 电路的基本工作原理。

本阶段的设计意图是通过层层推进的方式，引导学生进行 BUCK 变换器电路拓扑的推演、波形分析和工作原理理解，掌握电路拓扑推演的原则、过程和方法。

三是回顾情景，理论验证，结合实际。再次回归到课程开始的情景实例，基于理论分析和推导的 BUCK 型 DC-DC 变换器电路拓扑，采用 Matlab/Simulink 仿真软件，搭建开始给出的 12V 输入 5V 输出的车载充电器实例的仿真模型，给出模型的电路图以及仿真结果的图。然后给出车载充电器被拆卸的实物图，找到与 BUCK 电路一一对应的元件，如开关管、电容、电感、二极管等，理论电路与实际车载充电器相吻合。本阶段的设计意图是增加学生的感官认识，对实际应用培养浓厚的兴趣。

四是总结内容。回顾本次课的主要内容，对所学新内容进行总结。总结各个元件在电路中的作用、专业术语、不同功能元件放置位置的规律。

① 从降压、波形整定、器件保护方面，总结 BUCK 电路拓扑的推演，介绍滤波元件、缓冲元件由来以及在电路中所处位置。

② 总结 BUCK 电路工作基本原理，存在的两种工作模式以及如何判断连续断续模式。

本阶段的设计意图是回顾本节课学习的主要新内容，总结电路拓扑推演的基本过程及方法，让学生掌握推演新电路拓扑的基本方法。

五是问题拓展，升华内容。引导学生对本次课所学新知识的思考：

① 开关管的导通时间该如何控制？

② 输出电压波动与哪些因素有关？

③ 电容和电感参数该如何计算？

评价方式：一是在课堂教学互动中，教师通过学生对元器件的选择、引起的问题分析等的参与和互动，了解学生的知识掌握和运用能力；二是课后练习，具体题目是“试分析理想的 Buck 型 DC-DC 变换器在电感电流连续和断续情况下，稳态电压增益与什么因素有关”；三是产品调研，通过搜寻电商网站，寻找使用 Buck 型 DC-DC 变换器设计原理的电子产品，分析其设计原理。

本阶段的设计意图是引导学生对 BUCK 电路具体开关管控制、元件参数设计以及相互影响的思考，为后续的参数计算奠定基础，同时激发后续 BUCK 电路学习的兴趣。

（5）教学反思

将所学知识与实际问题相结合，不但能激发学生学习的兴趣，而且能使学生加深对所学知识的消化与吸收。教师通过和后续内容相结合，引导学生深刻认识现实生活中无处不在的电力电子技术，提高学生动手解决实际问题的能力。

6.6.5 循环改进情况

本堂课的教学设计采用了启发式、探究式、讨论式、参与式的教学方法，帮助学生学会学习。教学设计的学习目标完全对应课程目标 CO1 中所要求的“掌握常用的电力电子器件的特性和选取方法；掌握电力电子技术中 DC/DC、DC/AC、AC/DC、AC/AC 四种功率变换拓扑结构、分析方法和参数计算”内容；部分对应培养目标 LO4“掌握本专业所必需的设计、实施、实验、测试、运算、分析等技能，具有运用计算机进行科学研究和设计的能力”内容；部分对应 LO5 “具有综合运用电气工程基础理论和技术手段，分析并解决电气工程领域的产品设计、生产制造、系统运行等工程技术问题的能力”内容，符合能力导向一体化教学体系的设计要求。

教学设计中通过引入学生熟悉的科技产品来创设学习氛围，吸引学生对教学内容的学习兴趣；通过逐步引入元器件进行问题转化，最终完成拓扑结构的设计；通过对边界问题的极端结果分析，强化学生的安全设计教育；通过计算机模拟仿真，培养学生的工具利用能力和信息仿真能力；通过对问题的探究和互动，学生参与感大大增强。这些教学方法对后续内容的教学设计也具有示范效应，在保持本章内容设计的基础上，将这些方法应用于后续章节的教学设计。

能力导向一体化教学体系倡导以学生为中心，以能力为导向，注重过程管理，强调持续改进。在教学实施过程中，教师通过目标的引导作用来开展教学设计，通过学生对自己的学习结果进行评价判断学习成效，教师则根据学生的自我评价进行教学的持续改进，对学生知识、能力和素质的培养发挥了重要作用。

（作者：赖纪东，于宝证）

参考文献

［1］吴翊．启发式教学再认识［J］．中国大学教学，2011（1）：67-68.

［2］孙金根，付丽君，吴东升．电力电子技术课程工程化教学模式探索和实践［J］．大学教育，2017（4）：37-39.

［3］张兴．电力电子技术［M］．北京：科学出版社，2010.

［4］赖纪东．《电子电力技术》教案．

6.7 基于能力本位的实践教学体系的构建与改进研究

国家实施创新驱动发展战略，迫切需要数以千万计的具有创新创业能力的人才。面对国际上“工业 4.0”和“中国制造 2025”，高等学校作为高层次人才培养的重要基地，如何培养和造就大众创业、万众创新的生力军？以及如何改革和优化现行的高等学校教育模式来适应未来我国产业升级和转型的需求？这是摆在我国高校面前的机遇和挑战。

为了保障和提高人才培养的质量，深入贯彻落实国务院办公厅《关于深化高等学校创新创业教育改革的实施意见》（国办发〔2015〕36 号），学校党政合力、全员参与和系统思考，整合校内资源，与社会相关各界广泛合作、协同创新，按照能力导向一体化教学体系的内涵要求，逐步建立和形成“培养目标、过程管理和质量提升”三位一体的实践教学体系，将创新创业教育贯穿于人才培养的全过程。实践教学体系将能力本位教育思想贯穿于全过程，通过持续改进体系的构建不断提升学生的创新创业能力培养水平。下面以化学工程与工艺专业实践教学体系的构建为例，探讨有关实践教学体系的构建过程。

6.7.1 能力本位教育简介

能力本位教育（Competency Based Education，简称 CBE）作为一种教育思想和能力训练模式出现的时间很早，但被高等教育领域所接受则是最近这 20 年的事情。

（1）能力本位教育的发展过程

20 世纪 20 年代，美国在中等教育改革中为了强调教育与企业和商业的联系，出现了能力本位教育的思潮。第二次世界大战期间，美国为了让工人尽快掌握武器制造技术，在战后为了让复员军人尽快掌握劳动技能，需要对他们进行技能再培训，采取的措施就是按照能力本位教育的思想进行培训设计，能力本位教育在这一时期得到了大力推广。1968 年，美国联邦政府为了提升初等学校教师的教学能力，让美国的 10 所高校开发相应的课程模块，这些课程模块包含了学习者成为教师前需要达到的能力和要求，学习者只有通过课程模块的学习才能成为教师。模块化课程的出现和发展标志着能力本位教育的教育模式基本成型。20 世纪 70 年代，随着教育与企业、商业和其他专业团体合作的不断加强，能力本位教育成为美国职业教育的鲜明特色。70 年代后期，美国的能力本位教育开始在加拿大、英国和澳大利亚等英联邦国家得到推广；80 年代以后，欧洲大陆和亚洲的诸多国家，包含中国在内，在职业教育改革中，基本上接受了能力本位教育思想。

20 世纪 90 年代后期，在高等教育国际化、大众化以及经济全球化的大趋势下，培养学生应对复杂的社会变革能力、让学生具备多种社会生存技能成为高等学校亟待解决的一个难题，传统的以学科本位为主导的教学模式一时饱受指责。在探寻解决之道的过程中，能力本位教育作为与传统的学科本位教育相对应的一个概念，被引入高等教育领域。传统的学科本位教育重视学科知识的传授，重视学科知识学习的系统化，目的是培养本学科领域的学者或研究者，奉行的是一种精英教育理念。能力本位教育则主要是关注职业能力或素养的教育与训练，目的是培养产业或特定职业所需要的人才，是大众化教育下的必然产物。

在高等教育语境下，能力本位主要有两个层面的含义：一是指能够按照一定的标准完成某一职业中关键的职业任务，所谓关键的职业任务通常是指某一职业中最具典型的工作任务，一般包括 20 至 30 个典型任务；二是指选择和运用知识、技能、态度以及它们的组合，去完成特定环境下某一任务的能力，这方面的能力通常被定义为关键能力。高等教育更加关注第二个层面，即关键能力的培养。

自 2001 年开始，世界经济合作与发展组织连续三年在报告中都强调对学生关键能力的培养，强调学生应该具备人生成功和形成社会良好秩序的关键能力。2005 年，世界经济合作与发展组织又特别明确了知识社会所需要的三种关键能力：一是对社会、文化、技术资源的交互运用能力；二是在异质社群中进行人际互动的能力；三是自立自主行动的能力。2003 年，联合国教科文组织提出要重视对学生终身学习能力的培养，学校要教会学生学会求知、学会做事、学会共处、学会发展和学会改变这五种终身学习的关键能力。这些社会组织和机构对人才培养的要求和研究，为高校能力本位教育的改革和深化起到了很大的推动作用。通识教育的理念就是高校应对社会要求的一种人才培养制度改革的尝试，并且越来越成为高校人才培养制度改革的共识，其理论基础就包含能力本位教育思想。对于四年制大学，通常前两年基于通识教育规划培养方案，提供与学生将来职业不直接对应的自由教育，目的在于全人培养；在此基础上，后面两年进行专业教育。自 1999 年我国高校扩招以后，各种通识教育模式的改革一直方兴未艾。

能力本位教育在高等教育领域的另一项具有显示度的改革成果，就是促进了工程教育专业认证思想的出现。2016 年 6 月，我国加入《华盛顿协议》，成为该协议第 18 个正式成员国，这标志着我国在构建具有国际实质等效的工程教育上取得了实质性突破。工程教育专业认证强调成果导向，能力本位教育是成果导向的重要理论之一。我校是参与国家工程教育专业认证较早的高校，目前已经有 13 个专业通过认证，在组织和实施工程教育专业认证过程中，我们对能力本位教育有深刻的感受，这种思想也深刻地影响了学校层面的人才培养模式改革。我们现在推行的能力导向一体化教学建设方案，就深受能力本位教育思想的影响。

能力本位教育的核心是从能力需求出发，确定能力目标，根据能力目标制定培养目标，根据培养目标，制定课程目标，确定教学内容，最后考核是否达到了相关要求，其核心是培养学生拥有今后从事职业工作所必需的技能和态度。整个过程围绕着能力来构建，教育体系的主体是学生，即强调学生在学习过程中的主导地位，考查的重点是学生能力的达成情况。能力本位教育在整个实施过程中特别强调管理，但在具体的教育形式上鼓励灵活多样的教育形式，鼓励教师关注学生个体的差别，倡导因材施教。能力本位教育特别强调学生的自我学习和自我评价，它是以标准参照评量为评价工具考查学生能力的水平，一起学习的某个学生群体，根据标准参照评量，可能都合格，也可能都不合格。能力标准只有转化为课程目标才能具体落实，能力本位教育的课程设计、学习过程、教学规律、教材结构具有自己独特的规律和特色。

（2）能力本位教育的课程理论

课程理论主要是解决教什么的问题，主要包括课程目标、课程内容、课程组织和课程评价四个部分。在这四个部分中，制定能力本位教育的课程目标，确定课程目标的形式取向是前提。美国课程论专家舒伯特（W. H. Schubert）将课程目标的形式取向分成四大类。分别是普遍性目标、行为性目标、生成性目标和表现性目标。

① 普遍性目标。普遍性目标是指根据人才培养的一般规律或社会政治经济发展的需要而制定的教育宗旨或一般原则。普遍性目标尽管对所有学科都具有指导价值，但其含义往往比较模糊，很难有清楚的边界，含有较大的随意性成分。例如，“所有课程都要发挥立德树人的教育能力”就是一个普遍性教学目标，

其对所有课程都有指导意义，所有教师也都会赞成这一教学目标，但在具体落实和评价过程中往往会因缺少清楚的要求和明确的评价标准而让教师感到困惑。

② 行为性目标。行为性目标以具体化的行为和具有可操作性的步骤对课程目标进行陈述，同时它还要对课程结束后学生行为的变化进行清晰描述，以便评价是否达到了课程目标。行为性目标具有精确、具体和可操作性的性质。行为性目标特别适合于以基础知识、基本技能的掌握为目标的课程在制定课程目标时借鉴。例如，“利用所学的电路设计知识，能组装一个简单的信号收发系统”就是一个行为性目标，它要求学生学完课程后能够掌握电路设计的基本知识，一个学生若能组装出一个信号收发系统，则就表明其掌握了课程要求的目标。

③ 生成性目标。生成性目标是指不预先设定课程目标，强调教育的过程，让学生在教育过程中随着情景的展开和问题的解决而不断成长。生成性目标是根据人的经验生长的内在要求，创设教育过程，课程目标是教育过程后的经验的结果，目的是促进学生全人成长。例如，很多学校的第二课堂有诵读经典等模块，就是按照生成性目标的取向来安排的，学校希望经过这一模块的学习，让学生的心智得到全面发展。

④ 表现性目标。表现性目标关注学生在具体的教育情景中的个性化表现，追求的是学生对课程学习后的多元性而不是同质性。个性化和开放性是表现性目标的重要特征，学生在学习中表现出来的首创性反应形式是表现性目标的追求目标。例如，学习某个有机化学反应后，学生对各化学物质剂量的增减对反应结果的影响往往会产生不同的认识，每个人都会根据一些理论来阐述自己的结果预测，这就是一个表现性目标。

能力本位教育的课程目标在职业教育中表现出非常明显的行为性目标的形式取向，其模块化能力培训的思想特别适合行为性目标的构建。在高等教育视域下的能力本位教育，要解决的问题是让学生具备人生成功和形成社会良好秩序的关键能力，为了实现关键能力的培养，这四种课程模式都不能完整切合课程目标制定的形式取向。我们既需要行为性目标的形式取向，把学生的能力培养界定清楚，以便于效果评估，也需要表现性目标的形式取向，培养学生的创造性，关注学生的个性化发展。一个可行的方法是把行为性目标取向和表现性目标取向进行有机结合，以行为性目标取向来陈述课程目标，以表现性目标作为陈述的内容，这在工程教育专业认证的通用能力目标的制定中表现得非常明显。

（3）能力本位教育的学习理论

学习理论主要是解决学生怎么学的问题。能力本位教育的学习理论就是要从能力本位的视角探讨学习的本质、动机和过程是什么。学习的本质因视角不同有多种解释和论述。《结构化与定向化教学心理学原理》把学习定义为个体对主客体相互作用的一种适应活动，是在反映客观现实的基础上，对主体内部调节行为的一种心理结构的构建过程。所谓心理结构是指由功能上相互联系的心理因素所构成的一个统一体，主要包括认知经验结构、情感经验结构和动作经验机构三种类型。从心理结构构建的角度来定义学习，可以把能力本位教育中倡导的素质教育与心理结构建立起内在联系。同时，在心理结构中单独列出动作经验结构，也更适合于能力本位教育的特点。从这个角度来看，能力本位教育学习观的本质就是学生心理结构的构建。能力本位教育的学习理论，从学的视角看，就是要积极调动起学生的学习动机；从教的视角看，就是积极创设有意义的学习环境。

美国心理学家奥苏伯尔（D. P. Ausubel）认为，学习动机主要由内驱力组成，与之相关的内驱力主要包含认知内驱力、自我提高内驱力和附属内驱力三种。

① 认知内驱力。认知内驱力是学习者对知识发自内心的一

种主动学习需要，通常指学生具有渴望认知、理解、掌握知识的倾向，以及具有陈述和解决问题的倾向。根据心理学家奥苏伯尔的研究，每个学生都会有好奇心，都具有探究、操作、理解和应付环境的心理倾向。但这些心理倾向仅仅是一些潜在的动机因素，既无具体的内容指向，也无任何方向指向。要将这些心理倾向变为实际的动机因素，有两种途径：一是要让学生具有成功学习的经验，让学生对未来的学习结果有满意的预期，并且在学习的过程中有成就感；二是来自家庭和社会中有关人士的影响，他们对学习的认识、态度对学习者的影响巨大。

② 自我提高内驱力。所谓自我提高内驱力，是指通过自身努力来胜任工作要求、取得理想的成绩，进而赢得一定社会地位的需要。“有目标才有动力”就是自我提高内驱力的一种表现。自我提高内驱力把获得社会地位作为明确的行动指向，在赢得一定的社会地位中获得满足感。在符合社会伦理和道德规范的前提下，追求社会地位的成功往往与成就的获得和能力的提升具有正相关性。对于学生来说，自我提高内驱力是成就动机的重要部分，它可以使学生把将来的职业追求和努力学习的过程关联起来，这是激发学生努力学习的重要动力来源。基于自我提高内驱力的学习动机一旦被激发起来，就会长久地保持，这也是激发学生学习动机的一种常用方法。

③ 附属内驱力。所谓附属内驱力，是指为了获得长者或者权威们的赞许或认可而表现出来的一种把学习和工作努力做好的需要。俗语经常说“死要面子活受罪”，往往就是附属内驱力的一种典型表现。在这种情况下，学习者努力学习或工作的动机不是为了得到更多的利益和好处，而是为了保持一种被别人认可而自己也感到愉悦的荣誉或状态。为了保持这种荣誉或状态，有时甚至愿意付出额外的财富和心力，在这个过程中，学生的学习态度自然就会被主动激发，学习能力自然会不断提升。对学生来

说，有时老师的一个赞美和一句积极的评价往往就会激发他长久的学习投入度，这就是附属内驱力的作用。教师要善于使用附属内驱力来调动和保持学生的学习积极性。

这三种内驱力都是人的一种自我发展需要，但还需要必要的有意引导和环境激发才能产生积极学习的动机。引导和激发学生的学习动机，要从两个方面入手：一个是学习活动和学习任务的特点，另一个是学习的目标结构。

学习活动和学习任务的特点。研究表明，中等程度的学习任务对个体学习态度的激发最为重要，过易或过难的学习任务都无助于学习动机的产生。所谓中等难度就是问题自身包含必要的逻辑性，学生需要经过一定的推理过程才能将问题解决。将一个过难的学习目标分解成一系列中等难度的学习小目标，将有助于学生学习动机的产生，这也符合“小的成功能促进更大成功”的学习规律。学习任务越有趣，越容易激发学习动机，也越容易达到学习效果，兴趣对个体注意力的影响非常大。当学生对某一问题有兴趣时，他就会不自觉地对外界的其他信息或刺激产生屏蔽，“兴趣是最好的老师”说的就是这个道理。学习任务越贴近学生的体验或经历，就越容易激发学生的学习兴趣。教师若能让学生主动参与问题的讨论、辩论、探究，则往往能有效调动学生主动学习的积极性。

学习的目标结构。学习动机与学习目标结构的清晰程度有很大关系。美国心理学家奈特和瑞莫斯通过实验发现，学习目标对学生越清楚明了，学生的学习动机就越强烈。当学生觉得学习目标模糊时，他搞不清楚自己要干什么，学习动机自然就会处在较低水平，学习兴趣很难被调动起来。在传统的学科本位的知识体系下，教什么、怎么教尽管对教师来说比较清楚，但怎么学、为什么要学对学生来说就比较模糊，学习动机很难被激发，学习兴趣也很难被调动。能力本位教育的知识体系下，因为是按照学生的能力培养来确定学习目标、组织学习过程，学习目标对学生来说则容易被接受，特别是能力培养强调学生自己对自己的评价，自己跟自己比较，反馈更加有针对性也更加及时，学习动机的激发和学习兴趣的培养与保持自然就相对容易一些。

学习的分类通常有两种方法：根据学生的学习方式来分，学习可分成接受学习和发现学习；根据学习的内容来分，学习可分为机械学习和有意义的学习。能力本位教育倡导接受学习和有意义的学习。

接受学习是指对别人发现的经验通过消化和吸收转化为自己经验的学习过程。接受学习有高低之分，死记硬背、一知半解的经验学习属于低级的接受学习；举一反三、触类旁通的经验学习属于高级的接受学习。能力本位教育的接受学习主要是指高级的接受学习。

发现学习是学习者在没有教师讲解和帮助的情况下，完全依靠自己的力量获得知识、解决问题的一种学习方式。自学就是发现学习的一种形式。

机械学习是指学习者并不理解或不需要理解符号所代表的知识含义，只是靠记忆进行材料学习，所谓的死记硬背、照葫芦画瓢就是一种机械学习。

有意义的学习是指符号所代表的新知识与学习者认知结构中已有的适当观念建立非人为的和实质性的联系。对有意义的学习的通俗理解就是：新知识本身具有一定的逻辑结构性，新知识是在学生掌握的原有知识的基础上来学习的，学生能意识到新知识对自身的发展意义，学生在学习中态度是积极的、心情是愉悦的。有意义的学习必须满足四个条件：首先是新的学习材料本身是具有逻辑意义的，学习需要一定的相关知识做基础；其次是学生的头脑中具有同化新学习材料的旧知识，以便与新知识进行联系；第三是学生具有对新材料进行有意义学习的意向，具有积极地将新旧知识进行关联的倾向；第四是学习材料对学生是有潜在意义的，学生也愿意积极地让新旧知识发生相互作用。

为了促进有意义的学习和认知结构的发展，在教材内容的编排上要坚持两个原则，即逐渐分化原则和综合贯通原则。

逐渐分化原则的含义是指教学内容在安排上要遵循从一般到特殊的原则，先讲授一般性的、包摄性强的观点，让学生有一个整体性或概念性的理解，再讲授根据具体细节逐渐分化出来的许多特殊个体，让学生在个体的深入学习中把握问题的原理和实质。逐渐分化原则符合人类学习知识的自然顺序，也符合人类认知结构中对知识的表征、组织和贮存方式，是一种有效的教学实施策略。

综合贯通原则的含义是指教学内容在横向组织上要考虑学生认知结构中现有观念的异同。学生接受的知识之间可能有矛盾和冲突，这些矛盾和冲突可能来自学生自身的错误理解，可能来自不同的知识源之间的错误阐述，也有可能来自复杂问题的不同视角描述。综合贯通原则的作用是使学生能明辨各平行观念之间的关系，消除相互之间的矛盾和混淆，让知识更加清晰和巩固。

逐渐分化原则和综合贯通原则，既是有意义学习的教学设计原理，也是教师进行教学安排的实施原则。在这两条原则的指导下，教师通过对教学内容的精心安排，就会促成学生有意义学习的实现，学生的认知结构在学习的过程中也会得到相应发展。

能力本位教育在发展过程中经历了行动主义导向的能力本位教育和构建主义导向的能力本位教育。构建主义导向的能力本位教育试图将传统的专业教育、职业教育和通识教育的部分内容融合在一起，培养集专业知识、专业技能、职业技能和创新技能于一体的复合型人才，这也是我们构建能力导向的一体化教学体系的初衷之一。系统的能力本位教育的实施理论至少包括课程理论、学习理论、教学理论和教材理论四个部分，我们在这里仅就能力本位教育的课程理论的目标形式取向和学习理论的学习动机激发做一个简要介绍，目的是让教师意识到能力导向的人才培养特点和培养方法，共同推动学校的能力导向一体化教学改革不断深入发展。

6.7.2 实践教学体系的构建

实践教学是能力导向一体化教学体系的重要组成部分，在学生的创新创业教育中具有重要地位，按照能力本位的有关理论和能力导向一体化教学体系的要求，以化学工程与工艺专业为例，探讨实践教学体系的构建与循环改进过程。

能力导向一体化教学体系强调学生能力培养的导向作用。按照学生的发展要求，根据专业人才培养目的制定可检测、可评价的专业人才培养目标是前提，根据专业人才培养目标构建课程培养体系，形成课程地图和课程关系图是基础，教师针对课程在课程体系中的地位和作用凝练课程目标是关键，课程目标要与专业人才培养目标形成直接的对应和支撑关系，通过多样化评价手段的运用加强教学过程管理是核心，通过过程管理实现创新创业能力的培养与生成，根据过程评价结果、遵循持续改进理念改进薄弱环节、固化成功环节，让人才培养体系不断得到完善是保障，从而赋予能力导向一体化教学体系和谐、持久、健康的发展生命力。

(1) 实践教学体系的设计

能力导向一体化教学体系注重学生在校学习的整个周期内的能力培养，并提出各专业根据专业人才培养特点构建四个平台，如图 6－8 所示。

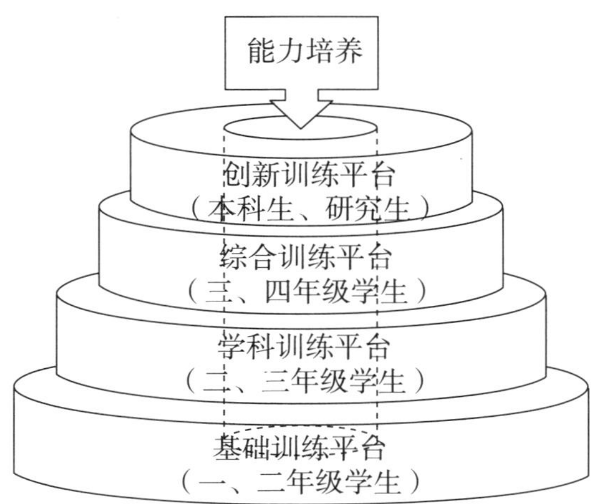

图 6-8　能力导向实践教学平台

按照能力提升的训练要求，针对不同年级学生特点和知识储备基础，要采取不同的训练平台加强能力培养。一、二年级学生主要通过基础训练平台开展能力培养，二、三年级学生要通过学科训练平台开展能力培养，三、四年级学生要通过综合训练平台加强能力培养。在这些平台之上，还要构建创新训练平台，培养学生的创新思维能力，加强学生的创业教育。

长期以来，化学工程与工艺专业一直高度重视实践教学在人才培养和教学工作中的重要作用，以学生工程实践能力和创新能力培养为核心，按照能力导向一体化教学体系的指导思想，在总结以往实践教学经验的基础上，明确提出了层次推进的实践教学体系设计思路，不断加强课程教学和实践教学的相互协调和融合，在不同学习阶段分层次开展了各种形式的实践性教学活动，逐步形成了“从理论到实践、从验证到创新、从设计到工程”，全方位培养与提高学生的综合素质、工程实践能力和创新能力的“四年不断线、循序渐进”的三层次实践教学体系（图 6-9）。

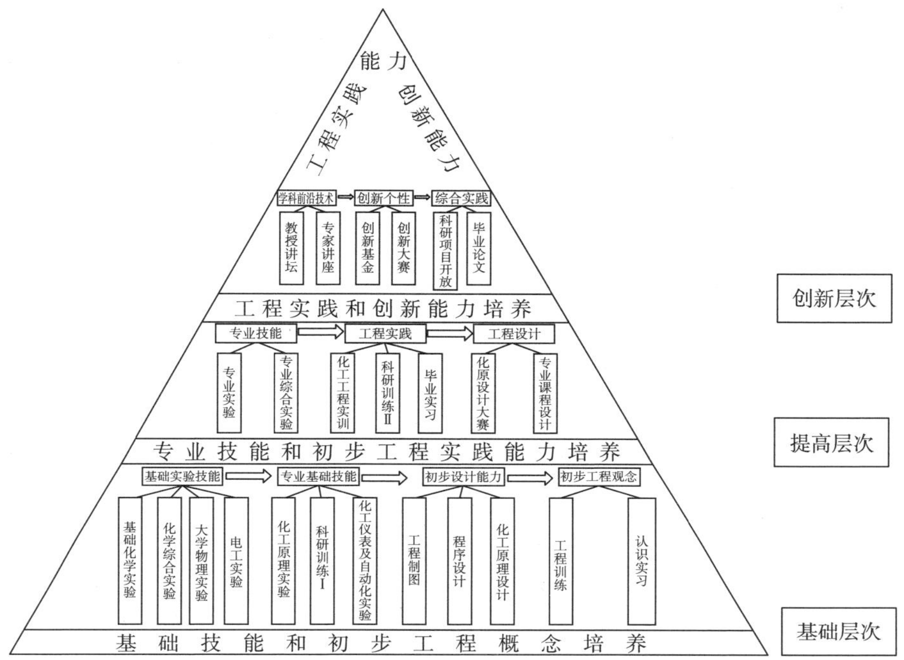

图 6－9　循序渐进的“三层次”实践教学体系

实践教学体系包含基础层次、提高层次和创新层次三个部分。

① 基础层次。主要侧重于基本实验方法、操作技能和初步工程概念培养，通过基础化学、基础化工课程实验和综合（或设计）实验，验证和深化理解课程讲授的重要基本理论，掌握基本实验操作技能、初步的实验设计能力，以及严谨、规范的实验习惯；通过工程训练、认识实习、化工原理课程设计等帮助学生建立专业与工程的概念；通过创新教育培育创新意识。

② 提高层次。主要侧重于专业技能和初步工程实践能力的培养，通过化工原理设计大赛、专业课程和综合（设计）实验、化工工程实训、专业课程设计、毕业实习、课外科技活动等系列实践教学环节，着力培养学生综合运用知识能力、初步的创新和工程能力，以及组织能力、团队意识等。

③ 创新层次。致力于学生工程实践能力和创新能力，主要

是通过毕业设计（论文）、创新基金、创新大赛等系列创新实践活动，加强学生工程实践能力、创新能力和创业意识的培养，使毕业生获得从事本专业领域工程设计和科学研究的初步能力。

（2）实践教学课程地图

按照专业培养目标设定的能力培养要求，组织相关的培养环节，将课程的教学目标与专业培养目标有机统一起来，形成课程地图（表6－14）。

表6－14　化学工程与工艺专业实践教学体系课程地图

	LO 01	LO 02	LO 03	LO 04	LO 05	LO 06	LO 07	LO 08	LO 09	LO 10	LO 11	LO 12
入学教育							◎	◎	◎			◎
军事训练								◎	◎			◎
公益活动									◎			◎
就业指导												◎
创新创业教育		◎		◎	◎					◎		
工程训练 C									◎			◎
基础化学实验	◎			◎								
大学物理实验	◎								◎			
分析化学综合实验		◎		◎								
有机化学综合实验		◎		◎								
化工原理实验		◎		◎					◎			
认识实习						◎	◎	◎	◎	◎		
生产实习						◎	◎	◎	◎	◎		
化工实习实训 A		◎		◎					◎	◎		
化工原理课程设计 A		◎	◎		◎					◎	◎	

（续表）

	LO 01	LO 02	LO 03	LO 04	LO 05	LO 06	LO 07	LO 08	LO 09	LO 10	LO 11	LO 12
化工综合创新实验		◎		◎	◎				◎	◎		◎
化学工程与工艺专业实验		◎		◎	◎				◎			
毕业实习						◎	◎	◎	◎	◎		
化工过程模拟			◎		◎							
化工工艺专业课程设计		◎	◎		◎	◎	◎			◎	◎	
毕业设计		◎	◎		◎	◎	◎			◎	◎	
毕业论文		◎		◎	◎	◎	◎			◎	◎	

备注：LO01：工程知识；LO02：问题分析；LO03：设计开发解决方案；LO04：研究；LO05：使用现代工具；LO06：工程与社会；LO07：环境与可持续发展；LO08：职业规范；LO09：个人和团队；LO10：沟通；LO11：项目管理；LO12：终身学习。

从课程地图不难看出，专业培养目标所确定的各项实践能力都有相关的课程与之对应，只要各课程能够按照对应的课程教学目标开展教学，则对专业培养目标的能力培养就有相应的贡献度。

（3）实践教学课程关系图

各课程之间按照知识的前后联系和学生的认知水平，形成课程关系图。在课程关系图中，前置课程除了承担学生相关能力的培养任务外，还要为后续课程的开设提供知识支撑和能力支持，课程的教学设计既要考虑前置课程的教学效果，又要考虑后续课程的课程目标，在此基础上制定本课程的课程目标并根据课程目标设计教学过程。学生修习某门课程后，不仅某种能力得到了直接培养，还为后续课程的学习奠定了坚实的基础。化学工程与工艺专业实践教学课程关系图如图 6－10。

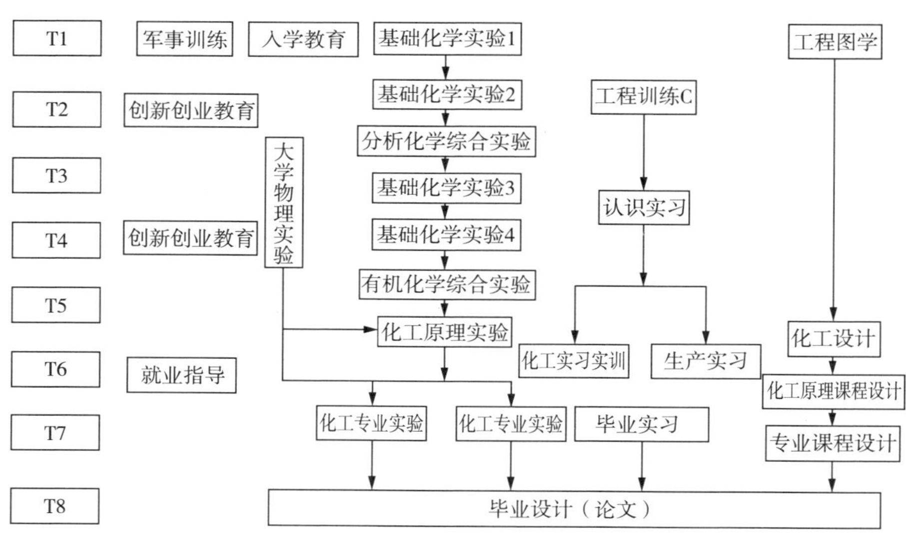

图 6－10　化学工程与工艺专业实践教学课程关系图

（4）课程目标的制定

按照专业培养目标制定课程目标，课程目标除了要对专业培养目标形成支撑以外，还要坚持可检测、可评价的原则，并在此基础上，进行教学内容设计，根据教学内容多角度评价学生的学习效果，检测目标的达成度。以化工原理课程设计和化学工程与工艺专业毕业设计两门实践教学课程为例，探讨课程目标的制定过程。

课程目标的制定过程为：根据人才培养目标确定教学目标，根据教学目标设计内容达成途径，根据达成途径设计评价依据，根据评价依据形成评价方式。不同的教学目标对应着不同的达成途径和评价依据，进而形成不同的评价方式。教学过程随着达成途径的设计得以完善，学生的能力培养则在评价依据和评价方式的多样化中得以实现。表 6－15 是化工原理课程设计的课程目标内容。

表 6－15　化工原理课程设计的课程目标

<table>
<tr><th>专业培养目标指标点</th><th>课程教学目标、达成途径和评价依据等</th></tr>
<tr><td rowspan="4">2 问题分析

2-4 能运用化工基本原理，分析化工过程的影响因素，评价技术方案的合理性</td><td>教学目标：能够应用数学、化工的基本原理，通过查阅文献研究分析复杂化学工程问题，以获得有效结论</td></tr>
<tr><td>达成途径：让学生完成以某一单元操作为主的设计实践</td></tr>
<tr><td>评价依据：总成绩</td></tr>
<tr><td>评价方式：根据学生的出勤率、设计作品的质量、图纸规范程度、答辩情况等给出最终成绩</td></tr>
<tr><td rowspan="4">3 设计/开发解决方案

3-2 能针对特定需求的系统、单元（部件）或工艺流程，通过建模对单元和设备等进行设计计算</td><td>教学目标：具备工程观点、经济观点、定量计算和工程设计（研究）能力</td></tr>
<tr><td>达成途径：让学生完成以某一单元操作为主的设计实践</td></tr>
<tr><td>评价依据：总成绩</td></tr>
<tr><td>评价方式：根据学生的出勤率、设计作品的质量、图纸规范程度、答辩情况等给出最终成绩</td></tr>
<tr><td rowspan="4">3 设计/开发解决方案

3-4 能够用图表、设计说明书等形式呈现设计结果</td><td>教学目标：具备设计说明书撰写能力和图标绘制能力</td></tr>
<tr><td>达成途径：让学生完成以某一单元操作为主的设计实践</td></tr>
<tr><td>评价依据：总成绩</td></tr>
<tr><td>评价方式：根据学生的出勤率、设计作品的质量、图纸规范程度、答辩情况等给出最终成绩</td></tr>
</table>

（续表）

专业培养目标指标点	课程教学目标、达成途径和评价依据等
5 使用现代工具 5-2 能够使用模拟软件等现代工程工具，对化工过程进行预测与模拟	教学目标：能够选用恰当的技术、资源以及软件工具对复杂化学工程问题进行预测与模拟
	达成途径：让学生完成以某一单元操作为主的设计实践
	评价依据：总成绩
	评价方式：根据学生的出勤率、设计作品的质量、图纸规范程度、答辩情况等给出最终成绩
10 沟通 10-1 具有撰写报告和设计文稿、陈述发言、清晰表达或回应指令能力，能就化工过程复杂工程问题与业界同行及社会公众进行有效沟通与交流	教学目标：培养学生的国际视野，能够在跨文化背景下进行沟通和交流
	达成途径：让学生完成以某一单元操作为主的设计实践
	评价依据：总成绩
	评价方式：根据学生的出勤率、设计作品的质量、图纸规范程度、答辩情况等给出最终成绩
11 项目管理 11-2 能在化学工程问题分析中运用工程管理原理与经济决策方法	教学目标：理解、掌握、运用工程管理原理和经济决策方法，培养工程应用型人才
	达成途径：让学生完成以某一单元操作为主的设计实践
	评价依据：总成绩
	评价方式：根据学生的出勤率、设计作品的质量、图纸规范程度、答辩情况等给出最终成绩

再以毕业论文的课程目标内容（表 6－16）为例，探讨课程目标的实现过程。教学目标与专业培养目标是一一对应的关系，根据教学目标设计达成途径和评价依据，根据评价依据形成对应

的评价方式，而评价方式的多样化促进教学过程的合理化。

表 6－16　毕业论文的课程目标

专业培养目标指标点	教学目标、达成途径和评价依据等
2 问题分析 2-4 能运用化工基本原理，分析化工过程的影响因素，评价技术方案的合理性	教学目标：培养学生运用大学期间学习的知识分析给出的毕业论文（设计）题目的影响因素，并评价技术方案的合理性
	达成途径：学生利用文献查询、计算等方式分析问题，教师与学生讨论，学生在报告中撰写相关的分析与评价
	评价依据：毕业论文（设计说明书），毕业答辩
	评价方式：根据毕业答辩和毕业论文中学生的问答与报告中的相关内容，给出最终评价
3 设计/开发解决方案 3-3 能够集成单元过程进行工艺流程设计，对流程设计进一步优化，体现创新意识	教学目标：培养学生能够根据教师课题对技术方案进行优化，并在文献调研和实验基础上提出新想法
	达成途径：学生利用文献查询、计算等方式分析问题，教师与学生讨论，学生在报告中撰写相关的分析与评价
	评价依据：毕业论文（设计说明书），毕业答辩
	评价方式：根据毕业答辩和毕业论文中学生的问答与报告中的相关内容，给出最终评价
3 设计/开发解决方案 3-4 能够用图表、设计说明书等形式呈现设计结果	教学目标：培养学生能够依据设计要求进行计算后撰写设计说明书，并以此绘图呈现设计结果
	达成途径：学生撰写说明书，进行设备、工艺绘图，教师定期检查并与学生讨论
	评价依据：毕业设计说明书，毕业答辩
	评价方式：根据毕业答辩和毕业设计中学生的报告中的相关内容，给出最终评价

（续表）

专业培养目标指标点	教学目标、达成途径和评价依据等
4 研究 4-4 能对实验结果进行分析和解释，并与理论模型进行比较	教学目标：培养学生能够对实验的结果进行分析和解释，并与理论模型相比较
	达成途径：学生在实验后对实验结果进行分析，教师定期检查并与学生讨论
	评价依据：毕业论文和毕业答辩
	评价方式：根据毕业答辩和毕业论文中学生的报告中的相关内容，给出最终评价
5 使用现代工具 5-3 能够根据现代工程工具和信息技术工具的局限性和适应范围，选择恰当的工具用于解决化工过程复杂问题	教学目标：培养学生能够掌握需要的现代工程工具和信息技术工具，并运用于解决毕业论文（设计）中的复杂工程问题
	达成途径：教师指导学生在毕业论文（设计）中学习使用各种实验仪器设备、分析测试仪器、信息查询工具、现代绘图工具等
	评价依据：毕业论文（设计说明书），毕业答辩
	评价方式：根据毕业答辩和毕业论文中学生的报告中的相关内容，给出最终评价
6 工程与社会 6-2 能合理分析、评价化工过程的工程实践和复杂化学工程问题解决方案对社会、健康、安全、法律以及文化的影响	教学目标：培养学生能够在毕业论文（设计）中合理分析、评价所采用的工程问题解决方案对社会、健康、安全、法律以及文化的影响
	达成途径：教师指导学生分析、评价所采用的工程问题解决方案对社会、健康、安全、法律以及文化的影响，学生查阅相关文献学习
	评价依据：毕业论文（设计说明书），毕业答辩
	评价方式：根据毕业答辩和毕业论文中学生的报告中的相关内容，给出最终评价

（续表）

专业培养目标指标点	教学目标、达成途径和评价依据等
6 工程与社会 6-3 能理解化学工程师应承担的社会、健康、安全、法律以及文化责任	教学目标：培养学生能够在毕业论文（设计）中理解化学工程师应承担的社会、健康、安全、法律及文化责任
	达成途径：教师指导、学生查阅相关文献学习
	评价依据：毕业论文（设计说明书），毕业答辩
	评价方式：根据毕业答辩和毕业论文中学生的报告中的相关内容，给出最终评价
7 环境和可持续发展 7-2 能够对复杂化学工程问题的专业工程实践对环境、社会可持续发展的影响进行评价	教学目标：培养学生能够在毕业论文（设计）中对复杂化学工程问题的专业工程实践对环境、社会可持续发展的影响进行评价
	达成途径：教师指导、学生查阅相关文献学习
	评价依据：毕业论文（设计说明书），毕业答辩
	评价方式：根据毕业答辩和毕业论文中学生的报告中的相关内容，给出最终评价
10 沟通 10-1 具有撰写报告和设计文稿、陈述发言、清晰表达或回应指令能力，能就化工过程复杂工程问题与业界同行及社会公众进行有效沟通和交流	教学目标：培养学生能够在毕业论文（设计）中撰写毕业论文、设计说明书、答辩用 PPT，并能够在此过程中与教师、同学进行交流，在答辩过程中能够清晰表达并正确回答问题
	达成途径：教师指导、学生根据实验计算结果撰写
	评价依据：毕业论文（设计说明书），毕业答辩
	评价方式：根据毕业答辩和毕业论文中学生的报告中的相关内容，给出最终评价

（续表）

专业培养目标指标点	教学目标、达成途径和评价依据等
10 沟通 10-3 了解化工领域及其相关行业的国内外发展现状、趋势和应用前景，能够跟踪化工专业国际前沿	教学目标：培养学生能够在毕业论文（设计）中了解相关领域的国内外发展现状、趋势和应用前景，能够跟踪化工专业国际前沿
	达成途径：教师指导、学生查阅文献
	评价依据：毕业论文（设计说明书），毕业答辩
	评价方式：根据毕业答辩和毕业论文中学生的报告中的相关内容，给出最终评价
11 项目管理 11-2 能在化学工程问题分析中运用工程管理原理与经济决策方法	教学目标：培养学生能够在毕业论文（设计）中运用技术经济评价方法分析所解决的化工问题
	达成途径：教师指导、学生进行查阅相关文献进行技术经济评价
	评价依据：毕业论文（设计说明书），毕业答辩
	评价方式：根据毕业答辩和毕业论文中学生的报告中的相关内容，给出最终评价

（5）注重体系的持续改进

课程结束后，学生将针对课程的学习情况填写表 6-17。学生不仅能对自己学习目标的达成情况进行自我评价，还可以对课程设计、教学过程、师生沟通、教学效果等进行评价，供教师参考并持续改进教学。

表 6－17　课程目标实现情况自我评测表（学生用）

课程名称：基础化学实验 1　教学班号：006　授课教师：×××

课程目标	掌握无机化学实验操作技能	掌握物质的分离方法	掌握物质的分析方法	掌握物质的鉴别方法	熟悉重要无机化合物的制备方法
自我评价	☐超过目标 ☑达到目标 ☐未达目标	☑超过目标 ☐达到目标 ☐未达目标	☑超过目标 ☐达到目标 ☐未达目标	☐超过目标 ☑达到目标 ☐未达目标	☐超过目标 ☑达到目标 ☐未达目标
课程评价	（1）教学内容与目标匹配	☑非常匹配　☐匹配　☐比较匹配　☐不匹配			
	（2）考核方式与内容契合	☐非常契合　☑契合　☐比较契合　☐不契合			
	（3）教学态度与教学要求	☐非常认真　☐认真　☑比较认真　☐不认真			
	（4）教学设计	☐能充分利用教材和其他学习资源设计教学方案，并做好充分的教学预设 ☑能充分利用教材设计教学方案，并做好教学预设 ☐基本理解教材，能确定教学目标 ☐课程资源选用不充分，教学设计不尽合理			
	（5）教学技术	☐能根据教学活动需要，科学、合理地利用现代教育技术手段 ☐能合理地利用现代教育技术手段 ☑能采用现代教学技术手段，但有时缺乏科学性和准确性 ☐采用简便的传统教学手段			

（续表）

<table>
<tr><td>课程目标</td><td>掌握无机化学实验操作技能</td><td>掌握物质的分离方法</td><td>掌握物质的分析方法</td><td>掌握物质的鉴别方法</td><td>熟悉重要无机化合物的制备方法</td></tr>
<tr><td rowspan="5">课程评价</td><td>（6）教学方法</td><td colspan="4">☑能根据教学活动需要，科学、合理地综合运用多种教学方法
□能合理地运用多种教学方法
□能运用不同的教学方法，但有时缺乏科学性和准确性
□采用单一的教学方法</td></tr>
<tr><td>（7）课堂调控</td><td colspan="4">□能根据教学设计组织教学活动，激发学生学习兴趣，创新教学活动，促进教学相长
□能根据教学设计组织教学活动，并对学生进行有效引导
☑能根据教学设计组织教学活动，保证教学活动正常有序进行
□按教学设计组织教学活动，但无法控制教学过程中出现的意外情况</td></tr>
<tr><td>（8）教学效果</td><td colspan="4">☑学生积极主动参与教学活动，掌握所学知识和技能，并形成积极的情感态度和价值观
□学生积极参与教学活动，较好地掌握所学知识和技能，并对其发展产生积极影响
□学生参与教学活动，基本掌握所学知识和技能
□学生不能通过教学活动掌握基本的知识和技能</td></tr>
<tr><td>（9）知识拓展与延伸</td><td colspan="4">□能根据学生对课堂内容的掌握情况，科学、合理地拓展与延伸专业知识，激发学生的学习兴趣和进一步钻研和探究学科知识的愿望
☑能根据学生对课堂内容的掌握情况，适当拓展与延伸专业知识，激发学生学习兴趣，并拓展学生的学习视野
□能根据学生对课堂内容的掌握情况，适当拓展与延伸专业知识，拓展学生的学习视野
□基本达成课堂教学目标，但没有拓展与延伸专业知识</td></tr>
<tr><td>（10）其他建议</td><td colspan="4"></td></tr>
</table>

教师在课程结束后则要填写表6－18，对课程的教学情况进行评价，在参考学生评价的基础上，分析问题所在并提出改进建议。

表6－18　课程目标实现情况评测表（教师用）

开课学院：化学与化工学院　　　　　　　　课程名称：有机化学综合实验

教学班号：0006

<table>
<tr><td rowspan="3">总评成绩统计</td><td colspan="2">超过标准</td><td colspan="2">符合标准</td><td colspan="2">未达标准</td><td rowspan="2">平均分</td><td rowspan="2">学生数</td></tr>
<tr><td>优秀人数</td><td>百分比</td><td>合格人数</td><td>百分比</td><td>不合格人数</td><td>百分比</td></tr>
<tr><td>26</td><td>66.7%</td><td>13</td><td>33.3%</td><td>0
(0–60)</td><td>0.0%</td><td>86.3</td><td>39</td></tr>
<tr><td>评估方式及能力要求</td><td colspan="8">（填写课程实际执行的各种考核方式及权重，若与课程大纲规定不一致应说明原因；简要说明各种考核方式主要考查学生哪些方面的能力）
有机化学综合实验课程执行的考核方式及权重：
1. 出勤：10%；考核同学们对本综合实验的重视程度和是否认真的态度（因为综合实验为两人一组）；
2. 实验预习：10%；考查同学们对实验的预习及准备情况，是否对有机化学综合实验的基本原理、操作步骤、涉及的药品、仪器等有着充分的熟悉和了解；
3. 实验操作：50%；同学们在进行综合实验的过程中，是否能正确的操作合成的实验步骤，以及分离提纯和鉴定分析的方法，并解决实验中出现问题的能力；
4. 实验报告：30%；考核同学们综合处理实验结果和实验数据的能力，科学严谨的实验态度，认真的实验结果分析及讨论，规范的实验报告的写作能力</td></tr>
</table>

（续表）

<table>
<tr><td rowspan="3">总评成绩统计</td><td colspan="2">超过标准</td><td colspan="2">符合标准</td><td colspan="2">未达标准</td><td rowspan="2">平均分</td><td rowspan="2">学生数</td></tr>
<tr><td>优秀人数</td><td>百分比</td><td>合格人数</td><td>百分比</td><td>不合格人数</td><td>百分比</td></tr>
<tr><td>26</td><td>66.7%</td><td>13</td><td>33.3%</td><td>0
（0–60）</td><td>0.0%</td><td>86.3</td><td>39</td></tr>
<tr><td>问题分析</td><td colspan="8">（分析通过各种考核方式所发现的学生在哪些方面能力有欠缺）

约三分之一的同学实验成绩未达到优秀。可能的原因：
1. 对有机综合实验的重要性认识不足，关注程度不够；
2. 实验前的准备工程做得不到位，如：文献资料的查阅、实验操作的规范性要求；
3. 实验前的预习，实验后的报告撰写，如：未画实验装置图、实验总结、讨论不深入、实验报告不完整等</td></tr>
<tr><td>改进措施</td><td colspan="8">（提出改进教学的具体方法）

1. 实验前，注重对同学们实验准备工作的指导；
2. 实验过程中，加强指导老师在指导过程中的规范性要求；
3. 实验结束后，加强对同学们的实验总结、撰写实验报告的指导和规范性要求</td></tr>
</table>

教师签名：×××

课程组在参考学生评价和教师评价的基础上，对课程体系的合理程度进行评估，形成课程组评价报告（表6－19）。

表 6－19　课程组（系、教研室）评测分析报告（专业课）

开课学院：化学与化工学院

<table>
<tr><td rowspan="3">总评成绩统计</td><td colspan="2">超过标准</td><td colspan="2">符合标准</td><td colspan="2">未达标准</td><td rowspan="3">课程一：仪器分析
学生总数：38</td></tr>
<tr><td>优秀人数</td><td>百分比</td><td>合格人数</td><td>百分比</td><td>不合格人数</td><td>百分比</td></tr>
<tr><td>6</td><td>16%</td><td>31</td><td>82%</td><td>1</td><td>2%</td></tr>
<tr><td></td><td>培养目标一（LO4）</td><td>培养目标二（LO5）</td><td>培养目标三（LO10）</td><td>培养目标四（　）……</td></tr>
<tr><td>课程一：仪器分析</td><td>√</td><td>√</td><td>√</td><td></td></tr>
<tr><td>课程组问题分析</td><td colspan="4">1. 培养目标（LO4）：课程达到目标的程度为 90%，通过课程一的学习，学生掌握了多种分析仪器的基本原理、仪器构造、操作方法和定性、定量分析方法，培养了应用仪器分析相关的基础和专业知识，分析和探讨应用化学领域相关的实际问题，并得到合理有效结论的能力，但课程内容篇幅有限，与实际技术与工程仍有一定距离
2. 培训目标（LO5）：课程达到目标的程度为 90%，学生通过课程一的学习和课程实验，培养了综合应用仪器分析基础原理及现代分析仪器相关知识；对应用化学领域相关理论和技术问题进行研究有能力，培养了掌握多种分析仪器的操作方法；通过撰写实验报告，培养了文献分析、实验设计、数据获取与分析，并初步解决目标问题的能力。但由于教学仪器有限，一些大型仪器的相关实验，暂时无法开设
3. 培养目标（LO10）：课程达到目标的程度为 100%，学生通过课程一的学习，进一步培养和锻炼了自主学习和终身学习的意识，以及不断学习和适应发展的能力</td></tr>
</table>

（续表）

<table>
<tr><td rowspan="3">总评
成绩
统计</td><td colspan="2">超过标准</td><td colspan="2">符合标准</td><td colspan="2">未达标准</td><td rowspan="3">课程一：仪器分析
学生总数：38</td></tr>
<tr><td>优秀
人数</td><td>百分比</td><td>合格
人数</td><td>百分比</td><td>不合
格人数</td><td>百分比</td></tr>
<tr><td>6</td><td>16%</td><td>31</td><td>82%</td><td>1</td><td>2%</td></tr>
<tr><td colspan="3"></td><td>培养
目标一
（LO4）</td><td>培养
目标二
（LO5）</td><td colspan="2">培养
目标三
（LO10）</td><td>培养
目标四（　）
……</td></tr>
<tr><td colspan="3">课程组改进措施</td><td colspan="5">可进一步丰富教学大纲的课程教学方法和评估方式，优化课程实验的时间安排，将实验穿插于课堂教学之中，便于学生及时掌握相关仪器的基础原理和实际操作方法</td></tr>
<tr><td colspan="3">院教指委改进意见</td><td colspan="5">（根据课程组意见，可以给出课程建议，也可以给出可能的调整培养目标的建议。）
建议进一步安排好课堂教学与实验教学环节</td></tr>
</table>

教学副院长签名：×××

根据学生、教师和课程组三项评测分析报告，可以实现多层次的改进循环。

首先是教师层面的改进循环。教师根据学生评测表和教师评测表，对课程的教学设计、评估方式进行改进，不断优化教学流程，提高教学效果。

其次是课程组层面的改进循环。课程组根据评测分析报告，对课程体系进行优化，不断改进课程。以化学工程与工艺专业为例，通过实践教学课程关系图，发现课程对专业培养目标的支撑力度有待加大，特别是对学生创新创业能力培养方面，支撑还略显单薄。

改进的思路从三个方面着手。

一是增加相关的课程设置。为了加强对学生的创新思维、创业能力、团队合作等能力的培养，针对大一、大二学生增加了科研训练Ⅰ和科研训练Ⅱ两门课程，让学生进入教师的科研团队，学习基本的信息查询、收集和处理技能，撰写研究现状，加深对专业的认同，增强学生对科研工作的认知，在此基础上撰写项目书，实现与大学生创新创业项目的无缝对接，既培养了学生从事科学研究的基本能力，又有效提高了学生的研究素养。

二是将第二课堂项目纳入课程体系。第二课堂众多活动的开设目标也是为了增强学生的创新思维和创业素质，但在实施过程中却各自为政，能力目标不明确，未充分发挥应有的能力培养作用。因此，学院将第二课堂的各项活动按照能力导向一体化的要求进行统筹规划，纳入实践教学体系，形成新的实践教学课程地图和课程关系图。

三是充分利用网络化和信息化手段为学生学习提供能力培养保障。学生在进行课程设计、项目研究、方案探究时，技术可行性是一个方面，而环境友好、资源友好、经济友好、知识产权保护、生产安全等要素也是必须考虑的一个问题，这些问题若不引起重视，学生走向社会后，在以后的工作中就会留下隐患。由于这些知识都比较专业，本专业的教师在讲解和辅导中都具有一定的困难，也没有充足的时间让学生领悟透彻。不仅仅本专业有这些问题，其他工科专业也面临着这些难题，意见反馈到学校，从学校层面开设网络题库课程，利用信息和网络技术，学生可在需要的时候随时注册学习，并获得相应的创新学分，让问题得到较好的解决。将题库课程纳入实践教学体系，对人才培养目标的实现就有了厚实的支撑。

目前已经开设了32门网络题库课程，目录见表6－20所列。每门课程根据各专业在工程和实践中可能会遇到的相关问题，以试题库的形式呈现，学生可以通过手机、电脑等登录学习系统随时随地进行学习。正如有同学反映的那样，网络题库课程的形式很好，它像驾照考试的学习题库一样，都是针对具体问题来开展的，可以通过模拟试题了解自己的知识水平，可以利用自己的碎片时间完成内容的学习。另一名同学也反映这种课程组织模式很好，他就是利用在食堂吃饭的时间学完了三门课程，而且题目的编制很有趣，可读性很强，学习也不觉得累。初步统计，自 2014 年 9 月网络题库课程上线以来，完成课程的人次数已经超过 8 万人次，效果非常显著，相信随着上线课程数量的不断增加和课程内容的不断充实，效果还会更加明显。

表 6－20　网络题库课程清单

编号	课程名称	编号	课程名称
1	环境与健康	17	婚姻与继承法
2	环境与矿物	18	宪法学
3	环境资源保护法学	19	刑法学
4	市场营销	20	产业经济学
5	项目管理	21	微观经济学
6	管理信息系统	22	宏观经济学
7	人力资源管理	23	证券市场分析
8	企业管理学	24	政治经济学
9	税法	25	国际市场营销
10	电子商务概论	26	国际金融学
11	管理沟通	27	区域经济学
12	企业战略管理	28	计量经济学
13	公共关系学	29	统计学

（续表）

编号	课程名称	编号	课程名称
14	民法学	30	国际经济学
15	知识产权法	31	发展经济学
16	合同法学	32	企业形象

通过持续改进过程，化学工程与工艺专业的课程关系图的改变情况如图 6－11 所示。

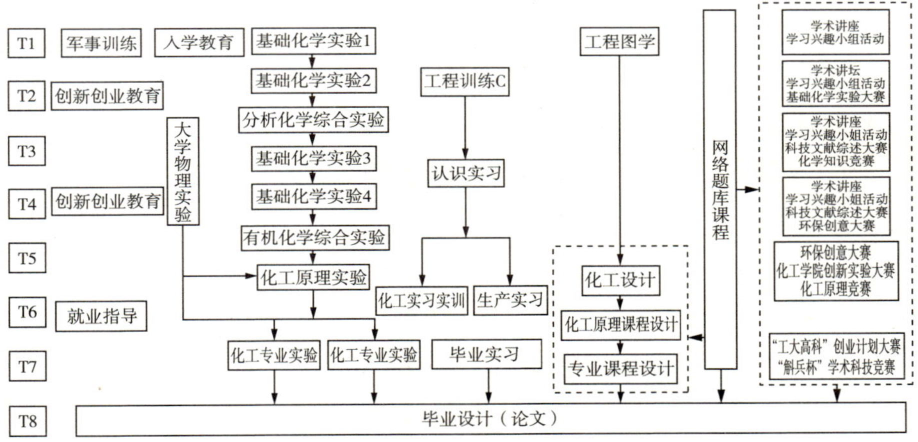

图 6－11　化学工程与工艺专业的课程关系图

在图 6－11 中，各种技能大赛、学科竞赛、兴趣小组活动创新项目等在学工部、团委领导下组织开展的活动都纳入课程地图中，各类活动都要强调对专业培养目标的贡献度。要按照专业培养目标有重点、有计划地组织实施各项活动，按照能力培养的要求做好过程管理，使得第二课堂的各项活动与实践教学有机结合起来。同时，培养目标又反过来对第二课堂活动组织的开展具有指导意义，使得第二课堂的活动开展更加贴合人才培养目标。网络题库课程作为学生创新创业技能培养的支撑作用也纳入课程地图中，对人才培养全过程的有关项目起到明确的支撑作用。

（作者：合肥工业大学化学工程与工艺专业工程教育专业认证自评报告起草组，于宝证）

参考文献

[1] 黄福涛．能力本位教育的历史与比较研究——理念、制度与课程［J］．中国高教研究，2012（1）：27-32.

[2] 李志义．成果导向的教学设计［J］．中国大学教学，2015（3）：32-39.

[3] 张晓欢．成果导向教学模式下课程大纲的设计与编写［J］．计算机教育，2016（1）：112-116.

[4] 陈楠．基于成果导向的程序设计课程教学改革研究［J］．电脑知识与技术，2015（10）：108-110.

[5] 成就导向．百度百科［EB/OL］．https：//baike. baidu. com.

[6] Spady，W. Choosing Outcomes of Significance［J］. *Education Leadership*，1994（6）：18-22.

[7] 李义中，朱泓，刘志军，等．用成果导向教育理念引导高等工程教育教学改革［J］．高等工程教育，2014（2）：29-34.

[8] 周秀慧．论能力导向的课堂有效教学研究［J］．教学与管理，2016（5）：81-83.

[9] 标准参照评价．百度百科［EB/OL］．https：//baike. baidu. com.

[10] 冯忠良．结构化与定向化教学心理学原理［M］．北京：北京师范大学出版社，1998.

[11] 合肥工业大学化学工程与工艺专业工程教育专业认证自评报告（内部资料）.

6.8 电气工程及其自动化专业能力导向一体化教学体系建设

6.8.1 构建以能力为导向的电气工程及其自动化专业本科生培养模式

教学体系是高等院校“实现培养目标和促进教学相长”的重要基础和保障。根据国际通行做法，在参考卓越工程师计划、工程学科认证和 CDIO 体系等基础上，结合学校目前的教学实际情况，学校构建了能力导向一体化教学体系建设指南。在此指南的指导下，我们构建了能力导向一体化的电气工程及其自动化专业教学体系，准确定位专业的培养目标，明确课程目标与培养目标的契合度，以“综合、实践、创新”的工程属性为导向进行课程建设，优化课程设置，改革教学模式，给出专业课程建设方案，全面构建了以能力为导向的电气工程及其自动化专业本科生培养模式。

（1）定位专业培养目标

目前，我国的电力行业处在高速发展之中。改善能源结构，开发利用可再生能源，建设智能电网等都需要大量工程技术人才。但目前高校人才培养模式尤其是工程实践能力培养存在以下问题：

① 人才培养模式与社会需求脱节，忽视学生对发挥自身创造潜能的主体需要；

② 通过什么方式和途径培养本科生的创新能力，如何引导学生自主创新和主动实践；

③ 如何解决实践教学对创新能力培养越来越重要，以及其与校外实习流于形式的矛盾。

培养目标是对所培养人才的知识、能力、素质结构的一种预期设定，是专业建设和教学活动组织的核心。制定培养目标是我校实施的“培养目标—教学过程—质量提升”三位一体教学体系的第一个环节，具有十分重要的引领和指导作用。为了使专业培养的人才更好地适应市场需求，学院通过组织专业教师对在校学生、毕业生、用人单位等进行调查走访，明确了影响专业工程应用创新人才培养的三大制约因素：工程教育与企业需求脱节、缺乏自主性的工程实训平台、重理论轻实践的传统教学模式。学院以制约人才培养的因素为突破口，贯彻工程教育专业认证的先进理念，以学校能力导向一体化教学体系建设指南为引导，综合社会需求和行业引导，定位培养目的与培养目标，优化人才培养体系。

电气工程及其自动化专业的培养目的：

培养适应社会、经济、科技发展需要，德、智、体、美全面发展，具备电气工程领域专业知识、较强社会责任感、良好职业道德和综合素质，具有在相关领域跟踪与发展新理论、新知识、新技术的能力，能够在电气装备制造业、电力工业、电子信息、国防工业等行业和科研院所从事研究开发、工程设计、生产制造、系统运行、自动控制、信息处理、工程管理和教育科研等方面工作的高级工程技术人才。

电气工程及其自动化专业的培养目标（LO）：

LO1：具有较好的人文社会科学素养、较强的社会责任感和良好的职业道德；

LO2：具有从事本专业工作所需的相关数学、自然科学知识以及一定的经济管理知识；

LO3：了解学科发展现状和趋势，掌握扎实的电气工程领域基本理论知识和工程技术知识，受到系统的科学研究与工程设计方法的基本训练；

LO4：掌握本专业所必需的设计、实施、实验、测试、运算、分析等技能，具有运用计算机进行科学研究和设计的能力；

LO5：具有综合运用电气工程基础理论和技术手段，分析并解决电气工程领域的产品设计、生产制造、系统运行等工程技术问题的能力；

LO6：具有适应社会发展的能力以及终身学习能力，掌握文献检索、资料查询及运用现代信息技术获取相关信息的基本方法；

LO7：具有创新意识，具备对新产品、新工艺和新技术进行研究、开发和设计的初步能力；

LO8：了解电气工程相关产业的政策、法规等，熟悉环境保护和可持续发展等方面的方针、政策，能正确认识电气工程及其技术对于客观世界和社会的影响；

LO9：具有一定的组织管理能力、较好的表达能力和人际交往能力以及在团队中发挥作用的能力；

LO10：具有国际视野和跨文化的交流、竞争与合作能力。

同时依照相关标准，提出了“依托一个平台、拓展两个方向、围绕一条主线、强化三个阶段”的“1213”创新人才培养体系，即以电力电子与电力传动优势学科为平台、拓展电力系统和电力电子两个方向，围绕工程应用创新能力培养的主线，强化基础理论、实践技能、综合应用三个阶段，具体内容如图 6－12 所示。

培养过程强调三结合：“专业培养与社会需求相结合、理论教学与工程实践相结合、夯实基础与突出特色相结合”，全面培养学生的工程实践能力和创新精神。

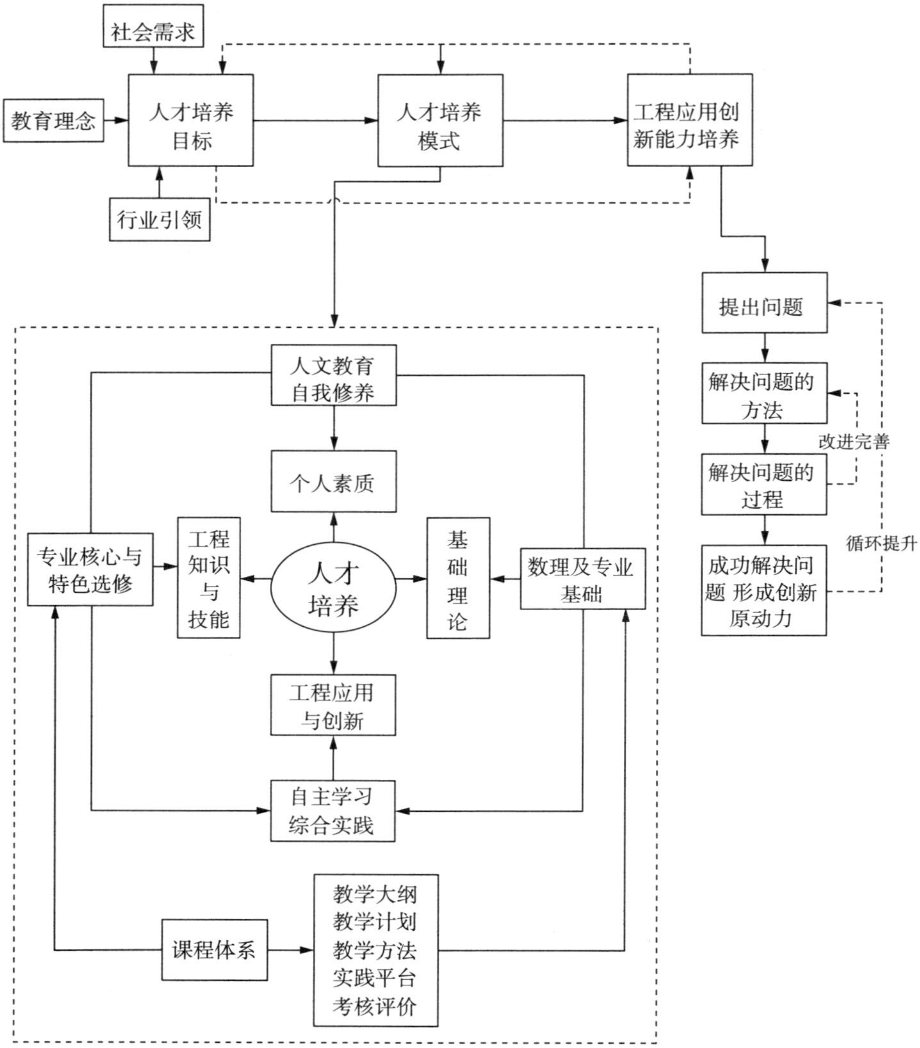

图 6－12　电气工程及其自动化专业人才培养体系具体内容

(2) 优化专业课程设置

为了支持培养目标的达成，按照专业教学目标中的 10 项基本能力，将知识、能力、素质三者结合，落实到具体的专业教学过程，对应关系如表 6－21 所示，要求学生掌握扎实的自然科学、工程基础知识及专业知识，通过实践教学环节培养学生的工

程实践能力，提高学生分析问题和解决问题能力，注重学生的人文社科、法律法规和职业道德等素质修养，注重课内教学和课外科技创新实践活动的紧密结合，培养学生的创新能力和创业意识。

表6-21　毕业生能力要求与专业教学过程的对应关系

毕业生培养目标	专业教学过程实现途径
（1）具有较好的人文社会科学素养、较强的社会责任感和良好的工程职业道德	（1）人文类通识教育课程理论与实验教学； （2）社会实践环节、公益劳动； （3）毕业实习、军事训练等
（2）具有从事本专业工作所需的相关数学、自然科学知识以及一定的经济管理知识	（1）数学类、物理类、哲学类等课程； （2）毕业实习； （3）专题讲座
（3）了解学科发展现状和趋势，掌握扎实的电气工程领域基本理论知识和工程技术知识，受到系统的科学研究与工程设计方法的基本训练	（1）学科基础课程 （2）专业理论课程； （3）专业导论； （4）科技类讲座、课外阅读、学术报告
（4）掌握本专业所必需的设计、实施、实验、测试、运算、分析等技能，具有运用计算机进行科学研究和设计的能力	（1）电气工程学科基础课程； （2）各课程的实践环节； （3）毕业设计、毕业实习等； （4）通识教学选修课程、实习实训环节
（5）具有综合运用电气工程基础理论和技术手段，分析并解决电气工程领域的产品设计、生产制造、系统运行等工程技术问题的能力	（1）专业理论课、实践环节； （2）工程训练和各课程设计环节； （3）毕业设计、毕业实习； （4）创新教育

（续表）

毕业生培养目标	专业教学过程实现途径
（6）具有适应社会发展的能力以及终身学习能力，掌握文献检索、资料查询及运用现代信息技术获取相关信息的基本方法	（1）本科阶段的课程学习、实践环节学习； （2）学科专业专题讲座、学术报告、课外阅读等； （3）毕业设计之文献检索环节； （4）社会实践、社会调查
（7）具有创新意识，具备对新产品、新工艺和新技术进行研究、开发和设计的初步能力	（1）创新教育； （2）专业理论课、课程设计、综合实验、实践环节； （3）毕业设计； （4）各类大学生竞赛、大学生科技创新项目
（8）了解电气工程相关产业的政策、法规等，熟悉环境保护和可持续发展等方面的方针、政策，能正确认识电气工程及其技术对于客观世界和社会的影响	（1）学科基础课程； （2）思想道德修养与法律基础课程，形势与政策等通识教育课程； （3）社会实践环节，毕业实习； （4）学业指导，相关讲座
（9）具有一定的组织管理能力、较好的表达能力和人际交往能力以及在团队中发挥作用的能力	（1）各种竞赛集训环节； （2）校内、校外实习实训环节； （3）多人完成的课程设计环节，毕业设计中的课题组合作； （4）军事训练，体育课； （5）学生社团，学生科技节
（10）具有国际视野和跨文化的交流、竞争与合作能力	（1）大学英语、专业英语； （2）双语教学； （3）通识教育选修课、形式与政策等； （4）国外学者的科技讲座

实践教学体系包括基础认识、综合应用和研究创新等三个层次的实践内容，具体内容为认识实习、专业社会实践、课程设计、综合实验、实习实训、毕业设计和课外科技活动等环节，与培养目标的对应关系如图6－13所示。

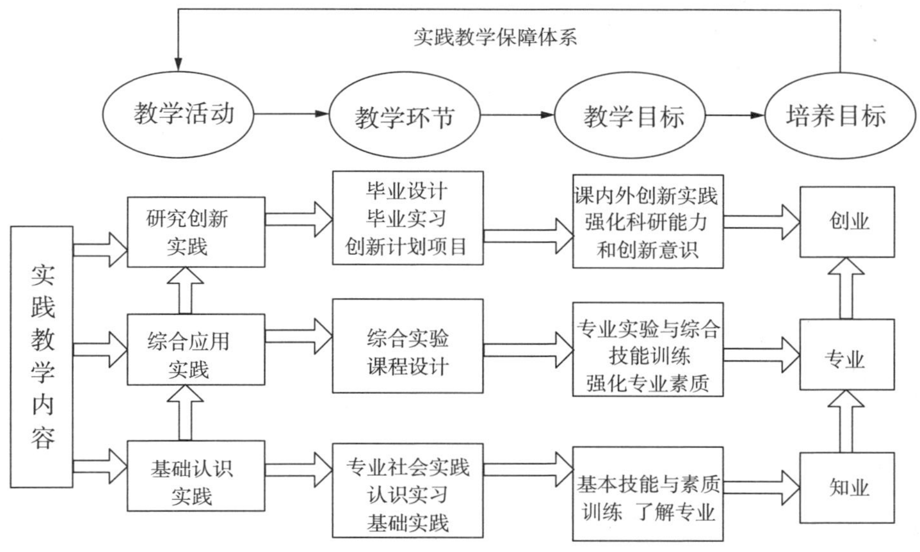

图6－13 实践教学体系

基础层次涵盖物理综合实验、电路理论、电子技术等基础课程实验、基础课程设计和基础综合实验，以及工程训练、电子实习、EDA与数字系统课程设计、认识实习等实践教学环节，侧重于基本实验方法、操作技能和初步工程概念培养。

综合应用层次通过专业课程和综合实验/设计、专业课程设计等实践教学环节，着力培养学生的专业技能和初步工程实践能力。

研究创新层次通过毕业实习、毕业设计，创新计划项目、创新创业大赛等系列创新实践活动，主要加强学生工程实践能力、创新能力和创业意识的培养。内容丰富的实践教学体系注重将教学实验室、校内实习基地、大学生科技创新基地、校外实习基地和大学生社会实践基地进行统筹规划与建设，递进式培养学生的能力。

根据毕业生能力要求与专业教学过程的对应关系及实践教学体系的需要，合理规划了专业的课程设置，形成课程地图及专业流程图（见表6－22、表6－23、图6－14及图6－15）。

表6－22　理论教学课程地图

人才培养目标 课程	LO1	LO2	LO3	LO4	LO5	LO6	LO7	LO8	LO9	LO10
形势与政策	V					V				V
英语						V				V
大学体育						V			V	V
毛泽东思想与中国特色社会主义理论体系概论	V					V		V		V
马克思主义基本原理概论	V					V				V
中国近现代史纲要	V					V				V
思想道德修养与法律基础	V					V		V		V
军事理论	V					V				V
大学生心理健康	V								V	V
高等数学 A		V	V			V				
线性代数		V	V			V				
复变函数与积分变换		V	V			V				
概率论与数理统计		V	V			V				
大学物理 B		V	V	V		V				
工程图学 C		V	V	V		V				

（续表）

课程 \ 人才培养目标	LO1	LO2	LO3	LO4	LO5	LO6	LO7	LO8	LO9	LO10
工程力学 B		V	V			V				
C/C++语言程序设计			V	V		V	V			
现代企业管理	V	V							V	V
电气工程及其自动化专业导论	V		V					V		V
电路理论（上）			V	V	V		V			
电路理论（下）			V	V	V		V			
模拟电子技术			V	V	V		V			
数字电子技术			V	V	V		V			
工程电磁场			V	V	V					
电机学（I）			V	V	V					
电机学（II）			V	V	V					
自动控制原理			V	V	V		V			
电力系统电气部分			V	V	V			V		
电力系统稳态分析			V	V	V		V			
电力电子技术 A			V	V	V			V		
信号分析与处理			V	V	V					
电力拖动基础			V	V	V			V		
单片机原理及应用			V	V	V		V			
网络与通讯技术			V	V		V				
电机设计基础			V	V	V			V		
特种电机			V	V	V			V		

（续表）

课程 \ 人才培养目标	LO1	LO2	LO3	LO4	LO5	LO6	LO7	LO8	LO9	LO10
电机控制			√	√	√					
交流电机动态分析			√	√	√					
电力系统暂态分析			√	√	√					
电力系统继电保护			√	√	√					
电力系统自动装置			√	√	√					
新能源发电变流技术			√	√	√					
电力电子建模与仿真（双语）			√	√	√		√			
开关电源技术			√	√	√					
直流调速控制系统			√	√	√					
交流调速控制系统			√	√	√					
机械工程基础			√	√	√					
近代物理专题		√					√			√
电气测量技术			√	√	√					
供配电工程			√	√	√		√			
电器与 PLC 控制			√	√	√		√			
高电压技术			√	√	√					
DSP 原理及应用			√	√	√		√			
专业英语	√					√				√
永磁电机理论与设计			√	√	√					
电机制造工艺学			√	√	√					
电力系统调度自动化			√	√	√					

（续表）

人才培养目标 课程	LO1	LO2	LO3	LO4	LO5	LO6	LO7	LO8	LO9	LO10
配电系统分析			√	√	√		√			
电力系统故障分析			√	√	√		√			
直流输电技术			√	√	√			√		
高电压试验技术			√	√	√					
电气设备在线监测与故障诊断			√	√	√					

表 6－23　实践教学课程地图

人才培养目标 课程	LO1	LO2	LO3	LO4	LO5	LO6	LO7	LO8	LO9	LO10
入学教育	√							√	√	
创新教育	√							√	√	√
军事训练	√								√	√
公益活动	√								√	√
就业指导	√							√	√	√
大学物理实验		√	√			√				
工程训练 C			√			√	√		√	
计算机绘图实践			√	√		√				
电路电子认知实验			√	√						
电机学 I 综合实验			√	√	√		√			
电子技术课程设计			√	√	√					
FPGA 综合实验			√	√	√					

（续表）

人才培养目标 课程	LO1	LO2	LO3	LO4	LO5	LO6	LO7	LO8	LO9	LO10
Matlab 应用与实践			√	√	√					
电子线路 CAD 综合设计			√	√	√		√			
电力系统分析实验			√	√	√		√			
单片机原理综合实验			√	√	√					
电力系统电气部分课程设计			√	√	√		√			
电机控制综合实验			√	√	√					
电机课程设计			√	√	√		√			
继电保护综合实验			√	√	√					
电力系统运行与保护综合设计			√	√	√					
电力系统综合实验			√	√	√					
直流调速系统综合实验			√	√	√					
开关电源技术综合实验			√	√	√					
交流调速系统综合实验			√	√	√					
供配电工程课程设计			√	√	√					
电器与 PLC 控制综合实验			√	√	√					
高电压技术课程设计			√	√	√					
毕业实习	√			√	√	√			√	
毕业设计	√			√	√	√	√			

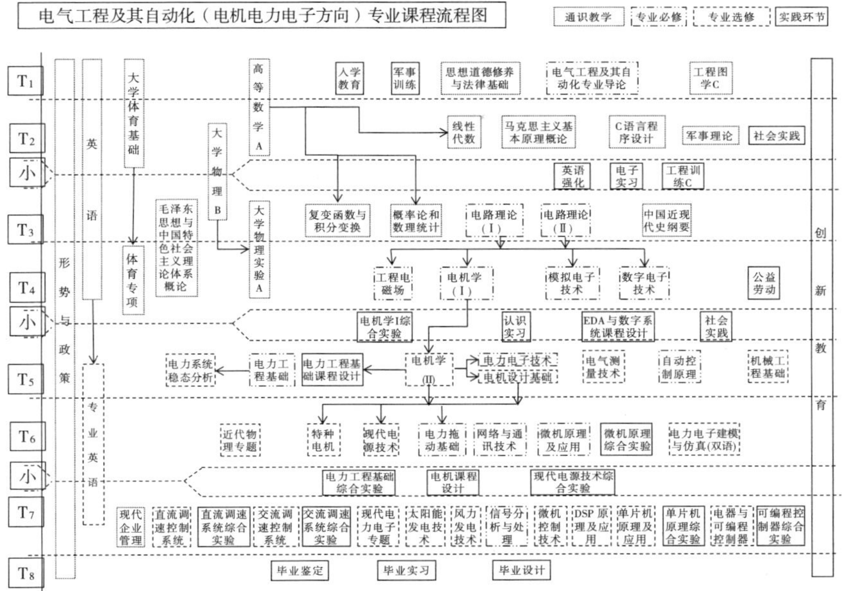

图6－14 电气工程及其自动化（电机电力电子方向）专业课程流程图

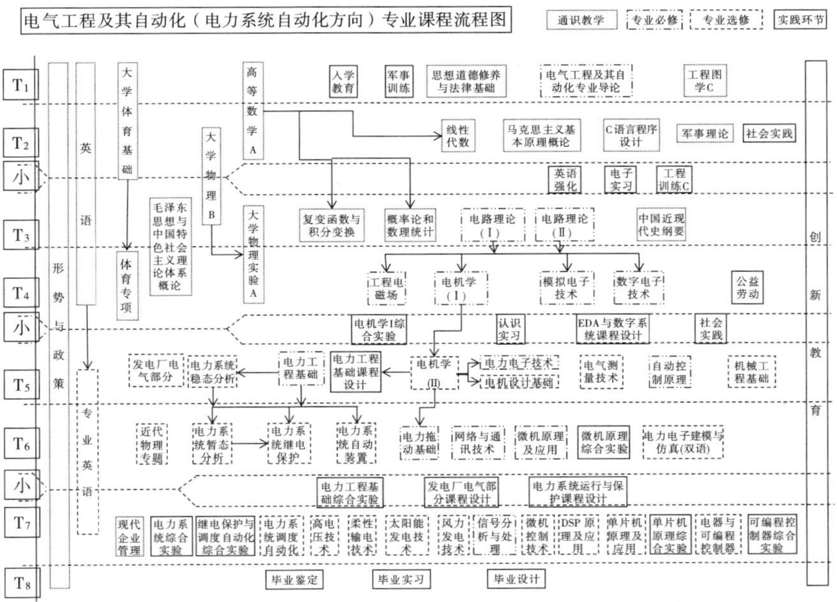

图6－15 电气工程及其自动化（电力系统自动化方向）专业课程流程图

现行的培养方案具有以下特点：紧扣工程专业认证标准及学校能力导向的一体化教学体系建设要求，结合学校“工程基础厚，工作作风实，创业能力强”的人才培养特色，以工程应用创新能力培养为主线，提出“优化基础理论，注重工程思维，强化实践能力，培养创新精神”的原则设置课程体系。

加强通识教育，构建人文社科基础、自然科学基础、工程技术基础和基本技能等有机结合的公共基础教育平台；按学科大类构建专业基础课程平台，拓宽专业面向，设置专业类课程；突出专业特色，建立实践教学平台，加强与企业合作，开展实习实训。

“以学生为主体”，因材施教，注重个性发展原则，进一步压缩课内学时，设置个性化学分，为学生自主学习留下充足空间，引导学生形成研究性、批判性、创新性学习思维。强化学生学习能力、实践能力和创新能力的培养，使其知识、能力、素质得以协调发展，个性得到充分发展。

（3）完善课程建设方案及评价体系

第一，确立课程建设方案。

针对培养方案中专业核心课程，采用以能力为导向的课程建设方案，如图 6－16 所示。

第二，设计课程教学大纲。

设计课程教学大纲，突出培养目标中的能力培养，并将培养目标细化到课程教学环节。在课堂教学设计中注重知识和能力培养，以学生为中心，调动学生的积极性和主动性，培养工程实践能力。

在教学大纲中重点关注以下三点：

① 在课程目的和任务中明确：课程与培养目的关系；可以实现培养要求中的哪些知识和能力要求。

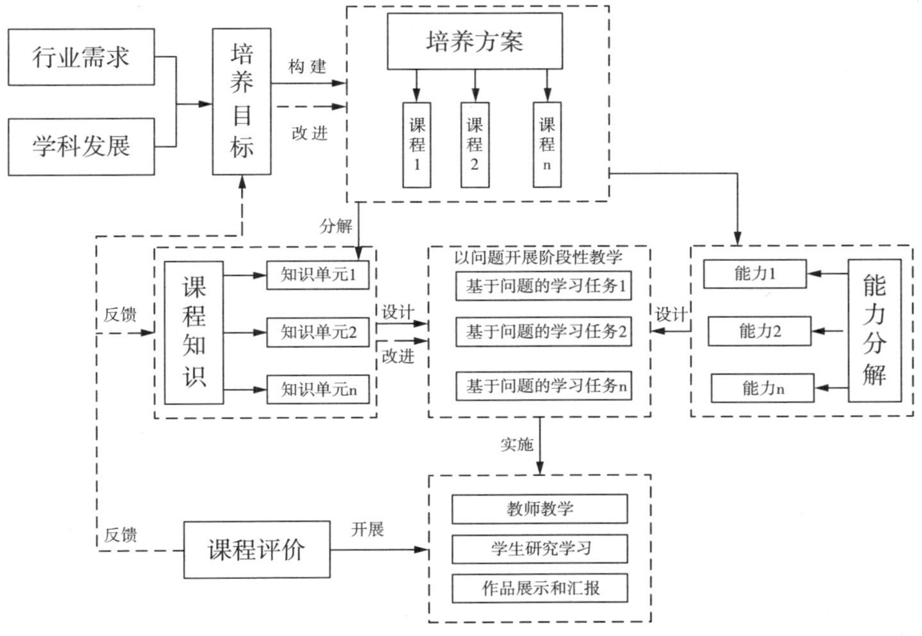

图6－16　课程建设方案

② 从知识、能力和素质三个维度描述课程的目标与具体要求。

③ 在课程的考核中突出过程评价。

具体案例见“信号分析与处理”及“电路理论（下）”课程教学大纲（见附件）。

第三，建立基于过程的课程评价体系。

教学管理制度的建立是为了持续改进。对常规教学活动进行的常态性评估与评价是持续改进的基础。持续改进依靠有效的质量监控与反馈机制，持续改进的效果通过学生的表现来体现。为此我们建立了基于过程的课程评价体系，并将课程评价的结果应用于课程建设和改革，形成持续改进的反馈机制。

① 评价对象、评价内容和评价主体

教学质量过程评价体系包括评价对象、评级内容和评价主体三个基本要素。评价对象是全体教师，评价内容是理论教学和实践教学过程，实践教学包含综合实验、课程设计、毕业实习和毕业设计。评价主体是学院的教学委员会、教师及全体学生。

② 评价依据

评价体系是通过各种制度化的学院教学管理文件来表现，按照评价内容建立相应的评价制度和量化评分标准。

理论课程教学包括：讲稿及课件、督导及听课、学生评教、试题评价、试卷分析等。

课程设计教学包括：培训过程的督导、教学计划及实施方案、指导过程评价、答辩过程、报告及成绩评定评价等。

毕业设计教学主要包括：毕业设计选题及任务书评价、开题报告、中期进度检查评价、论文情况、答辩情况、指导答疑过程及毕业论文文档等评价。

实习实训类课程主要包括：培训过程的督导、教学计划及实施方案评价、报告及成绩评定评价。

③ 评价方法

面向理论教学全过程，建立了重过程、重平时的课程成绩评价方法（评价的方法和各环节所占比例见 2015 版课程教学大纲）。面向实践教学全过程，解决了传统工程教育实践教学环节评价难的问题，切实促进学生理论学习与实践学习相结合，提高学生的实践创新能力。

从专业基础课课程设计及课内外实训项目入手，例如“电子技术基础”的课程设计，采取精细化管理，按照多教师、小分组、一人一题、小组答辩的方式，督促学生改变过去课程设计相互抄袭、蒙混过关的现象。

在综合实验环节发挥科研的优势，将科研中的问题抽取出来，作为设计性的实验。如“自动控制原理”中磁悬浮系统和倒立摆系统的设计；“现代电源技术”中开关电源负载实验；“继电保护与调度自动化综合实验”中负荷预测和状态估计等。

④ 评价机制

本专业对各门课程的课程目标达成状况建立了持续的评价机制，具体包括：

学生学期评教机制。每学期由学生登录教学管理系统，对任课教师进行全方位评价，对评价成绩不好的教师提出预警，要求按期整改，加强学院领导及教学督导员课堂巡视。

督导组听课与检查机制。学校、学院教学督导员对每学期课程进行跟踪听课，特别对拟申报教授、副教授人员进行教学质量考核；对实践环节进行检查，特别是对毕业设计（论文）环节重点检查，构成对教学状况的检查机制。

领导听课与检查机制。坚持每学期学院领导听课制度，通过听课，了解教学状况，发现不足，及时整改，构成对教学状况的检查机制。

试卷抽查分析机制。每学期期中和期末考试结束后，由学校和学院组织教学督导员对抽查的试卷进行审查，提出意见返回学院和教师提出整改措施，并提交《合肥工业大学试卷检查评价表》保存在学校质量科。

课程评价机制。课程结束后学生、教师填写课程评估表对课程教学目标进行评价，对教师课程教学中存在的问题进行分析并提出改进措施。课程组和学院教学委员会对课程教学问题进行分析并提出改进措施和建议。

个体课程与整体培养目标逻辑关系评估机制。每年由学校教学督导员和学院教学督导员对专业课程和培养目标的达成关系进行评估，探讨开设专业课程的必要性及可能性。

6.8.2 推进基于翻转课堂的混合式教学模式

混合教学是指在教学过程中将面授与在线学习相融合，以保证有效教学。传统的面授课程主要是教师授课与指导，学生通过教材、阅读材料和其他活动进行独立学习。混合教学强调课程设计和传递中与技术进行整合，寻找教学内容，开展网上与面授学时的最佳分配。混合教学可以提升关键课程的教学设计效力；打破教学时间和空间的限制；增强课程在师生与F2F层面上的灵活性。将翻转课堂和混合教学结合，更好地实现师生的互动教学，学生通过在课堂外先观看和学习教师提供的教学视频，对课程主要知识点进行自主学习；课堂则变成了“研究型学习”，包括解惑、实验、讨论、汇报、答辩等。

学院以“信号分析与处理”及“电路理论”等课程为示范，实施混合式课程教学改革。课程教学分为三个环节：网络学习与交流、课堂教学、能力训练。课程知识体系分为三部分：理论知识+技术应用+综合创新。理论知识放在课前，通过网络学习完成；课堂上结合具体的实例解答问题，掌握理论知识的应用；综合创新部分放到能力训练环节。教学方法采用多模式，先学后教，利用学习单元、微教学单元（微视频）以及学生学习信息反馈等途径，辅以网络平台上的过程记录，最终完成考核评价。

学院与清华大学教育技术研究院合作建立了网上学习空间，为课程建设提供支持条件，如图6－17所示。学生可以借助网络平台自主学习、答疑解惑、课程评价等，从而拓展了课堂教学，进一步改进教学效果。

(1)“信号分析与处理”课程翻转课程教学案例

第一，混合教学课程设计思路。

工程认证标准和学校能力导向一体化教学体系的核心就是“以学生为中心”，在课程教学中，通过实施混合式教学改革，强调学生主体地位，发挥他们的主观能动性，获得了较好的教学效果。课程组在分析课程现状、学生情况和教学平台的基础上，基

图 6－17　电气与自动化工程学院在线教育学习平台

于清华大学教育技术研究院的 THEOL 平台开展基于翻转课程的混合式教学改革。

翻转课堂是将传统的学习过程翻转过来，让学习者在课外时间完成针对知识点和概念的自主学习，课堂则变成教师与学生之间互动的场所，主要用于解答疑惑、汇报讨论，从而达到更好的教学效果。

根据翻转课堂的思想，教学设计思路设定为：教师按章节总结知识点，并录制短视频；学生课前按要求线上观看视频，提交预习报告，教师总结预习情况；在课堂中针对预习情况提出问题，交流讨论，解决问题；课后学生根据课堂掌握情况，提交反思报告，教师阅读反思报告，了解学生对关键知识点的掌握。需分组教学讨论的按班分组，选出组长，组内交流后选出代表给所有人讲解、交流。

第二，混合教学设计实施过程。

混合式教学模式的构建必须建立在面对面教学与网络教学二者相互作用的基础之上，通过不断进行综合性评价，找到课堂教学与网络学习的契合点，合理分配资源、活动，逐渐达到最优教学效果。为此按照以下步骤进行教学设计。

分解教学内容，确定教学内容的呈现方式，设计知识点的教学组织形式。在视频呈现部分，归纳核心知识点，形成24个微视频，按教学进程上传到教学材料区。

在教学讨论区设计教学单元导学，包括选择内容，给出内容概要和学习目的，在课前将相应的视频或阅读材料上传，学生通过网络平台自学、撰写预习报告并完成在线的测试。预习报告按照KWL表设计（见表6－24）：①K：通过阅读内容概要，写出关于这部分内容已知的知识。②W：想进一步了解哪些知识？③L：认真观看视频或阅读材料后，感到收获哪些知识？④Q：还有哪些疑问要在课堂上确认？

教学活动的设计包括讲授、讨论、案例分析、分组活动等。

课后学生网上完成反思报告并提交。反思报告包括：⑤LM：课堂讨论后又获得哪些知识；⑥H：本次课程学习方法总结。

传统教学和混合式教学目标对比见表6－25所示。相对传统教学，混合式教学增加了情感态度、元认知两个学生高阶能力培养的目标。在教学设计方面，混合式教学和传统教学对比见表6－26所列。

表6－24　课程教学评价表

序号	层次	内容	备注
1	K	看了学习内容的标题、摘要等概要信息，写出关于这篇文章已知哪些知识	课前预习报告
2	W	想进一步了解哪些知识	
3	L	详细阅读资料或观看视频后，感觉收获哪些知识	
4	Q	尚有哪些疑问需要在课堂上确认、询问	

（续表）

序号	层次	内容	备注
5	LM	课堂讨论后又获得哪些知识?	课后反思报告
6	H	本次课程学习方法的总结	

表 6-25　传统教学和混合式教学目标对比

目标类型	传统教学	混合式教学
知识	使学生通过本课程的学习，了解、熟悉和掌握信号分析与处理的基本理论和方法	与传统教学同
技能	信号处理的实际应用和基于 MATLAB 语言的信号处理方法的计算机实现	上机实验，与传统教学同
情感	无	培养学生学习兴趣，增强对课程的认同感、强化自主学习意识
元认知	无	培养学生自主协作学习能力，增强学生信息化学习习惯，使学生学会反思

表 6-26　传统教学与混合式教学设计对比

课程设计	传统教学	混合式教学
材料准备	教材：《信号分析与处理》，徐科军主编 主要参考书：《数字信号处理教程》（第二版），程佩青主编；《数字信号处理——理论、算法与实现》（第二版），胡广书编著；《离散时间信号处理》，A. V. Oppenheim	在线教学材料： 分章的文本学习资源、学习视频、课外拓展资源

（续表）

课程设计	传统教学	混合式教学
活动设计	课堂教学、上机实验	按知识单元发布导学通知，学生网上预习，提交预习报告； 教师针对预习报告课堂上有针对性的教学，为学生按班分组，引导学生探究，小组代表课上自己讲； 课后利用讨论区组织反思； 师生实时通过论坛和邮箱进行互动； 上机实验
应用评价	学生：闭卷考试占 70%，平时和上机成绩占 30%	学生：闭卷考试，上机成绩、网络学习平时成绩； 教师：发布问卷，教师得到了课程改革成效数据，便于改进

第三，混合教学实践。

课程教学通过课前、课中及课后三个阶段的设计，完成整个教学过程。具体教学流程如图 6－18 所示。

① 设计步骤

第一步：内容组织。在明确教学内容的前提下，明确教学内容的呈现形式（视频、提问、提交反思报告等）及知识点的教学组织方式（任务驱动式、问题—解决式等）。

第二步：活动设计。从教师和学生角度出发，分别明确教师的活动和学生的活动。

第三步：评价。明确评价标准和方法。

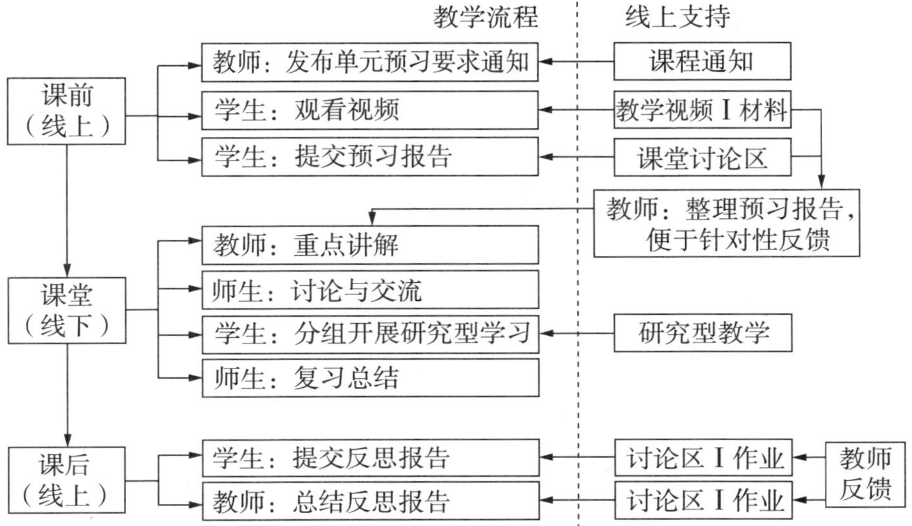

图 6－18　教学流程图

② 具体实施内容

按照表 6－27 所示内容进行混合教学的实施。

表 6－27　混合教学具体实施内容

阶段	教学内容	教师活动	学生活动	时间分配	评价标准与方法
	课前：平台在线学习环节				
课前	第六周学习视频	录制视频 上传视频 设置讨论区（供学生提交预习报告） 发布通知导学生 分析学生预习报告，总结学生提出的问题，准备课中内容	观看视频 提交预习报告	学生自主掌控	预习报告、在线时长

（续表）

阶段	教学内容	教师活动	学生活动	时间分配	评价标准与方法
课中	课中：面对面翻转课堂教与学环节				
	以问题为导向的教学内容	提出问题 分析问题 解决问题	认真听讲 分组讨论 发表看法	2 学时	课堂表现、作业、期末考试
课后	课后：反思总结环节				
	学生个人反思	设置讨论区（供学生提交反思报告） 分析学生反思报告，为下一次课做准备	个人反思 提交反思报告	学生自主掌控	反思报告

第四，混合教学实施效果。

通过一轮教学实践，分别对课程的知识目标、技能目标、情感及元认知目标的达成进行了分析。

知识目标的考察，通过对同专业同年级共同的课程内容、卷面考试内容一致的混合教学办班和传统教学班的考试成绩进行比较。混合教学班的平均分为 52.7 分，传统教学班为 47.6 分。各分数段的比例也有差别。传统教学班 70 分以上的同学占 11%，混合式教学班 70 分以上同学占 20%。

技能目标通过上机实验，普遍达成。在翻转课堂班，根据分组学习情况，选择完成较好的几组，采用 Nextboard 通用工程实践平台开展综合性实验研究。学生利用 Nextboard、PCI6221 数据采集卡和 CSY 传感器实验仪设计实验。设计调理电路，搭建数字信号处理系统，采集传感器输出信号，通过采集卡输入到上位机，采用不同的信号处理方法进行处理，提取信号的特征。通过这个过程的训练，学生很好地掌握了信号处理方法在工程实践中的应用，提高了工程实践能力，培养了团队合作及自主学习的能力。

情感及元认知目标达成可从问卷调查和学生日常的课程参与程度中得知。学生的参与从网络教学平台论坛中得知，学生普遍反映这种学习模式可行，激发了学生学习兴趣，培养了独立学习能力，同时对教师的付出学生也非常感动，学生更深入地融入课程。

问卷调查有据可循，学生对这种学习方式认可度平均达到78.26%。当然，这种教学方法使学生也更忙碌了，“这种教学方法让你感觉学习有压力吗?”认为有压力的占52.73%。学生获得知识、提高能力、与教师联系紧密的同时确实需要更忙碌了，但是这也是学生的情感及元认知目标达成的必经之路，在忙碌的同时能力得到了提升。

总之，基于翻转课堂的混合式教学改变了以教师讲授为主的教学模式，发挥了学生在学习中的主体作用，增强了学生的学习兴趣，学生在教学任务的指引下根据自身的情况更好地安排学习，提高了学生的主动学习能力、独立分析问题与解决问题的能力，教学效果明显。

(2)“电路理论”课程“以学生为中心教与学模式”教学案例

“电路理论”课程教学团队骨干教师在观摩了清华大学、南京大学等兄弟院校利用清华大学电路原理慕课资源，并在学堂在线网提供的 SPOC 平台进行的“以学生为中心的教与学”案例之后，深受启发和影响，同时与我校课程教学改革思路相契合，因此 2015 年春季开始便引进这种教学模式并积极进行了教学实践。

第一，学生的选择和实践目标。

2015 年上半年，合肥工业大学“电路理论”课程主讲教师通过多次与清华大学电路原理教学组研讨，以及参加学堂在线的平台使用培训，逐步厘清了 SPOC 教学实施中的教学设计要素，并最终在学堂在线搭建了合肥工业大学电路理论（下）慕课平台（图6－19），于2015年9月开学后的第三周，选择新转入电气工程专业的19位学生开展以学生为中心的教与学实践。

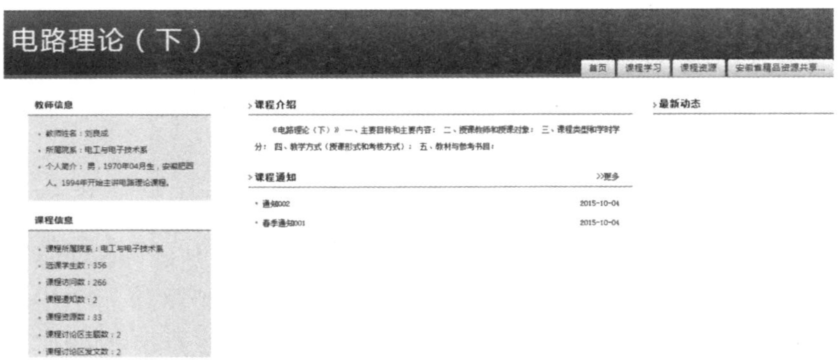

图6－19　电路理论慕课平台

目标：提供优质慕课资源，布置线上自学方式，完成专为他们定制的课程计划。参与平行班统一考试，把SPOC后台讲间练习和线上作业总成绩以权重40%纳入最终考核成绩。

第二，课程教学内容制定。

针对这19人的类似于补课式的教学，理论课和实验课都已经落下一半，在剩下约6周的时间，要完成与平行班同样课程和实验内容，特制定了个性化的SPOC班教学日历，对他们延长两周，以必要知识的补充和穿插，有效地衔接上平行班级传统课堂进度。

第三，课前安排导学环节。

翻转课堂是以学生为中心的教与学模式的课堂教学形式，与传统教学满堂灌的主要区别在于课堂教学形式以讨论为主，师生间讨论、生生间讨论贯穿于整个课堂时间。能够开展起讨论和不冷场取决于课前的导学环节，因此课前布置导学任务让同学们带着问题去看慕课视频，“强制”其预习，是翻转课堂的重要环节。下面以耦合电感知识为例进行介绍：

耦合电感知识共分为互感模型、含互感电路分析、去耦等效、空心变压器、理想变压器等 5 个核心知识点，传统课堂约 5 课时。我们布置的课前导学任务为：

① 课前观看 SPOC 耦合电感电路 7 个视频，完成讲间练习。

② 讲间练习无把握解答的带纸条记录下来，课堂讨论时提问。

③ 思考互感是基本元件还是组合元件?

④ 同名端在互感元件中是自身结构决定的还是人为随意认定的?

⑤ 去耦等效的目的是什么?

⑥ 查阅资料：空心变压器引入阻抗和理想变压器中折算阻抗，在实际变压器的分析概念是什么?

⑦ 布置一个典型的可以用引入阻抗和去耦等效等多种方法求解等效阻抗的笔头作业，如图 6－20 所示，其中交流电路频率为 ω，求端口 1－1’ 间等效阻抗。并提出设计和实现这个电路实验，测量端口阻抗，讨论与理论计算的差别，找出出现差别的原因。

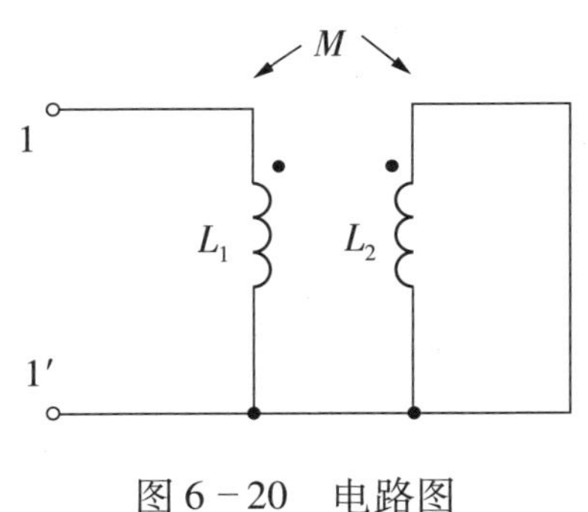

图 6－20　电路图

第四，课上安排讨论。

课堂讨论环节，教师组织学生参与讨论，并有针对性地解答学生自学和预习时遇到的问题。我们采取的办法基本有：

串讲。每次约 10 分钟，目的是把幕课视频学习的碎片化知识串起来，了解该知识点的 what、why、how，以加深和帮助学生对相关概念的正确理解，促进有目的有方向性的学习；同时，也纠正一些错误的认知。梳理自学中碎片知识点在整个电路分析理论中的位置和其他知识点的联系，以便学生对该耦合电感知识本质的认识。

上讲台做题。促进学生运用所学知识解决实际问题的能力提升。

答疑和讨论。就带来的纸条问题，鼓励学生分组互相答疑，培养学生协作意识。对纸条问题进行梳理，做到精练提问的引导。善于发现问题，有效提出问题，是需要语言提炼和建立在对问题有一定思考的基础上才能够做到的。逐步改变同学们就题论题、以不懂或不会这种含糊的方式提问。

仍然以耦合电感知识为例进行介绍课堂讨论内容。

实验讨论课前，老师做好准备可能学生会提问的在导学中布置的问题和作业。如果有带纸条提问，则老师回答或组织学生回答；若均未提问，则老师来提问。

① 理想互感元件是组合元件吗？

② 是一个单端口还是双端口元件？

③ 表征该元件的参数有哪些？其中耦合系数 k 这个参数，在电压电流等电量的求解分析中必不可少吗？为什么？

④ 去耦等效与电流的方向有关吗？为什么？

⑤ 实验测量图 6 －20 中端口阻抗，需要哪些测量仪器，测量哪些参数？实验测量得出的阻抗中有电阻分量吗？如何测量出来或计算出来的？

课堂讨论完成图 6 －20 的阻抗理论计算（会有三种方法）。

通过三种方案分析，及时总结和提示，引导学生意识到：电路理论学习的各种分析方法是不断补充的，很多后续学习的分析方案，将更方便地解决相关实际问题，而不能限于一个问题只有一个解决法的僵化、程式化困局，为后续的谐波分析法介绍和学习打下伏笔。

实际上实验讨论课上还就该阻抗的求解与实际计算的结果有

误差做了分析，很多同学都能很快发现两电感线圈中存在电阻的事实，也能够深刻地理解。而对于该电阻参数的测量也很快找到采用功率表电压表电流表所获得数据来计算。

第五，课后安排。

试点翻转课堂是想把传统课堂先讲、后复习巩固的两过程，转换为先学、后讲、再巩固三过程，显然增加了学生的学习时间，增重了学习负担，因此在课后我们安排较少且典型并能巩固知识点的书面作业让这些学生完成，不再布置额外的探索学习任务。

第六，实践效果。

① 学生方面反馈：

学霸型：喜欢这样三阶段学习过程的教与学方式，希望多多开展课堂讨论，在师生交互、生生交互的课堂气氛中，增强了自信，发现问题的能力提高了，提炼问题的重点和论辩思维得到了锻炼，约占学生人数 30% 左右。

中间型：仅支持部分翻转课堂，不支持全程教学均实现三阶段模式。可以实现二阶段模式，或者说只要自学加讨论模式，能实现到第二阶段就可以解决问题则最好。

其他反馈，无。因为试点班选择的是转专业的 19 名学生，基本属于学霸型。

② 教师方面反馈：压力较大，促使自身教学驾驭能力得到提升。课前导学问题的引导、课堂讨论、能否全部回答学生问题，都是对教师开展翻转课堂教学的压力和挑战。驾驭课堂，让讨论不无限扩散或不冷场等情况都需要教师总体把握，所以通过设计每次导学问题、设计每次讨论课堂，都需要预先制定和细化到每 5 分钟的程度来制定教案或进程脚本。

（作者：黄云志，刘良成，李红梅，陈波）

参考文献

[1] 马秀麟，赵国庆，邬彤．大学信息技术公共课翻转课堂教学的实证研究［J］．远程教育杂志，2013，31（1）：79-85.

[2] 郭冠平，张小宁．生态视域下的混合式学习模型构建［J］．现代教育技术，2013，23（5）：42-46.

[3] 敖谦，刘华，贾善德．混合学习下“案例—任务”驱动教学模式研究［J］．现代教育技术，2013，23（3）：122-126.

[4] 于歆杰．以学生为中心的教与学［M］．北京：高等教育出版社，2015.

[5] 黄云志．基于翻转课堂的混合式教学模式探索与实践（安徽省2015年度教学成果奖）．

[6] 刘良成，李红梅，陈波．电路理论课程教学中“以学生为中心教与学模式”探索［J］．创新创业理论与实践（内部期刊），2017（2）：57-61.

[7] 电气工程及其自动化专业指导性教学计划（2015版）．

附：

“信号分析与处理”课程教学大纲

1. 课程概况

开课单位	自动化系	课程类型	学科基础课程和专业必修课程
课程名称	信号分析与处理	课程代码	0410032B
开课学期	第五学期	学时/学分	40/2.5
选课对象	电气工程及其自动化专业		

（续表）

<table>
<tr><td>先修课程</td><td>高等数学、复变函数与积分变换、概率论与数理统计、自动控制原理</td></tr>
<tr><td>课程教材</td><td>徐科军，黄云志，林逸榕等编著.《信号分析与处理》（第 2 版），清华大学出版社，2012.</td></tr>
<tr><td>参考书目和资料</td><td>A. V. Oppenheim，《离散时间信号处理》，科学出版社，2000.
胡广书编著，《数字信号处理——理论、算法与实现》（第二版），清华大学出版社，2003.
程佩青主编，《数字信号处理教程》（第三版），清华大学出版社，2007.
A. V. Oppenheim，《信号与系统》（第二版），西安交通大学出版社，1998.</td></tr>
<tr><td colspan="2">课程简介：
本课程主要介绍信号的基本概念，信号采集与处理系统的组成，信号分析与处理技术的发展和应用；连续时间信号时域分析、频域分析、复频域分析和相关分析；采样定理；离散时间信号表示、基本运算和相关分析；离散傅里叶变换和快速傅里叶变换方法；模拟、数字滤波器设计；随机信号分析方法及工程应用中的典型案例；基于 MATLAB 的信号分析与处理方法的计算机实现等
使学生系统地掌握信号分析与处理的基本理论和分析方法；学会运用数字信号处理的两个主要工具：快速傅里叶变换（FFT）和数字滤波器，解决工程应用问题；具有初步算法分析和 MATLAB 编程能力。课堂讲授 32 学时，上机实验 8 学时</td></tr>
<tr><td>课程目标（Course Objectives，CO）</td><td>对应的专业培养目标（Learning Objectives，LO）</td></tr>
<tr><td>CO1：了解信号分析与处理的发展和应用；掌握信号采集与处理的基本知识</td><td>LO3：了解学科发展现状和趋势，掌握扎实的电气工程领域基本理论知识和工程技术知识</td></tr>
</table>

（续表）

<table>
<tr><td colspan="4">CO2：掌握连续时间和离散时间信号时域分析、频域分析、复频域分析和相关分析等方法，掌握模拟、数字滤波器设计方法、随机信号分析方法等</td><td colspan="3">LO5：具有综合运用电气工程基础理论和技术手段，分析并解决电机、电力系统和新能源变换中产品设计、生产制造、系统运行等方面工程技术问题的能力</td></tr>
<tr><td colspan="4">CO3：能运用傅里叶变换和数字滤波器基本工具解决工程应用问题；
CO4：具有初步算法分析和MATLAB编程能力</td><td colspan="3">LO7：具有创新意识，具备对新产品、新工艺和新技术进行研究、开发和设计的初步能力</td></tr>
<tr><td rowspan="4">教学方式
（Pedagogical Methods，PM）</td><td colspan="3">☑PM1. 讲授法教学
18 学时 45%</td><td colspan="3">☑PM2. 研讨式学习
6 学时 15%</td></tr>
<tr><td colspan="3">☑PM3. 案例教学
4 学时 10%</td><td colspan="3">□PM4. 网络教学
学时 %</td></tr>
<tr><td colspan="3">□PM5. 角色扮演教学
学时 %</td><td colspan="3">☑PM6. 体验学习
4 学时 10%</td></tr>
<tr><td colspan="3">□PM7. 服务学习
学时 %</td><td colspan="3">☑PM8. 自主学习
8 学时 20%</td></tr>
<tr><td rowspan="4">评估方式
（Evaluation Methods，EM）</td><td colspan="2">☑EM1. 平时测试
10%</td><td colspan="2">□EM2. 期中考试
%</td><td colspan="2">☑EM3. 期末考试
50%</td></tr>
<tr><td colspan="2">☑EM4. 作业撰写
10%</td><td colspan="2">☑EM5. 实验分析报告 15%</td><td colspan="2">□EM6. 期末报告
%</td></tr>
<tr><td colspan="2">□EM7. 课堂演讲
%</td><td colspan="2">□EM8. 论文撰述
%</td><td colspan="2">☑EM9. 出勤率
5%</td></tr>
<tr><td colspan="2">□EM10. 口试
%</td><td colspan="2">□EM11. 设计报告
%</td><td colspan="2">☑EM12 学习报告
10%</td></tr>
</table>

2. 教学日历

课次	学时	课程目标	教学主要内容	教学方式	评估方式
1	2	CO1	绪论：信号的概念、信号分析与处理的目的和内容、信号分析与处理的发展和应用	PM1	EM1
2	2	CO1 CO2	第一章连续时间信号分析：连续信号的时域分析、周期信号的频率分解、非周期信号的频谱 *习题 1.4，1.8，1.12*	PM1 PM3	EM3 EM4
3	2	CO2	第一章连续时间信号分析：连续信号的复频域分析、连续信号的相关分析 *习题 1.17，1.22*	PM1	EM3 EM4 EM9
4	2	CO1 CO2	第二章离散时间信号分析：离散时间信号的基本概念、信号的采样、离散时间信号的相关分析 *习题 2.5，2.7*	PM1 PM6	EM1 EM3 EM12
5	2	CO2	第二章离散时间信号分析：离散时间信号的 z 域分析、离散系统的描述、物理可实现系统 *习题 2.10，2.12* 第三章离散傅里叶变换和快速傅里叶变换：连续时间信号的傅里叶变换	PM1 PM6	EM1 EM9 EM12
6	2	CO2	第三章离散傅里叶变换和快速傅里叶变换：序列的傅里叶变换、离散傅里叶变换的定义、性质 *习题 3.2，3.8，3.11*	PM1 PM2 PM6	EM1 EM3 EM12
7	2	CO2 CO3	第三章离散傅里叶变换和快速傅里叶变换：离散傅里叶变换应用中的问题 *习题 3.14*	PM3 PM6	EM1 EM3 EM12

（续表）

课次	学时	课程目标	教学主要内容	教学方式	评估方式
8	2	CO3 CO4	实验一：离散傅里叶变换	PM1 PM8	EM5 EM9
9	2	CO2	第三章离散傅里叶变换和快速傅里叶变换：快速傅里叶变换 *习题 3.15*	PM1 PM6	EM1 EM12
10	2	CO2	第四章数字滤波器的设计：滤波器概述、典型模拟滤波器的设计	PM1 PM2	EM1
11	2	CO2 CO3	第四章数字滤波器的设计：IIR 数字滤波器的设计 *习题 4.3，4.4，4.7*	PM1 PM3 PM6	EM4 EM3 EM12
12	2	CO3 CO4	实验二：IIR 滤波器设计	PM8	EM5 EM9
13	2	CO2 CO3	第四章数字滤波器的设计：FIR 数字滤波器的设计 *习题 4.11，4.12*	PM1 PM3 PM6	EM4 EM3 EM12
14	2	CO3 CO4	实验三：FIR 滤波器设计	PM8	EM5 EM9
15	2	CO2	第五章随机信号分析：随机信号的相关分析	PM1 PM6	EM12
16	2	CO2 CO3	第五章随机信号分析：功率谱估计 *习题 5.2，5.9，5.12*	PM1 PM2 PM3	EM3 EM4
17	2	CO3 CO4	实验四：功率谱分析	PM8	EM5 EM9
18	2	CO2	第五章随机信号分析：谱估计中的几个问题、平稳随机信号通过线性系统	PM1 PM2	EM1 EM12

（续表）

课次	学时	课程目标	教学主要内容	教学方式	评估方式
19	2	CO2	第五章随机信号分析：平稳随机信号通过线性系统	PM1 PM2	EM1 EM12
20	2	CO2 CO4	第六章总结和工程应用举例	PM3 PM8	EM1 EM12
			期末考试		
总学时 40　其中课内 32 学时，上机 8 学时					

3. 授课教师信息一览表

姓名	×××	×××	×××	×××
电子邮箱				
电话				
接待咨询地点				
接待咨询时间				

4. 教学内容及要求

绪　论

教学要求：了解信号处理系统的组成和采用数字信号处理的优点，了解信号处理的发展趋势；理解信号处理系统的实现方法，信息获取、处理和利用的过程；掌握连续时间信号，离散时间信号，能量信号和功率信号，确定性信号和随机信号的定义；了解 MATLAB 软件。

教学重点：介绍数字信号处理技术在电气工程领域的应用；

与传统模拟技术相比具有的特点。

第一章　连续时间信号分析

教学要求：了解连续时间信号时域特征，了解傅里叶级数和傅里叶变换的性质；理解信号时域分解，理解周期信号和非周期信号频域分析过程；掌握基本信号和基本运算，连续信号的卷积和相关运算；结合连续信号产生、傅里叶变换等掌握MATLAB软件的使用。

教学重点：连续时间信号的时域分解、卷积、相关；利用傅里叶级数分解周期信号；利用傅里叶积分分析非周期信号的连续频谱；利用卷积和卷积定理了解时域和频域特性间的内在关系。

教学难点：卷积和相关的关系；抽样信号的傅里叶变换。

第二章　离散时间信号分析

教学要求：了解序列的表示和基本运算，了解采样方式；掌握周期序列周期的判断；理解采样定理，掌握采样过程和采样信号的频谱特性；掌握序列的离散卷积和相关，掌握离散时间系统，理解系统的因果性和稳定性。了解与离散信号产生、卷积等有关的MATLAB函数。

教学重点：采样定理及实现，离散卷积，离散时间信号的z变换，离散时间系统的系统函数和离散系统的频率响应，z变换与拉普拉斯变换、傅里叶变换之间的关系。

教学难点：采样定理及实现；z变换与拉普拉斯变换、傅里叶变换之间的关系。

第三章　离散傅里叶变换和快速傅里叶变换

教学要求：了解基-2快速傅里叶变换（FFT）算法的基本原理；理解利用FFT进行快速卷积和快速相关运算的过程；掌握离散傅里叶变换（DFT）及其特性，DFT、DTFT（序列的傅里叶变换）以及z变换之间的关系，频域采样定理。掌握运用DFT计算连续信号的频谱时混叠、泄漏以及栅栏效应产生的原因与解决方法。灵活运用 FFT 算法。了解与傅里叶变换有关的 MATLAB 函数。

教学重点： DFT 及其特性；DFT、DTFT 以及 z 变换之间的关系，频域采样定理；DFT 在应用中的问题，包括混叠现象、频谱泄漏、栅栏效应及频率分辨率；按时间抽取基-2 FFT 算法。

教学难点： 傅里叶变换的离散性与周期性；DFT 的性质；频域采样定理；按时间抽取基-2 FFT 算法。

第四章　数字滤波器设计

教学要求： 了解模拟滤波器设计方法，IIR、FIR 滤波器的设计方法；理解 IIR 和 FIR 滤波器的异同；掌握滤波器的性能指标；常用模拟低通滤波器特性；从模拟滤波器低通原型到各种数字滤波器的频率变换、从低通数字滤波器到各种数字滤波器的频率变换；线性相位 FIR 滤波器的特点，线性相位条件。分别利用双线性变换、窗口法设计 IIR、FIR 数字滤波器。了解与数字滤波器设计有关的 MATLAB 函数。

教学重点： Butterworth 模拟滤波器设计，双线性变换设计 IIR 数字滤波器，预畸变；线性相位条件，线性相位 FIR 滤波器的幅度特性，窗函数法设计 FIR 数字滤波器。

教学难点： 预畸变；线性相位 FIR 滤波器幅度特性；各种窗函数的特性及参数选择。

第五章　随机信号分析

教学要求： 了解随机信号的特点和分类；理解功率谱密度与自相关函数的关系，理解平稳随机信号通过线性系统的行为；掌握随机信号相关分析方法、功率谱估计方法。运用功率谱估计解决实际工程问题。了解用于功率谱估计的 MATLAB 函数。

教学重点： 功率谱估计方法。

教学难点： 周期图法的修正。

第六章　总结和工程应用举例

教学要求：了解用信号分析与处理方法提取信号特征参数的过程；理解各章节内在联系。

教学重点：信号处理方法在电力系统谐波检测、电机控制中的应用。

“电路理论（下）”课程教学大纲

1. 课程概况

开课单位	电气与自动化工程学院	课程类型	学科基础课程	
课程名称	电路理论（下）		课程代码	0400222B
开课学期	T3		学时/学分	56/3.5
选课对象	电气工程及其自动化专业、自动化专业			
先修课程	高等数学，线性代数、复变函数与积分变换、电路理论（上）			
课程教材	刘健．电路分析（2版）．电子工业出版社．2010. 刘良成，陈波等．电路实验技能训练手册．合肥工业大学印刷讲义．2015.			
参考书目和资料	邱关源．电路（5版）．高等教育出版社．2006. 李瀚逊．电路分析基础（4版）．高等教育出版社．2006. 中国大学慕课网：http://www.icourse163.org/course/xjtu-47024#（西安交通大学电路） MOOC中国：http://www.mooc.cn/course/3960.html（清华大学电路原理） ［美］尼尔森，［美］里德尔著．周玉坤等译．电路（第8版）．电子工业出版社．2008.			

（续表）

<table>
<tr><td colspan="2">课程简介：
课程是电气类、电子信息类、自动化类、计算机类等电类专业第一门技术基础课，为学习后续课程准备必要的电路知识，是所有“强电专业”和“弱电专业”的必修课；
本课程是本科培养层次目标中的专业基础课，本课程可以实现培养要求中的掌握电路理论基础知识和分析方法、培养电工技术实验技能、引领学生初步具备解决工程实际问题等方面的知识和能力；
电路理论（下）主要内容：含有耦合电感的电路、非正弦周期电流电路、电路的频率响应与谐振、电路的频域分析、网络函数、二端口网络、非线性电路的简介、电路方程的矩阵形式和计算机方法分析初步等基础理论分析知识。同时包含随课实验的工程实践教学与指导</td></tr>
<tr><td>课程目标（Course Objectives，CO）</td><td>对应的专业培养目标（Learning Objectives，LO）</td></tr>
<tr><td>CO1：掌握电路理论基础知识、分析方法</td><td>LO3：掌握扎实的电气工程领域基本理论知识
LO6：具有适应社会发展的能力以及终身学习能力</td></tr>
<tr><td>CO2：培养电工技术实验技能</td><td>LO4：掌握本专业所必需的设计、实施、实验、测试、运算、分析等技能</td></tr>
<tr><td>CO3：初步具备解决工程实际问题的能力</td><td>LO5：具有综合运用电气工程基础理论和技术手段，分析并解决工程技术问题的能力
LO8：具有创新意识，具备对新产品、新工艺和新技术进行研究、开发和设计的初步能力</td></tr>
</table>

（续表）

<table>
<tr><td rowspan="5">教学方式
（Pedagogical Methods，PM）</td><td>☑PM1. 讲授法教学
28 学时 50%</td><td>☑PM2. 研讨式学习
6 学时 10%</td></tr>
<tr><td>☑PM3. 案例教学
6 学时 10%</td><td>☑PM4. 网络教学
4 学时 5%</td></tr>
<tr><td>☐PM5. 角色扮演教学
学时 %</td><td>☑PM6. 体验学习
2 学时 5%</td></tr>
<tr><td>☐PM7. 服务学习
学时 %</td><td>☑PM8. 自主学习
4 学时 5%</td></tr>
<tr><td>☑PM9. 翻转课堂
4 学时 10%</td><td>☑PM10. 指导答疑
2 学时 5%</td></tr>
</table>

<table>
<tr><td rowspan="5">评估方式
（Evaluation Methods，EM）</td><td>☐EM1. 课堂测试
%</td><td>☐EM2. 期中考试
%</td><td>☑EM3. 期末考试
40%</td></tr>
<tr><td>☑EM4. 作业撰写
10%</td><td>☑EM5. 论文撰述
5%</td><td>☐EM6. 期末报告
%</td></tr>
<tr><td>☑EM7. 课堂演讲
5%</td><td>☑EM8. 预习报告
10%</td><td>☑EM9. 出勤率
5%</td></tr>
<tr><td>☑EM10. 实验操作
10%</td><td>☑EM11. 实验分析报告
5%</td><td>☑EM12. 口试
10%</td></tr>
<tr><td>☐EM13. 提问及讨论</td><td></td><td></td></tr>
</table>

2. 教学日历

课次	学时	课程目标	教学主要内容	教学方式	评估方式
1	2	CO2 CO3	实验五交流电路的功率法测试参数实验研究	PM2 PM6 PM10	EM8 EM9 EM11 EM12

（续表）

课次	学时	课程目标	教学主要内容	教学方式	评估方式
2	2	CO1	7-1 互感现象与耦合元件 7-2 耦合电感电路（1）	PM1 PM3 PM9	EM4
3	2	CO1	7-2 耦合电感电路（2） 7-3 空心变压器	PM1 PM3 PM9	EM4 EM3
4	2	CO1	7-4 理想变压器 8-1 非正弦周期信号的分解	PM1 PM9	EM4
5	2	CO2 CO3	实验六、日光灯的组合点亮操作和功率因数改善研究	PM2 PM6 PM10	EM8 EM9 EM11 EM12
6	2	CO1	8-2 非正弦周期信号的有效值和平均功率 8-3 非正弦周期电路稳态分析	PM1 PM9	EM4 EM3
7	2	CO2 CO3	实验七、三相电路的连接与线值相值测试实验研究	PM2 PM6 PM10	EM8 EM9 EM11 EM12
8	2	CO1	9-1 电路的频率响应	PM1	EM4
9	2	CO1	9-2 串联谐振	PM1 PM8	EM5 EM7
10	2	CO1	9-3 并联谐振	PM1 PM3	EM7 EM3
11	2	CO2 CO3	实验八、三相电路负载的连接模式与功率测量研究	PM2 PM6 PM10	EM8 EM10 EM11 EM12

（续表）

课次	学时	课程目标	教学主要内容	教学方式	评估方式
12	2	CO1	10-1 拉氏变换的定义及性质 10-2 拉氏逆变换	PM1 PM4	EM4
13	2	CO1	10-3 运算电路模型 10-4 运算法（1）	PM1	EM4 EM3
14	2	CO1	10-4 运算法（2） 10-5 网络函数及零、极点分布对响应的影响（1）	PM1 PM3	EM4
15	2	CO1	10-5 网络函数及零、极点分布对响应的影响（2）	PM1 PM3	EM5 EM7
16	2	CO2 CO3	实验九、线性互感器与空心变压器性质研究	PM2 PM6 PM10	EM8 EM10 EM11 EM12
17	2	CO3	实验十、串联谐振研究	PM2 PM6 PM10	EM8 EM9 EM11 EM12
18	2	CO1	11-1 二端口网络（1）	PM1 PM3	EM4
19	2	CO1	11-1 二端口网络（2）	PM1	EM4 EM3
20	2	CO1	11-2 具有端接的二端口	PM1 PM4	EM4
21	2	CO1	11-3 二端口连接 11-4 含源二端口	PM1 PM8	EM5 EM7
22	2	CO1	11-5 运算放大器电路	PM3	EM7 EM3

（续表）

课次	学时	课程目标	教学主要内容	教学方式	评估方式
23	2	CO2 CO3	实验十一、无源直流二端口研究	PM2 PM6 PM10	EM8 EM10 EM11 M12
24	2	CO1	12-1 非线性元件	PM1 PM4	EM4
25	2	CO1	12-2 非线性电阻电路分析（1）	PM1	EM4 EM3
25	2	CO1	12-2 非线性电阻电路分析（2） 12-3 含二极管电路	PM1 PM3	EM5 EM7
26	2	CO1	13-1 电路拓扑矩阵及 KCL、KVL 方程	PM1 PM4	EM4 EM3
27	2	CO1	13-2 结点电压方程矩阵形式 13-3 回路方程的矩阵形式	PM2 PM8	EM7
28	2	CO2 CO3	实验十二、受控源研究与电路综合实验设计	PM2 PM6 PM10	EM8 EM10 EM11 EM12
			期末考试		
总学时 56　其中课内 40 学时，实验 16 学时，上机 0 学时					

3. 授课教师信息一览表

姓名	×××	×××	×××	×××
电子邮箱				
电话				
接待咨询地点				
接待咨询时间				

4. 教学内容及要求

（Ⅰ）课程部分

第七单元（章）

教学要求

掌握具有互感的交流电路和两种变压器（线性变压器、理想变压器）分析计算知识。具备对含耦合元件的电路的实验技能。

教学重点

互感模型、互感电路的去耦等效分析、空心变压器电路分析和反映阻抗、理想变压器的折合阻抗。

教学难点

互感模型理解、去耦等效分析，反映阻抗概念及分析计算。

第八单元（章）

教学要求

掌握非正弦周期信号的谐波分析法知识。具备综合分析直流和交流叠加的信号作用在无源线性电路上分析、计算的能力。

教学重点

正弦周期信号，平均值和平均功率、非正弦周期电流电路的分析。

教学难点

平均功率的计算分析、谐波电路的综合分析与计算。

第九单元（章）

教学要求

掌握频率响应、滤波概念和无源线性电路的谐振分析等知识。具备以频率为对象分析线性电路的串并联谐振和相关的综合问题的能力。

教学重点

频率响应、滤波器原理、串联谐振、并联谐振、混联谐振。

教学难点

串联谐振特点、混联谐振的综合分析与应用和计算。

第十单元（章）

教学要求

掌握运用运算方法分析线性动态电路在任何种激励下的过渡过程分析的知识。具备对典型电路信号（冲激、阶跃、指数函数、正弦函数）作用下的线性电路运算方法分析和计算的能力。

教学重点

拉普拉斯反变换、运算电路模型、运算分析方法、网络函数H（s）的计算和冲激响应计算、卷积的概念和应用。

教学难点

LC元件的运算电路模型、运算分析方法、卷积的应用。

第十一单元（章）

教学要求

掌握双口网络的YZHT矩阵参数与电路连接和应用的分析，掌握理想运算放大器在线性电路中的应用分析。具备分析无源双口网络实验的综合、设计、研究能力。

教学重点

双口网络概念、双口网络参数矩阵、双口网络级联、无源双端口网络特点和连接分析、理想运算放大器应用分析。

教学难点

含理想运算放大器应用分析相关传输函数的计算。

第十二单元（章）

教学要求

掌握非线性电路基本概念和非线性电阻电路的小信号分析法知识。具有电路分析学科是发展的学科的科学认识思维，给出引导学生走向自主探索电路中尚未解决问题的提示。

教学重点

非线性电路概念、非线性元件、折线法、小信号分析法。

教学难点

小信号分析法的原理和分析、计算等。

第十三单元（章）

教学要求

掌握电网络拓扑结构的基本知识和应用矩阵运算方法分析线性电路的结点方程矩阵形式、回路方程矩阵形式的知识。

教学重点

关联矩阵列写、割集矩阵的列写、回路矩阵的列写

教学难点

电路的基本割集矩阵的列写过程、基本回路矩阵的列写过程和注意事项等。

（Ⅱ）实验部分

一、实验项目与内容提要

学时	实验项目	内容提要	实验性质
2	实验五 三表法测量交流电路参数研究	（1）电压表、电流表、功率表测量RLC器件的交流参数； （2）阻抗感容性质的判断方法实验研究； （3）阻抗上电流电压相量图分析	验证 综合
2	实验六 交流电路功率因数提高研究	（1）基础级：模拟感性负载的功率因数提高实验操作； （2）训练：分立元件日光灯负载点亮实验操作； （3）设计：设计日光灯负载的功率因数提高实验及操作过程	验证 设计

（续表）

学时	实验项目	内容提要	实验性质
2	实验七 三相电路的连接与线相值测量	（1）基础：验证各种三相电路连接；测量相值与线值； （2）设计：设计各种对称、不对称三相电路结构，探索测定三相源的相序的工程方法、研究电动机正反转等工程实际问题	验证 设计
2	实验八 三相电路的功率测量	（1）基础级：两瓦特表、一瓦特表测量对称三相负载功率； （2）设计级：增加容性对称或不对称负载，测量功率，并分析研究表的读数用途	验证 设计
2	实验九 互感的研究	（1）用实验方法测两互感线圈的同名端，测定两线圈互感系数 M，耦合系数 K； （2）串联、并联等效电感分析研究； （3）反映阻抗性质的研究	验证 综合
2	实验十 串联谐振与选频电路研究	（1）测定 RLC 串联电路的谐振曲线； （2）分析不同 Q 值情况下谐振曲线于选择性的关系； （3）文氏带通电路和双 T 带阻电路的幅频特性测量与绘制	验证
2	实验十一 直流无源二端口网络的研究	（1）测定无源线性二端口网络的参数； （2）验证有载情况下 T 参数方程； （3）验证二端口网络 T、π 型等效电路的等效性	验证

（续表）

学时	实验项目	内容提要	实验性质
2	实验十二 电路理论课程综合实验	（1）设计级：受控源 A/B：完成 4 种受控源的转移参数测定实验的实验过程； （2）开发级：综合设计电路：针对课程的模块划分和实验指导书中综合实验提示，开发新实验，完成设计、原理、操作、报告等过程	综合设计

二、实验的主要仪器设备

本实验课程主要使用的仪器设备有：直流电源、信号发生器、示波器、毫伏表、万用表（直流电流表、直流电压表）、电阻箱；交流电流表、交流电压表，线性变压器、交流功率表、耐高压电阻器、电感器及电容器。

三、实验指导书具体要求

目标：使学生加深理论知识的理解，认识和学会电工实验用仪器仪表和设备的使用；锻炼和提高学生的动手能力，能够掌握独立实验的基本技能。

要求：

（1）实验之前，预习实验指导书，写出实验预习报告，对实验设备和仪器仪表会操作使用。实验时，在教师讲解完实验内容后，对于验证性实验要求学生独立操作完成。

（2）根据学生特点，分基本训练级、简单设计级、综合级三个等级；而综合级实验提倡学生能够在教师辅导下完成。技能培训贯穿于基础训练级实验的全过程，使学生掌握实验的基本技能；而设计级和综合级实验，又能激发学生个体的创新思维。

四、实验报告内容及要求

实验报告内容和要求含三个部分：

1. 预习部分

（1）明确实验的目的；

（2）明确实验的具体任务；

（3）了解实验要操作和使用的仪器仪表和相关设备，预习该设备的使用说明书和注意事项等；

（4）预习实验原理，并提前绘画或制作实验中将测量数据的表格或坐标图纸等；

（5）熟悉本次实验中用到的电物理量和国际单位、工程常用单位及其换算。

2. 实验中操作部分

（1）实验中用到的实验设备、仪器、仪表的名称与型号规格的；

（2）记录数据或者图像等需要有在同样条件下的 3 ~5 次以上样本供分析；

（3）若出错时，当去伪存真后，要有注意事项的记录。

3. 实验后

（1）按照要求处理实验中获得的数据、图表。

（2）回答实验指导书该实验中的相关思考题。

（3）总结：可以是下列多种结论或之一：

① 掌握了理论课程的某原理；

② 熟练了某实验中某些设备的操作使用和注意事项；

③ 熟悉了某类物理量的测量和实验原理及实践技能；

④ 提出该实验的改进建议或重新设计的方案。